謹以此書獻給外公曾敬佩
先生外婆黄美雲女士

教育部人文社会科学研究青年基金项目（12YJC820130）

“赔命价”习惯法的经济分析

AN ECONOMIC ANALYSIS ON THE TIBETAN' S WERGILD

游志能◎著

中央民族大学出版社
China Minzu University Press

图书在版编目（CIP）数据

“赔命价”习惯法的经济分析/游志能著．—北京：中央民族大学出版社，2019.8 重印

ISBN 978-7-5660-0996-8

Ⅰ.①赔…　Ⅱ.①游…　Ⅲ.①习惯法—研究—中国　Ⅳ.①D920.4

中国版本图书馆 CIP 数据核字（2015）第 127633 号

“赔命价”习惯法的经济分析

著　　者	游志能
责任编辑	黄修义
封面设计	汤建军
出 版 者	中央民族大学出版社
	北京市海淀区中关村南大街 27 号　邮编：100081
	电话：68472815（发行部）传真：68932751（发行部）
	68932218（总编室）　68932447（办公室）
发 行 者	全国各地新华书店
印 刷 厂	北京建宏印刷有限公司
开　　本	880×1230(毫米)　1/32　印张:9.625
字　　数	242 千字
版　　次	2019 年 8 月第 3 次印刷
书　　号	ISBN 978-7-5660-0996-8
定　　价	50.00 元

序　言

在认真读了游志能的这本关于“赔命价”的专门著作后，我不得不说迄今为止，在我国研究“赔命价”的专著中尚无出其右者。我这样讲不是凭空美言我的学生，而是他当得此言。

这部著作最大的理论特色是研究方法。用经济学方法研究习惯法，是游志能近十年来一直坚持的学术路径。在西方学术界，尤其是在美国，经济学理论和方法对其他人文社会科学理论研究产生了重要影响，这种现象被称作经济学帝国主义。在中国，以苏力为代表的一些学者持续努力地向中国法学界介绍美国的法律经济学。但是我们看到，尽管在法理学界，甚至经济法和民法领域也能见到法律经济学的身影，但用法律经济学方法研究习惯法的学者很少。游志能是一个用法律经济学方法研究习惯法的先行者，他是经济学帝国在习惯法领域的使者。游志能的博士论文题目就是《民族习惯法的经济分析》。此后，他一直坚持以法律经济学方法研究习惯法。这部著作可以看作是他用法律经济学方法研究习惯法的一个重要的阶段性成果。习惯法内容繁多，选取一个点深入研究，取得突破，再由点及面，这是一种可取的学术路径。

自 19 世纪以来，学术发展的最大特点是学术分科。学术分科使每学科向专业和精深方面发展，但学科划分也在学科之间树起了一道看不见的学术藩篱，孔子和亚里士多德式的学者从此难寻。学术分科也导致了各学术范式的差别发展。每个学科都有了自己的研究范式。不同范式的建立使学科之间的交流变得困难起来。自从库恩发表《科学的革命》后，范式受到各个学科的高度重视，各学科都开始总结甚至建构自己的学术范式。一个学者，如果其研究成果离开了固有范式，就不可能得到同行认同。范式是一个学科内的共同性的思考方式，这种专业思考方式以专业话语表达，它在学科内的功能是以共同的原理、方法、研究程序等对学科进行整合，它在学科外部的功能是彰显学科特点和对外封闭。这种封闭不是建立一个栅栏，而是因为学科外的人由于范式不同难以理解其内容，所谓隔行如隔山。在专业细分的同时，我们应该看到，客观世界并不以分科的方式存在。无论是社会还是自然，都以其固有的方式存在。从不同的学科出发，对存在的理解各有不同，而存在本身在一定程度上受到学科分割的形塑。这种状况客观上要求突破学科分割，以交叉学科的方式开展研究。

现在的硕士论文和博士论文，通常会在研究方法方面做一交代，"本文主要研究方法有：文献研究法、实证调查法、比较研究法"这样的表达已经成为固定格式。从论文的写作情况看，这些方法也都会用得到，但在论文写作中作者所持的范式或者专业世界观是什么，在论文前言中却没有交代，也很难估判断。有两种情况：一种是作者以专业的范式思考问题，但作者对其并没有清楚认识，实际上也并非要作者非要知道自己的范式是什么。很多有杰出成就的学者对自己的范式并没有明确的认识。另一种是作者并没有以专业范式思考和研究。后一种情况实际上并不少见。就这种情况而言，说其未入流有些言重，说其有些失范却不能说是言重了。一篇论文，长则十数万字，注释中涉及的学者少则几十，多则上百，但作者究竟属于何种范式却看不出来。以一种缺乏专业思考尝试的方式写作专业论文，虽然涉及不少资料，但只是以一种简单的结构将其串起来而已，如发现问题、分析原因、提出对策，这已经成为很多学科的通常做法。至于问题是否客观存在，以及作者以什么样的专业方式发现问题，或是作者推论出来的，原因与问题的因果关系之间是否有必然联系这样一些社会研究的基本问题，实际上并没有解决。其实这种现象也不奇怪，范式形成的重要条件是在非常有说服力的科学结论基础上建立的理论和方法，过去的种种理论和方法在这种新的科学结论面前因为缺乏说服力而黯然失色。例如，早期的种种关于电的性质的理论，在富兰克林创立电学理论后就销声匿迹了。至于社会科学，库恩认为要“在社会科学各部分中完全取得这些范式，至今还是一个悬而未决的问题”①。他认为一种基本的学术共识的建立是极其艰难的。② 至于原因是什么，库恩没有说。我认为社会科学与自然科学和工程技术相比，有一个显著的差别，就是在社会科学研究过程中，很难做到与自然科学那样以实验的方式得出结论，只要实验的条件和过程一样，就能得到同样的实验结果。在社会科学领域，虽然有一些的实验，但因为社会本身的超复杂性，实验很难与自然科学的实验相比。20 世纪 70 年代后，社会科学研究中兴起的文化阐释方法受到高度重视，这意味着这些学者实际上已经放弃了对用自然科学的实证方法研究社会的追求。深刻地影响了哲学和社会研究的阐释人类学家格尔兹甚至认为，那种来自自然科学的操作主义的方法在社会研究中所取得的成效非常有限。③ 尽管如此，实证主义研究方法从总体上讲并没有衰退，尤其是经济学研究方法对社会科学各学科的影响未见式微。

本书在方法上的最大特点是法律经济学方法已经成为游志能的自觉范式，尤其是在导论和前三章，作者以法律经济分析的方

① ［美］托马斯·库恩著，金吾伦、胡新和译：《科学革命的结构》，北京大学出版社，2003 年，第 14 页。

② ［美］托马斯·库恩著，金吾伦、胡新和译：《科学革命的结构》，北京大学出版社，2003 年，第 14 页。

③ 参见［美］克里夫德·格尔兹著，韩莉译：《文化的解释》，译林出版社，1999 年，第 6 页。

法对“赔命价”做了非常专业化的法律经济学分析。在导论中，游志能详细地介绍了法律经济分析的理论脉络，其目的主要在于揭示“赔命价”产生发展过程中的经济理性。第一章的研究主题是“赔命价”产生的机会成本和沉没成本。机会成本是一个比较性概念，是在各种可能性的成本效益分析的基础上提出的分析方法。作者认为在法律发展过程中，先后有过流血复仇和同等复仇，相对这些复仇，“赔命价”是一种具有相对理性的选择。“赔命价”之所以能够取代复仇，重要原因是赔命价制度以经济赔偿的方式取代了仇杀。作者以日耳曼习惯法和历史上广泛存在于我国少数民族地区的“赔命价”为例做了深入分析。这种分析方法有两个长处：一是将“赔命价”放到历史长河中，从历史的演进去看其生成的原因；二是以机会成本分析的方式对历史进程作分析。无疑这样的分析是有说服力的。

第二章的主题是藏族赔命价制度的发展与交易成本、风险分摊。“赔命价”是有交易成本的，分析“赔命价”的交易成本，是在“赔命价”机会成本基础上的进一步分析。本书以法律史料为线索，勾画出了“赔命价”发展的过程，从赔偿数额完全由受害方与加害方讨价还价这样一种赔偿数额难以确定的方式到《吐蕃三律》，再到《十六法典》，赔偿数额逐渐由法律作大体上的规定，并且数额也在下降。这就意味着“赔命价”的交易成本在其发展过程中是逐渐降低的。这种降低的趋势实际上是纠纷解决中各方博弈的结果，双方讨价还价最终受到双方力量对比的影响，即对“赔命价”方案解决和武力复仇解决之间可能产生的结果的预期比较。这其中也有官府的威信和力量的因素，因为官府的利益一般是希望双方能够协商解决，而不希望纠纷导致社会不稳定和减少税收。而当政权力量足够强大时，往往会废止“赔命价”，由国家依法制裁加害人。

第三章标题是“‘赔命价’的流转过程分析”。主要是从

“赔命价”中受害方、加害方以及头人等第三方在命案赔偿中的利益分配，作者写作此章的目的之一在于说明“赔命价”的社会功能。作者提出对加害人来讲，命价制度具有法律的惩罚功能。穗积陈重、伯尔曼等学者都认为早期法律以赔偿处罚侵权行为，因为赔偿会给加害方以沉重的经济负担，所以具有一定的惩罚不轨行为的功能。对受害方来讲，获得补偿，可使受到侵害的法益得到救济，也可以让受害方被伤害的心理得到抚慰。在这一章中，作者的论述涉及一个法律史上的问题，就是在法律浑然一体的时代，并未有部门法之划分，此时，侵权与犯罪往往难以区分。20世纪50年代兴起于美国的“标签理论”将不轨行为定义为社会评价体系为其贴上的标签，换言之，犯罪是被刑法和刑法理论以及社会伦理和舆论评价体系贴上的标签。在这一点上，民刑不分的古代社会与当代刑法独立成为法律部门在本质上并无区别，区别只在于古代社会这一标签主要是由在长期共同的伦理生活中形成的集体道德和习惯标定，现代社会主要是由刑事司法体系来完成的，刑法理论在其中起着解释和说明的作用，并且这种解释和说明在一定程度上受到社会对该种行为的评价以及刑事政策的影响。行为被标签化，并不意味着不轨行为是由刑事法律体系创造的，标定和行为本身是有区别的。不轨行为发生的原因是非常复杂的。

从第四章开始，本书的研究方法开始发生变化。第四章是以典型的社会学问卷调查方法调查当代西藏社会对命价的认识和态度，第五章是从历史的角度研究中国历史上的私和罪。第六章是关于刑事立法变通权的讨论，第七章是刑事和解与“赔命价”的契合与冲突。这些研究中依然可以体会到法律经济分析的思路，但从总体上讲，研究范式已经发生了转化。研究的思路由单一法律经济分析转向了综合性研究（既有法律经济分析，也有社会学的问卷调查方法，还有历史方法）。在变通权研究部分，则比较多地用了法律解释的方法。在研究中究竟是应该坚持以一种理论方法，还是可以几种方法综合运用，很难对此做出准确评价。从西方社会科学发展的情况看，一般认为研究的范式并不是可以简单地说换就换。因为一个学者思考专业问题的方式大致上是固定的，因此，也把范式称为专业领域的世界观，其意思就是说这不是可以说变就变的问题。在美国法学界，实用主义是法学的主流传统，波斯纳作为实用主义的当代传人，是用经济学方法分析法律问题方面的领军人物，在他的写作中，对法律教义学持的是批评态度，而且这种批评在他的写作中是一贯的。在我国的社会研究中，通常会有几种方法同时运用的情况。个中原因还需作进一步探讨。也许，作者强调自己的研究范式，反对另外一种范式这种做法在一定程度上并不反映作者使用方法的实际，而是表明一种态度。比如，很少有研究社会的作者完全不顾历史，社会研究中通常会涉及历史，在陈述史料时，用的是实用主义的方法，还是实证主义的方法，或者是一种价值判断的方法，或者什么都不是，只是把史料引出，让史料本身来说话，各种做法都有。从解释哲学的角度看，任何作品都不可能不受作者影响，没有作者影响的文本是不存在的。因此，研究者的范式在相当程度上影响着作品的学术特质。本书第四章是关于当代西藏社会对"赔命价"的认识和态度的分析研究，是以典型的社会学研究中发现社会事实的最主要的方法，即问卷调查法。游志能在博士学习期间系统地研读过有关社会研究方法的著作，对问卷调查的操作程序应当是熟悉的。把问卷调查方法用来获取当代藏族人民对"赔命价"的态度，有极为重要的意义。通常了解社会状况有以下方式：媒体报道、专业研究文献、道听途说、想象、专业调查等。了解社会就是去发现社会事实的真相，迄今为止，能够比较真实地反映社会事实的方法是社会调查。对社会事实的把握，每个人都有自己的方式，根据自己的经验判断社会事实是一种常见的方法，有的人对某些领域有长期参与或者实验的经验，他对相关社会状况的了解与判断可能会比较准确。以个人想象代替社会事实是日常生活中最为常见的现象，在社会研究中本来应当最大限度地避免以想象代替事实，但不幸的是在目前的社会研究中还比较多地存在这种现象。如何对待少数民族地区的“赔命价”，是一个司法领域的重大问题，是存是废有不同观点，而民众的态度往往是论者的重要论据，但真正以正规的社会调查方法获取反映民众意见的数据的做法却很少见。游志能在西藏的调查数据对了解现在藏族群众对命价的态度提供了客观依据。希望今后有更多更好的此类调查。

本书第五章专门研究了中国法制史上的“私和罪”。《唐律疏议》是中国法制史上最早见到的关于私和罪的规定。这一规定与“赔命价”完全相反，私和罪视私了案件为犯罪行为。游志能从儒家义理角度分析认为以钱抵命为儒家伦理所不齿，因此以立法加以否定。这一观点在中国文化传统语境内大体上是成立的，但是，当代不同文明和不同法系都以立法否定命价制度，却不是都可以用儒家义理来解释的。私和罪是否始于唐，还可再深入考证。唐以前的法律典籍少有流传于后世的。多数只能从史书，如《汉书》《三国志》和其他史籍中寻找，因为没有对律文的全部资料，所以难以断定唐律以前的立法之全貌。但可以肯定的是唐律不只是唐朝人的创造，唐律是在历朝法律的基础上总结而成，对此，在《唐律疏议》序言等文献有明确说明。考虑到唐以前法律典籍无存，以及中国历朝有因袭前律传统，中国历史上私和罪究竟始于何时还可再考。复仇和命价曾经广泛存在于很多早期文明中，在当代刑事立法和刑法理论中，因罪刑法定和罪责自负等现代刑法原则的广泛认同，各国刑事立法之理念对命价是持否定态度的。但是在现代刑法中，并不否定对受害人的经济赔偿，在对加害人科处刑罚外，同时科处民事赔偿是现代刑法制度的普遍做法。对加害人处以民事赔偿责任，使受害方被侵害的利益得到补偿，使被破坏的社会关系得到修复。这种做法，如游志能分析时所指出的那样，有着深刻的社会经济和文化方面的原因，我们也可以说，对受害方给予民事赔偿的法律规定中，可以看到传统法律文化的沉积。

作者在第六章讨论刑法变通权的不同观点，尤其是《立法法》颁布实施后应当如何看待《刑法》第90条关于变通实施的规定和《立法法》第8条关于刑事立法权由法律规定二者的关系。《立法法》是我国第一部分关于立法体制的法律，明确了中央和地方各级的立法权的划分。按照《立法法》第8条规定，刑事立法权属法律范畴，也就意味着刑事立法权专属全国人民代表大会及常务委员会。本书认为民族自治地方的变通权属于地方立法，没有刑事立法权，《刑法》第90条应当作相应修改。本书提出："要解决刑法在民族自治地区实施中的特殊问题，较为理想的方式是通过单行刑法来实现。即将《刑法》第90条修改为：'民族自治地方不能全部适用本法规定的，由全国人民代表大会常委会根据当地民族的政治、经济、文化的特点和本法规定的基本原则，制定单行法。'"这一建议兼顾了民族自治地方在刑法方法的特殊问题和刑事立法权专属中央的关系，是一个很好的思路。刑法的目的在于通过惩罚犯罪保护公民个人的法益以及属于国家等具有公共属性的法益。现行刑事立法权应当如何在不同层级之间配置是一个问题，更重要的问题是如何有效实现刑法目的，保护公民个人和公共法益。

第七章中作者对“赔命价”的未来走向做了探讨。作者在这一章中的具体进路是结合我国宽严相济的刑事政策、近几年讨论较热烈的刑事和解和恢复性司法对“赔命价”进行讨论。这一章也是作者着力较重的部分。作者阅读了中外很多学者关于刑事和解、恢复性司法的著述，对国内外重要学者的相关论述作了详尽梳理。一些作者认为，刑事和解与恢复性司法与赔命价制度有一定关联。也有学者试图将赔命价制度纳入刑事和解或者恢复性司法的框架内论述其存在的合理性。本书作者在“内在合理性”的标题下，对赔命价制度的社会作用做了论证。“赔命价”在使受害方得到经济补偿、使犯罪人回归社会、减少死刑、使受害方精神得以抚慰。在“向习惯法逃逸”的标题下，对长期以来在对“赔命价”研究中被忽略了的负面影响做了分析，一是对加害人处罚较轻，另外也有违刑法上罪责自负原则；二是给加害人方造成沉重的经济负担。可否以刑事和解和恢复性司法作为“赔命价”继续存在的理由？作者在对刑事和解和恢复性司法进行分析的基础上得出的结论，在我国目前的刑事和解的适用范围是轻微刑事案件，死刑案件不纳入刑事和解范围；就恢复性司法而言，作为一种后现代的司法理念，如何能契合于处理社会转型期的中国，还需要深入细致的研究。在游志能作引用的这些学者的论述中，我的总体看法是表达自己的看法或者态度的较多，以翔实的社会调查数据支持自己观点的基本没有。刑事司法涉及人的生命、自由、财产、荣誉等，研究要有理论依据，更要有坚实的事实基础。

如何看待“赔命价”的未来发展，游志能总的看法是：“赔命价制度的实践和引导，将是一个国家法和习惯法在具体社会环境中的长期博弈过程。在这一过程当中，我们要有两方面的认识：一是随着现代人权观念、法治观念的加强，越来越多的年轻人选择国家法律。二是当前出现的习惯法经过合法的语词掩盖，仍然具有较大的影响力。这就要求我们，一方面不能急躁，想毕其功于一役；另一方面不能懈怠，让国家法成为习惯法的注脚。”

国家制定法与习惯法之间既有冲突的方面，也有一致的方面。自从有了强大的社会公共力量后，制定法逐步地取代习惯法。这是世界法律史发展过程中的共同现象。“赔命价”是一种社会内部自力救济的方式，双方以商谈的方式解决命案。相对于早期社会中的同态复仇，赔命价制度是显著的进步。它以一种非暴力的方式协商解决可能引发激烈冲突的命案。有了国家后，解决类似纠纷的方式有了重大变化。国家以刑事法律惩罚犯罪，保护社会成员生命和财产等方面的利益，是一种国家对社会成员的责任，而社会成员则对国家承担相应义务，他要向国家纳税、服兵役、服从行政管制等。从人类关系的相互性的角度看，这种关系中隐含着国家与社会成员之间的互惠关系，但这种互惠具有概化互惠的特点，这种互惠是隐性的，在话语上它的形成有一个复杂的隐喻过程，通常见不着的具体的商谈过程，这种关系由系统的伦理、政治、法律加以制度化，并有相应的话语解释体系。在国家法律制度发展过程中，社会自力救济的范围在缩小，但也没有完全消失。私力救济的现象在所有国家都有一定范围的存在，但命价制度与现代刑事立法理念是相冲突的。我国是一个多民族的大国，在一些地区存在的“赔命价”说明这些地方的司法体系尚未能将这危害生命的行为完全纳入司法体系来处理。在所有文明中，在社会内部杀人越货的行为都是一种严重的不轨行为。对生命的尊重并不是当代人的专利，我们甚至可以从文明社会以前的石器时代发现尊重生命的器物。夺人生命的行为作为一种极为严重的暴力，它撕裂社会，制造恐怖仇恨，进而出现冤冤相报。面对这样的行为，命价制度无疑是一种处罚犯罪，修复被撕裂的社会的一种良好的救济方式：以一种盛大的场面，专门的程序，复杂的人情关系的投入，无数的有面子的参与和社会舆论的压力，巨大的经济负担和对赔偿物的再分配中形成的利益格局，以及不服从就可能出现遭武力报复或者被社区逐出的风险。与此相对应的是当地群众意识中的“杀人—谈判—赔偿—和解”这样的救济程式的认知结构。这与“杀人—公安侦查—检察院公诉—法院审判—执行判决”这样的法律规定的程序是有很大差别的。新中国成立后，尤其是改革开放以来，我国建立起了完整的社会主义法律体制和司法制度，国家有足够能力依法对个人暴力给予必要处罚，保障公民生命财产安全。面对部分地区存在的“赔命价”，有人不理解，说国家已经处罚犯罪，为什么还要私下赔偿。一种制度，尤其是已经得到社会成员集体认同的制度，不会一下子就消失。我们对一些民族地区存在“赔命价”应当给予理解，尊重对当地民众的选择；另外，我们也要看到，国家法与习惯法并不是如有的人所认为的那样是对立的，在保护生命财产，维护社会成员的习惯与尊严，恢复被不轨行为破坏的社会关系等方面，二者在基本方面有诸多共同性。罪刑法定、罪责自负的刑法原则和现代理念已经为当今世界大多数国家的刑事立法和人民观念所认可。如果我们的司法工作能够让广大人民群众看到国家司法切实地惩处破坏他们生活秩序、侵害他们权益的犯罪行为，维护他们的合法权利和利益，恢复被犯罪行为破坏了的社会关系，他们会逐渐习惯并认同国家司法制度。这样的趋势在游志能的调查中已经能看到。

对于游志能所取得的进步，我感到由衷的高兴。我也希望他能进一步拓展、深化他的研究，取得新的进步。是为序。

徐中起

教授、博士生导师

2014年6月17日

目　　录

导　论 …………………………………………………………… 1
一、主要研究对象及基本思路 ……………………………… 1
二、习惯法经济分析的可能性 ……………………………… 5

第一章　赔命价制度的产生与机会成本、沉没成本 ………… 20
第一节　从流血复仇到同等报复 ………………………………… 21
一、流血复仇 ………………………………………………… 22
二、同等报复 ………………………………………………… 31
三、复仇的限制 ……………………………………………… 34
第二节　赔命价制度的产生与发展 ……………………………… 38
一、赔命价制度的产生与发展 ……………………………… 40
二、赔命价制度的广泛存在 ………………………………… 46
第三节　赔命价制度的成本优势 ………………………………… 48
一、机会成本 ………………………………………………… 49
二、沉没成本 ………………………………………………… 51

第二章　藏族赔命价制度的发展与交易成本、风险分摊 …… 57
第一节　赔命价制度的阶段性发展与交易成本 ………………… 63
一、交易成本理论概述 ……………………………………… 63
二、交易成本高昂，命价协商失败 ………………………… 67
三、简化标准，降低交易成本 ……………………………… 71

第二节　“赔命价”的承担与风险分摊 …………………… 81
一、风险分摊理论概述 ……………………………… 82
二、“赔命价”的集体承担 ……………………………… 83
三、从集体责任到个体责任 ………………………… 88

第三章　“赔命价”的流转过程分析 ………………… 92
第一节　“赔命价”对于加害方的经济意义 ………… 92
一、赔偿可能成为一种有效的惩罚措施 …………… 92
二、“赔命价”的赔偿力度 ……………………………… 96
三、“赔命价”的配套制度 ………………………… 101
第二节　“赔命价”对于受害方的经济意义 ……… 107
第三节　头人在“赔命价”中的地位 ……………… 111
一、命价之外，费用繁多 ………………………… 111
二、地方公权，有合理性 ………………………… 114
三、国家权力确立，地方公权消失 ……………… 116
第四节　本章余论 …………………………………… 120

第四章　新世纪的赔命价制度认知现状及其实践 ………… 124
第一节　藏族赔命价制度的认知现状 …………… 125
一、赔命价制度的熟悉程度 ……………………… 127
二、行为模式选择 ………………………………… 127
三、命案的犯罪客体问题 ………………………… 128
四、“赔命价”的调解主体 ………………………… 129
五、“赔命价”的承担与分配 ……………………… 129
六、“赔命价”中的宗教费用 ……………………… 131
七、“赔命价”的实际效果 ………………………… 132
八、赔命价制度的变化趋势 ……………………… 133
第二节　新世纪“赔命价”习惯法的司法实践 …… 134

一、命价未偿，复仇难防 …… 135
二、出兵复仇，挡兵赔偿 …… 136
三、传统“冒算”，当前“低估” …… 137
四、巨额命价，适当清退 …… 139
五、预期改变，拒绝赔偿 …… 141
六、赔偿失范，消极认可 …… 144
七、高额赔偿，免除死刑 …… 146
八、群体纠纷，稳定优先 …… 148
九、政府民间，协商处理 …… 149
第三节　“赔命价”的社会成本 …… 149
一、社会成本理论概述及两个典型案例 …… 149
二、报复不止，破坏社会秩序 …… 159
三、政府民间博弈，有损法律尊严 …… 165

第五章　儒家文化视野下的赔命价制度 …… 174
第一节　私和罪的确立背景 …… 176
第二节　私和罪制度发展轨迹 …… 180
一、“疏议”扩大适用范围 …… 181
二、《大明律》降低法定刑并扩大适用范围 …… 183
三、清例再次加重刑罚 …… 185
第三节　私和罪的实施情况 …… 186
一、社会、法律评价及法定刑对比分析 …… 186
二、实际量刑对比分析 …… 189
第四节　本章结语 …… 193

第六章　刑法变通实施的制度障碍及制度重构 …… 194
第一节　问题：第 90 条与《立法法》第 8 条的条文冲突 …… 195

第二节 刑法变通实施权的本质是地方立法权 …………… 196
一、刑法变通实施权的本质是地方立法权 ……… 196
二、地方立法权向立法自治权转变 ……………… 199
三、自治法规是特殊的地方性法规 ……………… 201
第三节 对刑法变通实施权的两点误读 ……………… 204
一、直辖市的刑法变通实施权问题 ……………… 204
二、自治州、自治县的刑法变通实施权问题 …… 206
第四节 《刑法》第 90 条之修改建议 ……………… 209
一、已有修改建议分析 …………………………… 209
二、本书拟提出之建议 …………………………… 211
第五节 本章结语 ……………………………………… 213

第七章 刑事和解和赔命价制度的契合与冲突 ……………… 215
第一节 悖论：违法性与合理性 ……………………… 216
一、关于违法性的争论 …………………………… 216
二、契合：内在合理性 …………………………… 218
第二节 问题：向习惯法逃逸 ………………………… 223
一、量刑超出从轻、减轻范围 …………………… 223
二、赔偿金额高，负面影响大 …………………… 226
三、重要原因：司法机关消极认可 ……………… 228
第三节 差异：前现代与后现代的貌合神离 ………… 230
一、刑事和解与恢复性司法的关系 ……………… 230
二、死刑案件能否刑事和解 ……………………… 236
三、以刑事和解吸纳“赔命价”习惯法的困难 ……… 245
四、“赔命价”与现代法治精神的冲突 ………… 248
第四节 对策：准确定性 规范运行 ………………… 251
一、人身损害赔偿标准 …………………………… 254
二、“赔命价”与刑事附带民事赔偿的区分标准 …… 258

三、竞合责任的反思 …… 260
四、准确定性，规范运行 …… 262

参考文献 …… 268
一、专著类 …… 268
二、期刊论文 …… 275
三、博士学位论文 …… 280

后　记 …… 281

导　　论

一、主要研究对象及基本思路

法律制度在漫长的发展过程中表现出某种发展趋势，这种发展趋势在不同民族、不同地区的制度发展过程中，有不同的体现形式。虽然很难从某一个具体民族的某一项具体法律制度的发展史上总结出具有普适性的结论，但对其重要发展阶段进行适当划分，总结其阶段性特点仍然是可行且必要的。

习惯、习俗或者说习惯法，对于社会秩序的形成、法律制度的发展具有重要意义。有关于此，很多思想家和法学家都有精彩而重要的论述。孟德斯鸠认为法律应该和“风俗、习惯相适应”①。卢梭认为风尚、习俗、舆论是政治法、民法、刑法之外的第四种法律，“这种法律既不是铭刻在大理石上，也不是铭刻在铜表上，而是铭刻在公民们的内心里；它形成了国家的真正宪法；它每天都在获得新的力量；当其他的法律衰老或消亡的时候，它可以复活那些法律或代替那些法律，它可以保持一个民族的创制精神，而且可以不知不觉地以习惯的力量取代权威的力量”②。萨维尼认为：“法律首先产生于习俗和人民的信仰，其次

① ［法］孟德斯鸠著，张雁深译：《论法的精神》（上册），商务印书馆，1982年，第7页。

② ［法］卢梭著，何兆武译：《社会契约论》，商务印书馆，2003年，第70页。

乃假手于法学——职是之故，法律完全是由沉潜于内、默无言声而孜孜矻矻的伟力，而非法律制定者的专断意志所孕就的。”① 拉德布鲁赫认为：“正是因为习俗自身把约束的外部的和内部的双重效力统一了起来，无论其是否只是通过虚构的方式，所以习俗才比道德和法律更有威力。”② 卡多佐认为：“先例的背后是一些基本的司法审判概念，它们是司法推理的一些先决条件；而更后面的是生活习惯、社会制度，那些概念正是在它们之中才得以生成。通过一个互动过程，这些概念又反过来修改着这些习惯和制度。”③ 这些论断，从法的产生、法的发展、法的价值等方面，谈到了习俗、习惯、习惯法的重要作用。

本书关注的主要是藏族赔命价制度的发展历程。加强赔命价制度的研究，具有两个方面的重要意义：首先，可以更好地理解法律的起源、发展过程。“赔命价”作为一项古老的制度，其产生的具体时间无法考证。学者基本认为它是人类出于克服血亲复仇、同态复仇的需要而产生的。“赔命价”的产生，使人类逐渐克服武力复仇的欲望，采取相对和平的纠纷解决方式。随着时间的推移，它从任意选择逐渐转变为优先选择；随着实践经验的不断丰富，“赔命价”的标准逐渐确定。其次，对于解决当前我国部分民族地区仍然存在的“赔命价”现象具有重要意义。赔命价制度曾经广泛、长期存在于亚欧大陆的法律发展史中，且发挥了重要的历史作用。它在很多国家的历史上都曾经是经由国家法确立并推广的正式法律制度。在我国的藏族聚居区，它也曾经由地方政权通过法律的形式确立和推广。明清时期，中央王朝的统治

① ［德］萨维尼著，许章润译：《论立法与法学的当代使命》，中国法制出版社，2001 年，第 11 页。

② ［德］拉德布鲁赫著，王朴译：《法哲学》，法律出版社，2005 年，第 50 页。

③ ［美］卡多佐著，苏力译：《司法过程的性质》，商务印书馆，2007 年，第 8 页。

者仍然认可“赔命价”。用今天的法理学通说来看，它是经过国家认可的习惯法。1951年西藏和平解放后，藏区开始全面融入社会主义大家庭，“赔命价”被全面禁止。改革开放以后，“赔命价”又重新出现，并表现出顽强的生命力和一定的影响力，但国家法律制度从未真正认可。因此，当前的“赔命价”只能称为事实上的习惯法。这一划分并不具有太多的理论价值，但有助于我们从现实出发，寻求它的可能解决之道。正是基于这种历史地位的不断变化，我将之统称为赔命价制度，不再去区分它在某个特定时期到底是国家法还是习惯法。

本书的主要内容大致包括以下几个主要板块：

一是试图发现该制度产生、发展变迁历史中的经济理性。前文已述，赔命价制度是人类为了克服武力复仇的沉重代价而创造的，这就意味着该制度的产生是有一定经济效益的。从“赔命价”标准的确立过程来看，也表现出一种朝简单、明确的方向发展的趋势，这是降低交易成本的重要途径。

二是“赔命价”的现实流转情况。首先需要明确的一点就是，“赔命价”对于加害人一方而言是一种严厉的惩罚措施。在民刑不分的法律体系下，我们只能说它是一种严厉的惩罚措施。我们不能因为今天的金钱赔偿通常被归为民事责任，就认为“赔命价”是一种民事赔偿制度。这是典型的削足适履。“赔命价”的严厉性，主要体现在两个方面：一方面，它会使加害人及其亲属付出沉重的经济代价；另一方面，如果加害人一方无力支付“赔命价”，在以所有财产抵偿之后因为破产被迫流浪，甚至沦为“约伙”。有的地方，加害人在赔偿命价之后，还要被罚一定年限的苦役。其次，“赔命价”通常可以分为正价和罚款两部分。正价是支付给受害人一方的，由其亲属进行分配。在传统的命价分配中，亲属要将其中的很大一部分捐献给寺庙作为死者的超度费用。剩下的部分再进一步在亲属间分配，其中的实物基本上在协商命价的过程中消耗了；现金的分配方面，也要由参与命价索要的亲属和近亲属一起分配，有的还要将其中的一部分在本家族、部落的成员间分配。因此，被害人的近亲属所得往往并不多。罚款是支付给头人的，归头人所有。在部分藏区，罚款甚至与命价正价相当。这体现了头人对于社会秩序的维护义务，也体现了头人的权威性。

三是新世纪的“赔命价”实践情况。首先，对项目组所做的调查问卷进行了统计分析，简述当前藏民对于赔命价制度的认知情况。其次，对一些近年的案例进行分析。在这些案例当中，我们既可以看到一些传统因素仍然顽强地存在且变化甚微，甚至于几乎没有任何改变；也可以看到一些较为显著的新特点。最后，对“赔命价”的社会成本进行了分析。“赔命价”对于双方当事人而言可能是最优选择，但社会本身却可能需要为此付出沉重代价。这是此前的研究中很少有人关注的。这对于我们今天思考“赔命价”现象的对策具有重要意义。

四是儒家文化视野下的赔命价制度。儒家思想认为赔命价制度是典型的“见利忘义”“见利忘仇”。因此，不管是受儒家思想影响的知识分子还是居于统治地位的统治者，都对此持坚决反对的态度。《唐律疏议》中将之规定为私和罪加以处罚，此后一直为宋、明、清的法律所继承；但法律规定与民间实际又存在一定的反差。

五是赔命价制度的现实出路。这又从两个方面进行分析：一方面探讨了通过刑事变通立法做出规定的可能性；另一方面从当前的刑事和解政策出发，探讨了二者对接的可能性。

赔命价制度的研究，特别是针对当前在藏族和彝族聚居区仍然较为活跃的“赔命价”现象的研究，需要有一个较为客观的态度。这就是说，我们既要看到该制度的优点，也要看到该制度的缺点。20 世纪末的研究中，主要强调了赔命价制度的缺点，这是受传统刑法理论的影响。21 世纪以来的研究中，主要强调了赔命价制度的优点，这是受后现代刑法理论的影响。虽然实际上两个阶段的研究并没有绝对的差异性，但这种基本价值判断的差异是非常明显的。要寻找真正的解决之道，我们就不能只关注对本人结论有利的信息，而要尽量做到全面的关注。否则，就只能是风水轮流转——随着社会形势的发展变化而各领风骚一小阵，不可能有真正的客观的态度、深入的分析、可行的解决方案。

二、习惯法经济分析的可能性

本书尝试将藏族的赔命价制度置于法律经济学的视角下进行分析。因此，需要对用法律经济学的工具来分析“赔命价”习惯法的可行性做一个适当的说明。

（一）法律经济学的兴起

罗纳德·科斯曾经指出，法律经济学可以分为两个部分，且这两个部分已经日趋分离。一部分是运用经济学分析法律，即法律的经济分析。这部分包括运用经济学的方法和概念来探讨法学家的研究原则及论述法律系统的运行。波斯纳法官为该领域的发展做出了重大贡献。另一部分则是法律系统的运行对经济系统的影响。主要关注不同法律系统对特定的经济系统的影响有何不同；当采用这种而不是其他法律规则时，对经济系统又有何不同影响。① 这也是科斯本人的主要兴趣所在。法学界通常所说的法律经济学就是以波斯纳为代表的第一个分支。在下文中，对此不再做特殊说明。

有学者认为，我们可以在贝卡利亚的《论犯罪与刑罚》（1764）和边沁的《道德与立法原理导论》（1789）中找到将经

① ［美］道格拉斯·G. 贝尔德著，吴晓露译：《法经济学的展望与未来》，《经济社会体制比较》2003 年第 4 期。

济学方法应用到法律分析之中的最初源头。[①] 在分析死刑存废问题时，贝卡利亚初步提出了法律制度和刑法措施的“效用”问题。贝卡利亚提出，“刑罚的目的仅仅在于：阻止罪犯再重新侵害公民，并规诫其他人不要重蹈覆辙”[②]。“只要刑罚的恶果大于犯罪所带来的好处，刑罚就可以收到它的效果。这种大于好处的恶果中应该包含的，一是刑罚的坚定性，二是犯罪既得利益的丧失。”此外，他还提出，“什么是衡量犯罪的真正标尺，即犯罪对社会的危害”[③]。这就是“罪刑均衡原则”的思想源头。但是，正如大家所常说的那样，该书只是一个“小册子”，对很多思想并没有展开详细的论述。对“罪刑均衡原则”更为详细的论述可以在稍后出版的边沁的《道德与立法原理导论》中找到。

边沁在他的著作中用成本收益方法分析了法律的行为问题，提出了“惩罚与罪过间的比例原则”。《道德与立法原理导论》第十四章专门论述了“惩罚与罪过间的比例”，并就此提出四个规则。“规则一：超过罪过的得益。”[④] 边沁在此还引用了贝卡利亚的一句话，“惩罚之值在任何情况下，皆须不小于足以超过罪过收益之值”。对其中的“收益”一词，他在注释中说，“罪过的收益应理解为不仅是钱财收益，而且是一个人从促使他犯罪的欲望得到满足当中获得或期望获得的快乐或裨益，不管是哪种”[⑤]。“规则二：惩罚大罪宁重勿轻。”“规则三：使人宁愿去犯两项罪

① ［美］斯蒂文·萨维尔著，柯华庆译：《法律的经济分析》，中国政法大学出版社，2009年，第4页。

② ［意］贝卡利亚著，黄风译：《论犯罪与刑罚》，中国大百科全书出版社，1993年，第42页。

③ ［意］贝卡利亚著，黄风译：《论犯罪与刑罚》，中国大百科全书出版社，1993年，第67页。

④ ［英］边沁著，时殷弘译：《道德与立法原理导论》，商务印书馆，2006年，第225页。

⑤ ［英］边沁著，时殷弘译：《道德与立法原理导论》，商务印书馆，2006年，第225页。

过中那项较小的。”“规则四：每份损害皆须惩罚”。[①] 边沁从功利主义基本原理出发，认为人的一切行为都可以从追求“幸福”最大化来解释。在他的论著中也体现出了很多现在经济学所说的“效用”思想的影子。边沁的效用最大化思想是后来诸多经济学家，包括李嘉图、约翰·斯图亚特·穆勒，特别是威廉·斯坦利·杰文斯的经济学体系的基础。“效用最大化概念假设每个人都会比较从一系列产品中所得到的满意程度和边际效用递减。它是功利主义需求理论的核心。它假设人们是完全理性的，并且能够进行精密的计算。劳动被认为是‘痛苦的’，因此需要‘补偿’。为了达到最大幸福，人们会工作到他们所得的边际效用与其劳动的边际负效用相等的小时数。企业家在决定产出数量的时候，会通过比较收入与成本尽力最大化他们的利润（效用）。”[②] 直至今天，仍然“很少有经济学家会否认，强调通过比较成本与收益进行理性选择的许多现代经济学思想都深深植根于边沁所提出的人类行为概念”[③]。

但是，边沁的著作也有着明显的缺陷。“因为他没有坚持偏好稳定的假设，所以他经常陷入空洞的说教，他的兴趣乃是致力于他的原则与所有行为的吻合，而不是从对行为的约束中得到一些结论。”[④] 比如说，边沁不仅强调人的苦乐，还强调动物的苦乐。但是，有时候这些价值之间是存在冲突的。例如，人想吃肉，能从肉食中获得满足。相应地，动物就有苦，因为那会危及

---

① ［英］边沁著，时殷弘译：《道德与立法原理导论》，商务印书馆，2006 年，第 227—228 页。

② ［美］斯坦利·L. 布鲁著，焦国华、韩红译：《经济思想史》，机械工业出版社，2005 年，第 96 页。

③ ［美］斯坦利·L. 布鲁著，焦国华、韩红译：《经济思想史》，机械工业出版社，2005 年，第 96 页。

④ ［美］加里·S. 贝克尔著，王业宇、陈琪译：《人类行为的经济分析》，格致出版社、上海三联书店、上海人民出版社，2008 年，第 12 页。

它们的生命。到底是人从肉食中获得的满足更大呢，还是动物所面临的苦更大呢？两者相冲突，要怎样从理论上获得解释呢？边沁并没有关注这一问题，因为很多时候他并没有想要获得圆满的论证。这也是后来的法律经济学者必须面对的一个难题——用什么来做衡量标准？这一问题仍然没有得到最终解决，法律经济学的发展也必须时刻面对这个难题。

庞德在《法律史解释》中指出：“人们为所有法律现象探寻一种单一的终极原因的最后一个方面，便是从人种学和生物学转向了经济学，亦即诸多不同的哲学道路最终都汇聚到一起的那个方面。”① 庞德认为，尽管经济学解释的倡导者有过分夸大经济基础在法律发展过程中的决定地位的成分，但是就此而否定经济学解释则是错误的，并指出：“如果人们认识不到来自具有共同经济利益的群体所产生的那种有组织的压力乃是对制定法典中许多事情的唯一的解释的话，那么他们便无法对 19 世纪的立法进行考察。”②

我们现在所说的法律的经济分析则是在科斯于 1960 年发表《社会成本问题》一文以后，才找到适当的分析工具。斯蒂格勒第一次从科斯的经典论文中总结出“科斯定理”这一表述，但是，科斯本人对斯蒂格勒的解读“科斯定理”却表示了异议，“斯蒂格勒关于科斯原理的阐述不同于我在上述论文中表达同样思想的方法”③。尽管如此，科斯开创了法律经济学的新阶段则是毫无疑问的。“科斯证明，当人们从一个交易费用为零的体制转向一个交易费用为正值的体制，法律制度的至关重要性就会立即

① ［美］罗斯科·庞德著，邓正来译：《法律史解释》，中国法制出版社，2002 年，第 135 页。

② ［美］罗斯科·庞德著，邓正来译：《法律史解释》，中国法制出版社，2002 年，第 166—167 页。

③ 转引自钱弘道著：《经济分析法学》，法律出版社，2003 年，第 138 页。

变得明显起来。科斯不仅在理论上证明了对法律进行分析的重要性，更为重要的是科斯在方法论上展示了对法律进行分析的方法。即坚持理性选择的成本—收益比较方法，以交易成本为基础对法律制度进行实证分析，而不是进行抽象的概念推演。交易成本分析方法因此成为法经济学的基础分析方法。也正是因为其方法论上的贡献，《社会成本问题》成为现代法经济学诞生的奠基文献。"①

自 20 世纪 70 年代以来，随着波斯纳的《法律的经济分析》一书的出版，法律的经济分析开始在美国进入了一个新的阶段。尽管波斯纳的《法律的经济分析》是一部结构宏伟的法律经济学巨著，并为其赢得了广泛的声誉。但是，不可否认的是该书并没有对法律的经济分析建立一个扎实的理论基础。或者说，该书让所有读者都见到了法律经济学这一宏伟建筑，但是对于其地基（牢固性的基础）的说明则明显不足。为了推广法律经济学研究，在理论上说服那些怀疑者，波斯纳必须回应他们的质疑和挑战。波斯纳在《正义：司法的经济学》（1980）中对法律经济学的理论基础进行了构建，并试图阐明两点：第一，经济学并不等于功利主义，至少不是边沁主义者所主张的"最大多数人的最大幸福"那种功利主义；相反，在某些方面，两种甚至是相对立的。第二，经济学的财富最大化原则是符合正义的，甚至完全可以作为社会乃至法律的伦理和政治基础。② 但是，后来的发展情况表明，波斯纳的这一努力最终以失败告终了。甚至在法律经济学阵营内，也有许多学者对其所主张的"财富最大化原则"持批判和怀疑态度。例如，斯蒂文·萨维尔就主张用"社会福利最大化"来代替波斯纳所说的"财富最大化原则"。

① 周林彬、董淳锷著：《法律经济学》，湖南人民出版社，2008 年，第 32 页。

② ［美］理查德·A. 波斯纳著，苏力译：《正义：司法的经济学》，中国政法大学出版社，2002 年，译序第 3 页。

（二）非市场行为的经济学分析

贝克尔在扩大经济分析的研究范围方面做出了杰出的贡献。“即使是市场以外的人类行为的经济分析也算不上什么标新立异的东西。斯密经常（但不总是）运用这种方法解释政治行为，边沁也清楚他的苦乐原则可以应用于全部人类行为。”① “经济学的特点在于，它研究问题的本质，而不是该问题是否具有商业性或物质性。因此，凡是以多种用途为特征的资源稀缺情况下产生的资源分配与选择问题，均可纳入经济学的范围，均可以用经济分析加以研究。”②

贝克尔认为，将经济学的研究领域扩展到人类的全部行为及全部决定是经济学的第三阶段。③ “最大化行为、市场均衡和偏好稳定的综合假定及其不折不扣地运用便构成了经济分析的核心。”④ “经济分析是一种统一的方法，适用于解释全部人类行为，这些行为涉及货币价格或影子价格，重复或零星决策，感情或机械似的目的，富人与穷人，男子与女士，成人与儿童，智者与笨伯，医生与病人，商人与政客，教师与学生等。”⑤ “人类行为不能被条块切割，这种条块分割认为人类行为有时基于最大化，有时不然；有时受稳定的偏好驱使，有时任随意的摆布；有时需要

① ［美］加里·S. 贝克尔著，王业宇、陈琪译：《人类行为的经济分析》，格致出版社、上海三联书店、上海人民出版社，2008年，第11页

② ［美］加里·S. 贝克尔著，王业宇、陈琪译：《人类行为的经济分析》，格致出版社、上海三联书店、上海人民出版社，2008年，第3页。

③ 在第一阶段，人们认为经济学仅限于研究物质资料的生产和消费结构，仅此而已（即传统市场学）；到了第二阶段，经济理论的范围扩大到全面研究商品现象，即研究货币交换关系。参见［美］加里·S. 贝克尔著，王业宇、陈琪译：《人类行为的经济分析》，格致出版社、上海三联书店、上海人民出版社，2008年，第3页。

④ ［美］加里·S. 贝克尔著，王业宇、陈琪译：《人类行为的经济分析》，格致出版社、上海三联书店、上海人民出版社，2008年，第8页。

⑤ ［美］加里·S. 贝克尔著，王业宇、陈琪译：《人类行为的经济分析》，格致出版社、上海三联书店、上海人民出版社，2008年，第11页。

最优的信息积累，有时则没有这种需要。相反，所有人类行为均可以视为某种关系错综复杂的参与者的行为，通过积累适量信息和其他市场投入要素，他们使其源于一组稳定偏好的效用达至最大。”[①] 贝克尔的研究为经济学将研究范围扩展至非市场行为作出了杰出的贡献，并因此获得诺贝尔经济学奖。从此，经济学的研究范围开始扩展到非市场行为；与之相关的则是法律经济学的研究范围也随之扩展到非市场行为。

波斯纳在《正义：司法的经济学》的引论部分指出：经济学家的分析“工具就是这样一个假定，即人们都是自己满足度的理性最大化者”。波斯纳指出：“当人们在市场交易时，我们假定人们仅仅是或主要是理性的，但当他们在生活的其他活动中，在诸如婚姻、诉讼、犯罪、歧视以及隐藏个人信息这些活动中，我们却假定他们不理性，这是否成立？或者说只有现代西方（或西方化的）社会的居民才理性，这成立吗？”[②] 在该书第二编中，“作者以经济学为武器从总体上相当全面地解说了初民社会（前国家社会）以及农业社会基本结构以及治理制度和实践的主要方面”。作者在“这一系列分析中不仅解说了一个社会的基本的‘法律制度’或‘准法律制度’是同社会的经济发展水平相联系、是对特定社会条件的调适因此具有语境化的合理性这样一种在我们看来完全是唯物主义的法律观，而且从信息经济学角度切入的分析更为精细且令人信服”[③]。在当前关于古代法律制度的经济分析中，信息成本是一个非常重要的基本理论。

虽然法律经济学运动从一开始就受到来自传统的政治、法

---

① ［美］加里·S. 贝克尔著，王业宇、陈琪译：《人类行为的经济分析》，格致出版社、上海三联书店、上海人民出版社，2008 年，第 19 页。

② ［美］理查德·A. 波斯纳著，苏力译：《正义：司法的经济学》，中国政法大学出版社，2002 年，第 1 页。

③ ［美］理查德·A. 波斯纳著，苏力译：《正义：司法的经济学》，中国政法大学出版社，2002 年，译序第 4 页。

律、伦理哲学的抨击，认为法律经济学以效率替代正义（公正），是一种粗鄙的功利主义，是不道德的，而且也是不现实的。[①] 但是这些似乎都没有影响它的发展与影响力的扩大。到了 20 世纪 80 年代，法律经济学就席卷了美国法学院和法律实务界，甚至当年的批判者也不得不感叹，这几乎是当今美国唯一的法学流派了。[②] 这充分说明了法律经济学的强大生命力。

（三）理性选择

虽然“经济基础决定上层建筑”这一说法过于抽象，但却十分深刻。即便是历史研究，也必须时刻注意经济因素的影响。经济因素的影响通过各种形式反映到各种文化制度，包括古代法律制度当中。

吕思勉先生在研究中国古代史的时候，就非常重视经济对制度的影响。“一切社会制度，皆以经济状况为其根本原因。”[③]“《清律》规定：‘凡豪势之人，强夺良家妇女，奸占为妻妾者绞。配与子孙、弟侄、家人者，罪亦如之。’……有男女两家，因不能负担结婚时的费用，私相协议，令男家以强抢的形式出之的。则其表面为武力的，内容实为经济的了。”[④] 抢孀之俗也是自古有之，其中亦有武力和经济两种成分。在谈到古代族制的变迁时，吕思勉先生指出：“族制的变迁，实以生活为其背景；而生活的变迁，则以经济为其最重要的原因。”[⑤]“略大于小家庭的家庭表面上似为伦理道德的见解所维持，实则亦为经济状况所限制。因为经济上，合则力强，分则力弱，以昔时的生活程度论，一夫一

① ［美］理查德·A. 波斯纳著，苏力译：《正义：司法的经济学》，中国政法大学出版社，2002 年，译序第 2 页。

② ［美］理查德·A. 波斯纳著，苏力译：《正义：司法的经济学》，中国政法大学出版社，2002 年，译序第 3—4 页。

③ 吕思勉著：《中国通史》，凤凰出版社，2011 年，第 11 页。

④ 吕思勉著：《中国通史》，凤凰出版社，2011 年，第 25 页。

⑤ 吕思勉著：《中国通史》，凤凰出版社，2011 年，第 33 页。

妇，在生产和消费方面，实多不能自立的。”[①] 如此种种，足见吕思勉先生非常重视制度与经济生活的联系。也就是说，分析制度不能仅仅从制度本身的文字来分析，还应深入挖掘其背后的经济因素。当然，这并不是说只要关注经济因素的影响就够了。诚如吕思勉先生所说，大家族“所以崩溃的真原因，毕竟还在经济上。但在政治上，亦自有其原因”[②]。

在这方面的另一个重要研究成果是张维迎和邓峰合作的《信息、激励与连带责任——对中国古代连坐、保甲制度的法和经济学解释》。在该文中，作者指出，“作为社会控制工具的法律，本身就是人类历史长期博弈的结果，而且往往是富于效率的”。“信息成本是决定法律制度有效性的主要因素，法律制度应该随信息成本的变化而变化。”[③] 法律制度通过多种渠道作用于个人行为。“经济学的一个基本假设是：人是理性的，理性人总是在追求约束条件下的效用最大化。法律通过三个渠道作用于个人行为：一是设定个人行为的规则（约束条件），二是改变人的偏好（效用函数），三是协调人们的预期，进而协调均衡结果。”“法律的可实施性必须以个人追求效用最大化为前提，法律只能‘诱导’而不能‘强制’个人行为。比如说，当一项法律规定对行为实施惩罚时，当且仅当在该法律下不构成个人的最优选择时，这项法律才是有效的。如果在该法律下选择仍然是个人的最优行动，这项法律就是无效的。”[④] 文章认为，信息分配的不对称、利用惩罚加大来改变违法者的效用，以及行为的特性决定了连带责任的边界。该文对于古代制度的经济分析具有重要的参考价值。

---

① 吕思勉著：《中国通史》，凤凰出版社，2011 年，第 35 页。

② 吕思勉著：《中国通史》，凤凰出版社，2011 年，第 35 页。

③ 张维迎、邓峰：《信息、激励与连带责任——对中国古代连坐、保甲制度的法和经济学解释》，《中国社会科学》2003 年第 3 期。

④ 张维迎、邓峰：《信息、激励与连带责任——对中国古代连坐、保甲制度的法和经济学解释》，《中国社会科学》2003 年第 3 期。

该文的研究表明，制度的经济解释不是只有成本—效益分析一种模式。

萧伯纳认为：“经济是充分利用人生的艺术。”[①] 李斯特认为：“经济学是研究人与社会寻求满足物质需要及欲望的社会科学。”[②] 萨缪尔森和诺德豪斯认为：“经济学研究的是一个社会如何利用稀缺的资源生产有价值的商品，并将它们在不同的人中间进行分配。”[③] 换言之，经济学关注的双重主题是“稀缺与效率”。就是说，资源是稀缺的，人的欲望是无穷的。这就要求我们要更有效地利用这些稀缺资源，使它尽可能满足人的需要。这也是法律经济学研究的重要背景知识。因此，波斯纳说“经济学是一门关于我们这个世界的理性选择的科学”[④]。关于这一点，波斯纳在中文版序言中也有明确表述，“全书只是在以下意义上运用经济学：将经济学看作是一种理性选择理论——即诉讼所要达成的理性选择，换句话说，也就是以最小可能的资源花费来达就预期目标的理性选择，从而将省下的资源用于经济系统的其他领域”[⑤]。本书所说的经济分析，主要也是从波斯纳所说的将经济学看作是一种理性选择理论角度来展开的。这又会提出一些相关问题：法律的产生与发展究竟是不是符合理性的？如何证明法律制度中的选择是理性选择呢？这就涉及参照对象的问题。

关于第一个问题。首先要回答的就是，什么是理性？笛卡儿

---

① 转引自［美］加里·S. 贝克尔著，王业宇、陈琪译：《人类行为的经济分析》，格致出版社、上海三联书店、上海人民出版社，2008 年，第 5 页。

② 转引自［美］加里·S. 贝克尔著，王业宇、陈琪译：《人类行为的经济分析》，格致出版社、上海三联书店、上海人民出版社，2008 年，第 5 页。

③ ［美］保罗·萨缪尔森、威廉·诺德豪斯著，萧琛主译：《经济学》，人民邮电出版社，2008 年，第 4 页。

④ ［美］理查德·A. 波斯纳著，蒋兆康译：《法律的经济分析》，中国大百科全书出版社，1997 年，第 3 页。

⑤ ［美］理查德·A. 波斯纳著，蒋兆康译：《法律的经济分析》，中国大百科全书出版社，1997 年，中文版作者序言第 1 页。

认为："所有有价值的社会制度，是而且应当是由人类理性自觉的演绎过程所创造的。"① 就此，哈耶克曾指出："笛卡尔主张所有有用处的人类制度，是而且应该是由意识理性刻意创造出来的……这种意识理性是指思维通过对那些观察到的确定无疑的前提进行演绎过程而获取真理的能力。"② 这种建构主义理性被哈耶克评价为"致命的自负"。休谟"关注人类推理的有限性和人类理解能力的限制，并致力于缩减被夸大的笛卡尔建构主义的论断和主张"。"休谟和斯密都认为，生活和社会秩序来源于自然发生的规范和源于经验的学习，远远不是理性的建构主义的设计。"③ 休谟曾经指出："没有人能够一贯应用理性逻辑的原则来决定他或者她的一切行为。"④ 亚当·斯密发展了经济学中的秩序自然产生的思想，他所说的"看不见的手"就是这一思想的最好代表。现在，更多的时候是从行为选择角度对理性进行界定的。布赖恩·巴里认为："理性指的是坚持信念的方式。""行动中的理性是阐述行为的理由并依此行动的能力的实施。""最直截了当而无争议的行动理由是获取自己想要的东西。根据这个观念，理性的行为就是理性地适应于追求行为者的某个目的的行为。"⑤换言之，理性就是在手段与目的间有明确的认知。

经济人的思想源于亚当·斯密的《国富论》。亚当·斯密认

---

① 转引自［美］弗农·L. 史密斯著，李克强译：《经济学中的理性》，中国人民大学出版社，2013 年，第 13 页。

② 转引自［美］弗农·L. 史密斯著，李克强译：《经济学中的理性》，中国人民大学出版社，2013 年，第 13 页。另参见［英］哈耶克著，邓正来等译：《法律、立法与自由》（第一卷），中国大百科全书出版社，2000 年，第 5 页。

③ ［美］弗农·L. 史密斯著，李克强译：《经济学中的理性》，中国人民大学出版社，2013 年，第 23 页。

④ ［美］弗农·L. 史密斯著，李克强译：《经济学中的理性》，中国人民大学出版社，2013 年，第 9 页。

⑤ ［英］戴维·米勒主编，邓正来等译：《布莱克维尔政治思想百科全书》，中国政法大学出版社，2011 年，第 474 页。

为：（1）每个人天然的是他自己利益的判断者，如果不受干预，他的行为可使他达到自己的目的（最大利益）；（2）每个人都在追求自己利益的同时又不得不考虑他人的利益，否则就难以实现自己的利益，恰恰是这一点确立了交易的意义；（3）当每个人都能自由地选择某种方式追求自己的最大利益时，"一只看不见的手"会将他们对个人利益的追求引导到能够为公共利益做出巨大贡献的途径上去。[①] 但亚当·斯密并未明确提出经济人这一概念。首倡经济人概念的是帕累托，"他将经济分析中的人设想为有完全理性的人，即对自己的喜好和目标具有合理明确的打算，对资源配置和权利交易的每一种可能性都能衡量其代价和利益，并对如何选择和达成目标具有合理解释的人"[②]。虽然在法律经济学兴起之前，法学家没有明确地提出过法律制度应当追求经济效益最大化这一目标，但法律制度会在某种程度上促进人类的物质和精神利益这一认识还是有的。

梅因曾指出："一个特定社会从其初生时代和在其原始状态就已经采用的一些惯例，一般是一些大体上最能适合于促进其物质和道德福利的惯例；……习惯是为群众所遵守的，但他们当然未必能理解它们所以存在的真正原因。"[③] 这就是说，通过分析去发现某一制度在其产生时是如何促进物质和道德福利是可行的。虽然"原始法律一经制成'法典'，所谓法律自发的发展，便告

---

① 冯玉军著：《法经济学范式》，清华大学出版社，2009 年，第 176 页。

② 冯玉军著：《法经济学范式》，清华大学出版社，2009 年，第 177 页。

③ ［英］梅因著，沈景一译：《古代法》，商务印书馆，1959 年（2011 年印），第 13 页。苏力也表达过相似的观点，苏力认为，"习惯或惯例一般都是在比较长期的社会生活中、在各种现有的制约条件下通过人们的行为互动逐步形成的规范。因此，习惯和惯例一般说来融汇了更多的地方的、行业的比较长期有影响的具体情况，并且最重要的是它是以规则表现出来的，它是一种内生于社会的制度，可以说它们凝结了有关特定社会的环境特征、人的自然禀赋和人与人冲突及其解决的信息，是人们在反复博弈后形成的在日常生活中（当社会生活主要条件没有重大变化时）必须遵守的'定式'"。参见苏力：《当代中国法律中的习惯》，《法学评论》2001 年第 3 期。

终止。自此以后，对它起着影响的，如果确有影响的话，便都是有意的和来自外界的”。“当我们追溯一些法律变更的经过时，我们就能发现这些变更都是出于一种要求改进的、有意识的愿望，或者无论如何，是出于一种具有一定目的的有意识的愿望，这同原始时代所祈求的完全不同。”① 既然是出于“具有一定目的的有意识的愿望”，通常而言就应该是一种精心设计、选择的制度，是符合人类理性的。因此，要从这种法律变更的过程中发现制度所蕴含的理性也是可行的。

需注意的一点是，尽管经济学假定每个人都是追求效用最大化的，但最大化结果是什么却要根据每个人自己的偏好和约束而定。个人的偏好可能是利己主义的，也可能是利他主义的。② 其实，张维迎教授的观点还是来自亚当·斯密。在亚当·斯密所说的人类的“交易、交换和以物易物的倾向”中，“交换的物品不仅包括商品和服务，还包括礼物、援助和出于同情的互惠”。③ 这在一定程度上可以缓和我们对法律经济学所追求的经济效用最大化目标的排斥。无论如何，“只有得大于失的行为才是人们所追求的”④。

第二个问题，以什么样的标准来判断法律的选择是理性的？大致而言，可以有两类参照对象：一是和它的之前的制度相比较，它在哪些方面有了进步；二是和潜在的可供选择的制度相比较，它在哪些方面有优势。前一类资料是确实存在的，更便于利用，也更容易被人接受。后一类资料则往往是抽象的。因为选择

① ［英］梅因著，沈景一译：《古代法》，商务印书馆，1959 年（2011 年印），第 15 页。

② 张维迎：《经济学：理性选择的科学》，《读书》2000 年第 6 期。

③ ［美］弗农·L. 史密斯著，李克强译：《经济学中的理性》，中国人民大学出版社，2013 年，第 4 页。

④ ［美］罗纳德·哈里·科斯著，盛洪、陈郁译：《企业、市场与法律》，格致出版社、上海三联书店、上海人民出版社，2009 年，第 147 页。

了这一种制度，就意味着放弃了另一种制度。被放弃的那一个从来未曾得到真正的实施，要确切估计它的优缺点是存在困难的。当然，我们可以通过分析不同制度将为人类行为提供何种激励，并合理预测其可能结果，从而进行比较。本书运用的主要是前一类资料，即通过将不同阶段的赔命价制度进行比较，来分析这种发展到底具有何种进步特征。或者说，这种发展到底在哪些方面、以何种方式促进了人们的物质与精神福利。

这又指向另一个问题，即法律经济学的研究方向问题。前文已述，法律经济学实际上可以分为两个分支。“一些新制度经济学家反对波斯纳过分强调效益最大化或市场自由主义理念，而是将法制制度看成是一个可供选择的过程，主张对法律经济现象进行比较制度分析，以交易成本为分析切入点，在多种制度方案中选择能使交易成本最低的（法律）制度安排。”① 本书的研究更多的也是从这个角度来展开的。

最后，本书需要特别申明的是，赔命价制度的经济分析并不是说其中各方都追求经济效益的最大化，更多的是强调以下两点：一是该制度的产生、发展过程中确实表现出降低社会成本、交易成本的趋势；二是经济利益的流转是该制度运行过程中非常重要的内容，这有助于深刻理解该制度发挥作用的具体机制。

徐中起教授多次强调，法律经济学是一种外在的分析视角，可以为习惯法的研究提供一些帮助；但习惯法，尤其是民族习惯法，更重要的是要从民族文化出发，寻找内在的理解视角。这与伯尔曼的思路是高度一致的，书中也在一定程度上体现了这一思路。本书第一章中的部分内容就尝试从内在视角出发，探讨“赔命价”的文化价值。本书第二章及第三章则主要是外在视角的分析。如果套用今天的流行话语来说，就是既要理解“赔命价”的

---

① 冯玉军著：《法经济学范式》，清华大学出版社，2009 年，第 93 页。

“里子”，也要理解“赔命价”的“面子”。当然，这就又会涉及谁是“里子”，谁是“面子”的问题。

在分析赔命价制度的过程中必须重视文化因素的影响，努力深入理解其价值表达体系。只有通过经济与文化因素的有机结合，才能争取更好地理解民族习惯法进化发展与经济理性的关系。本书想强调的是，即便是众人皆以为赔命价制度完全是宗教思想、民族文化的产物，但其中实际蕴含着深刻的经济理性。从物质基础与上层建筑的关系来看，赔命价制度的核心是物质赔偿与经济理性。从其产生历史来看，佛教的教义只是正当其时，有力地支持了该制度的确立与发展。正如梅特兰所说，基督教的教义并不是赔命价制度产生的根本原因。但是，藏族的赔命价制度在确立后的漫长岁月中始终与宗教捆绑在一起，宗教因素的影响又强化了人们对赔命价制度的认同。因此，要完全将其中的宗教因素与经济因素分离，甚至仅仅是研究中的分离表述，都显得十分困难。

第一章　赔命价制度的产生与机会成本、沉没成本

"所谓'赔命价'是发生人命案件时，由原部落头人及其子弟、宗教人士出面调解，由凶手一方按照规矩付给被害人一方相当数量的财物，此案便可告结。如发生伤害案件也照此办理，称为赔血价。"① "赔命价"作为一项历史悠久的制度，在人类历史上曾经广泛存在。"在藏族中部地区各部落中，除少数部落对谋反、投毒、内部抢劫、杀害多人和影响很大的乱伦等案件执行死刑外，对一般触犯刑律的杀人、伤害案都慎用死刑，其替代方式有少量肉刑，而大量的则是采用命价血价赔偿制。"② 作为人类历史上广泛经历过的一个发展阶段，我们不能简单地用愚昧之类的语词来加以判断，并以此判断为基础决定我们今天所应该采取的应对措施。只有在深入研究该制度的基础上，才能寻找到更合适的制度引导途径。著名人类学家弗思曾经指出："有些地方的人和外来文化发生长期接触以后，他们的生活方式和思想显然有了根本的改变，可是他们还会恢复古老的习惯，或是重新实行一些

---

① 张济民主编：《诸说求真——藏族部落习惯法专论》，青海人民出版社，2002年，第14页。

② 张济民主编：《寻根理枝——藏族部落习惯法通论》，青海人民出版社，2002年，第77页。

传统的习俗，把它们夹杂在新的生活方式中。”[①] 因此，“在必须调整民族习俗和外来文明所带来的价值观念之间的关系时，如果懂得当地习俗和信仰的原则，就可以不采取禁止的手段，而用代替的方法”[②]。

第一节　从流血复仇到同等报复

史料记载，青海玉树地区，“甲村之人，杀乙村之人，乙村皆有报仇之义务”[③]。藏族格言说：“敌至一齐拔刀，友至共同端碗。”“有仇不报是狐狸，问话不答是哑巴。”“坏人不受惩，好人不得安。”“不可放任有罪者，不可冤枉无辜人。”[④] 这些格言就是藏民的文化基因，通过日常生活的影响深深融入藏民的血液之中，影响着他们的行为模式。“在过去的部落时代，部落之间或牧人之间，经常发生抢劫或械斗，流血杀人事件时有发生。”[⑤]“部落之间一旦有了冤仇，那么就要千方百计进行报复……部落间的复仇行动则直接引起部落战争。”[⑥] 藏族历史上，止贡赞普被杀，其子夏赤举兵为父报仇的故事被广为传颂。藏族民间故事“埋掉地主根”也是复仇的故事。由于地主虐待穷人，穷人们一起杀死了地主。穷人达卓收养了地主的儿子。地主儿子十五岁的一天，在雪山的另一边碰到了泽仁扎西。泽仁扎西对他说：“你

① ［英］雷蒙德·弗思著，费孝通译：《人文类型》，华夏出版社，2002 年，第 159 页。

② ［英］雷蒙德·弗思著，费孝通译：《人文类型》，华夏出版社，2002 年，第 165 页。

③ 周希武著：《玉树调查记》，青海人民出版社，1986 年，第 87 页。

④ 张济民主编：《寻根理枝——藏族部落习惯法通论》，青海人民出版社，2002 年，第 15 页。

⑤ 张济民主编：《寻根理枝——藏族部落习惯法通论》，青海人民出版社，2002 年，第 40 页。

⑥ 陈庆英主编：《藏族部落制度研究》，中国藏学出版社，2002 年，第 281 页。

呀，你还不知道，你父亲是别人害死的。”接着将事情的经过说了一遍，并竭力怂恿他复仇。于是，地主的儿子发誓要为父亲报仇，并开始仇恨达卓。不久，穷人们知道了这件事。他们把地主的儿子关起来，叫他悔改。他不但不改，还在屋子里加紧练习射箭，准备报仇之用。① 尽管故事的最后，地主的儿子没能复仇成功，但泽仁扎西鼓励地主的儿子复仇、地主的儿子宁死也不愿意放弃复仇，这样的情节足以让我们看到藏族传统文化中复仇思想的深刻影响。

一、流血复仇

（一）复仇之风强烈

拉法格认为，报复是一种人类情感上的条件反射，就像眼睛遇到危险时会自动眯成缝一样。报复“的根子是扎在自卫的本能里”② 的。在公共权力机构产生之前，任何个人的权利受到侵害都只能通过自力救济来得到纠正。报复就是最直接的纠正方式。报复不仅是最直接的纠正方式，而且是一种广泛流行的纠正方式。

野蛮人和半开化人中报复之风“是文明民族所想不到的”。在人类早期的文学作品中，也表现出复仇之风的盛行。埃斯库勒斯在其作品中，借他人之口向着为父报仇而动摇了的奥莱斯特说：“让侮辱受到侮辱的处罚！让杀害受到杀害的报复……流在地下的血要求另外的血。哺育的大地吸饱了被杀者的血；血干

---

① 参见西南师范大学中文系康定采风队编：《康定藏族民间故事集》，人民出版社，1959年，第38—39页。

② ［法］拉法格著，王子野译：《思想起源论》，生活·读书·新知三联书店，1963年，第67页。

了，但是痕迹是消灭不了的，而且高呼复仇。"① 由此可见，报复思想在当时的盛行程度。不仅如此，"野蛮人和半开化人任何时候也不宽恕，他们能在许多年中等待复仇的良机"。克莱腾纳斯特花了十年时间，耐心地等待着复仇的时刻。这让我想起了一句大家都很熟悉的话，"君子报仇，十年不晚"。

（二）复仇是生存的需要

斯宾塞说："不宽恕者生存。""假设现在有甲乙两个原始民族，甲族中一人遇害，甲族人会宽恕这种行径，不一定会去追究、复仇，而乙族则跟甲族相反，有族人遇害必会报仇雪恨。甲族于是就经常受到乙族的侮辱、侵略，最后的结局不是灭亡，就是被驱逐至穷山恶水之处。"② 在论及复仇的本质的时候，穗积陈重指出："复仇源自人类自保性的反抗作用"，"在文明达到高级阶段之前，复仇是对危害自身安全的致害者的唯一制裁，是生存竞争中最重要的利器。假如没有复仇，个人便会被暴行者伤害，种族便会被强势者灭亡。""复仇是针对过去的攻击进行反击，也是针对未来攻击的一种警戒。""在法治的状态下，法律规定'杀人者国家将处以死刑'，但在无法治的时代，风俗则是'杀人者由被杀者的亲人杀之'。在警示百姓这点上，这两者并无区别……因此无论在哪个社会，在国家的机关完备、公权力的作用可替代个人的自卫制裁之前，人们以复仇为美德，是对君主、父母、兄弟、朋友的最大义务。"③这对于我们认识人类的复仇欲望为何会如此强烈、顽固、持久具有重要帮助作用。从现有资料来

① 转引自［法］拉法格著，王子野译：《思想起源论》，生活·读书·新知三联书店，1963 年，第 68 页。

② 转引自［日］穗积陈重著，曾玉婷、魏磊杰译：《复仇与法律》，中国法制出版社，2013 年，第 41 页。

③ ［日］穗积陈重著，曾玉婷、魏磊杰译：《复仇与法律》，中国法制出版社，2013 年，第 28—32 页。

看，复仇之风持续最久的应该是中国、日本。在两国历史上，复仇之事不绝于书。相关内容，将在第五章中详细论述。

其实，"复仇不仅是原始社会刑罚的起因，即便在现代文明国家的刑事立法中，不管遵循着怎样的刑罚主义，复仇作为刑罚本质依然留有痕迹"①。霍姆斯也曾经指出："一个健全的法律体系首先要做到的是顺应社会的真实情感和要求，无论这些情感和要求是对是错。如果法律不帮助人们满足报复的渴望，则他们就会在法律之外寻求满足这种渴望。那么法律将别无选择，只好自己满足这种复仇的渴望，借以避免私人刑罚这样更大的恶。但是，这种激情并不是我们所鼓励的，无论我们是作为个人还是作为立法者。"② 时至今日，复仇的渴望仍深深地存在于国民的文化记忆中并表现于生活情感中。③

（三）复仇是团体义务

野蛮人和半开化人所处的自然环境和社会环境是复杂而危险的，任何个人都无法独自生存下去。因此，他们必须抱成团。这个"团"，在当时就是部落、氏族、家庭。他们被各种危险包围着，不断地与动物和人作战。离开他们所属的群体，他们将无法生存。将他们从所属的群体驱逐出去，就相当于宣布判处他死刑。拉法格认为："放逐是原始氏族最可怕的惩罚之一。"他引用《创世纪》第四章该隐被放逐时所说的"我的刑罚太重，过于我所能当的。你如今赶逐我离开这地，以致不见你面，我必流离飘荡在地上，凡遇见我的必杀我"来加以说明。

在没有公共权力机构的情况下，个人所受到的伤害就只能依

① ［日］穗积陈重著，曾玉婷、魏磊杰译：《复仇与法律》，中国法制出版社，2013年，第26页。

② ［美］小奥利弗·温德尔·霍姆斯著，冉昊、姚中秋译：《普通法》，中国政法大学出版社，2006年，第2页。

③ 参见梁根林：《公众认同、政治抉择与死刑废除》，《法学研究》2004年第4期。

靠他自己和他所在的部落、氏族的力量来进行救济。在荷马时代，“对谋杀的制裁只是受害人家庭的复仇，完全在任何关于权利或救济的公共框架之外运作”，“哪怕受害人是国王，情况也是如此”。[①] “英国在10世纪阿尔弗莱得王当权时，习惯和法律还允许家庭在凶杀案发生的场合宣布内战。”法国到了13世纪还只能“禁止在受害之时起四十天内因复仇而宣布内战”[②]。复仇之风的严厉程度由此可以想见。资料显示，希腊人、希伯来人、阿拉伯人、印度人、日本人、中国人、印第安人、英国人、意大利人、东非洲土人、美拉尼西亚人都曾有强烈的复仇之风。[③] 只是这种复仇之风随着人类文明的发展进步，逐步受到限制。在部分民族中很早就被法律所禁止，在部分民族中则稍微晚一些。但复仇逐步受到限制则是一种不争的总体趋势。

复仇并不容易。“当以报复相威胁是对不当行为的唯一震慑时，很重要的一点就是这种威胁一定要可信，而如果潜在的报复者只有一个，这种威胁常常就不那么可信。即使在赔偿取代了报复以后，也还是一定要有一种可信的报复威胁作为背景来强制赔偿的支付。”[④] 因此，团体成为责任共同体，或者说安全保障义务共同体是必要的。拉法格说：“带给一个野蛮人的侮辱，整个氏族都会有所感觉，好像它是带给每个成员一样。流一个野蛮人的血，等于流全氏族的血，氏族的所有成员都负有为侮辱复仇的责

① ［美］理查德·A. 波斯纳著，苏力译：《正义：司法的经济学》，中国政法大学出版社，2002年，第124—125页。相似论述，还可参见［美］大卫·D. 弗里德曼著，杨欣欣译：《经济学语境下的法律规则》，法律出版社，2004年，第377页。

② ［法］拉法格著，王子野译：《思想起源论》，生活·读书·新知三联书店，1963年，第79页。

③ 参见瞿同祖著：《中国法律与中国社会》，中华书局，2003年，第73页。

④ ［美］理查德·A. 波斯纳著，苏力译：《正义：司法的经济学》，中国政法大学出版社，2002年，第200页。

任。”[①] 穗积陈重也表达过类似看法。[②] 因此，必须有一个形成合力的团体才能对潜在的威胁形成强大的威慑力。彝族格言说“不保护一穗谷子，十穗会被割光，不保护一个人，全家支都被杀光”，“不维护一户，全家支保不住；不维护家支，一片被抢光”。[③] 这些格言表明人类通过文化基因传承、强化这种集体意识。

如果没有足够的实力作为后盾，就只有吃亏的份儿了。“在部落道德之中，两部落间有人发生纠纷，负责的不是当事人，而是他所隶属的部落全体。譬如甲部落张三杀了乙部落的李四，赔偿损失的不是张三，而是甲部落的全体。至于张三为李四偿命的事，自然更谈不到了。既不能偿命，顶多是赔偿‘命价’而已。为什么说‘顶多’呢？因为倘若乙部落无力争衡，则甲部落是可置之不理的……遇着没有报复力量，没有这种社会组织的人，吃了亏，自然也是活该的。”[④] 如果暂时没有能力复仇，又该怎么办呢？一种选择就是等待。等待后代中出现有能力复仇的人，再旧事重提。因此，在传统习惯法中不仅没有关于诉讼时效的类似规定，还鼓励后代替祖辈复仇。另一种选择就是将这种复仇的权利

① ［法］拉法格著，王子野译：《思想起源论》，生活·读书·新知三联书店，1963年，第71页。

② 穗积陈重指出：“在原始社会，最早被公认为风俗习惯的，便是团体复仇义务。原始社会以血缘构成一个团体，因此在同胞遇害的情况下，被害者至亲之外的族人也同样为此愤怒，不仅作为个体同情被害者，而且还将该杀戮视为对本族的凌辱，于是便共同为被害者复仇，这是一种自然趋势。”“在原始团体中，当一人受到迫害，全族人必然得负起复仇的义务。同样，被追杀的施害者所在的团体里，假如因为他族的复仇而损失自己一名族人的话，自己团体的生存能力便会受到影响，所以他们自然不会对这个被追杀的族人置之不理，而是全族人一起共赴难关。”［日］穗积陈重著，曾玉婷、魏磊杰译：《复仇与法律》，中国法制出版社，2013年，第40—41页。

③ 陈金全、巴且日秋主编：《凉山彝族习惯法田野调查报告》，人民出版社，2008年，第158页。

④ 于式玉著：《于式玉藏区考察文集》，中国藏学出版社，1990年，第17—18页。

出售给其他人，从买受人处获得直接的补偿。

（四）复仇是神圣义务

野蛮人和半开化人在任何时候都不宽恕。事实上，他们不仅绝不宽恕，而且给这种报复的欲望蒙上神圣的外衣。“人使自己的激情神圣化和神化，特别是当这些激情可以帮助他在个人和社会的关系上保存自己的时候。‘对血的无厌的渴求’，被提升为神圣义务的复仇变成一切义务的第一位。”① 将复仇义务神圣化，目的在于通过道德教育使这种义务内化于每一个团体成员的意识深处，强化人们对该行为规范的认同。只有形成共识，才能团结一致，增强团体战斗力。

“报仇可说是一种神圣的义务。”② 如果不能替死者复仇，义务人将失去所有的荣誉。“如果一个人伤害了另一个人，在社会发展的报复阶段，受害者的亲属对受害者承担着义务，他们只有杀死或者伤害了伤害者或伤害者的某个亲属才能完成这种义务。”③ 在藏区，“如果被继承人是被人杀死的，那么继承人在继承其遗产（如果有遗产的话）的同时，也就继承了血亲复仇的义务，除掉凶手成为他最重要的任务，因为在部落地区如果儿子不能为父亲报仇，便成为地方上所有人指斥、蔑视的对象。这也是多年来结下的冤仇不断扩大、恶性循环的主要原因”④。即便是赔偿命价之后，也时常由于旧怨引发新的冲突。“番人最重报仇。命案虽经罚服而子孙报复相寻，数世不休。苟得傳刃仇人，虽俱糜亦甘，否则乡里不齿。唯两怨之家因朝藏拜佛而相遇于拉萨，

① ［法］拉法格著，王子野译：《思想起源论》，生活·读书·新知三联书店，1963年，第69页。

② 瞿同祖著：《中国法律与中国社会》，中华书局，2003年，第73页。

③ ［美］理查德·A. 波斯纳著，苏力译：《正义：司法的经济学》，中国政法大学出版社，2002年，第200页。

④ 陈庆英主编：《藏族部落制度研究》，中国藏学出版社，2002年，第231页。

行握手礼则仇隙俱泯，诈虞两忘。盖以朝藏为不世之事，因朝藏而相遇乃不世之缘也。”① 在部分藏区，至今仍有加害人亲属主动避让被害人亲属的习俗。②

将复仇义务神圣化，是一种普遍的文化现象。哈比斯人将族间复仇视为义务，规定在名誉法中。③ 在澳洲西部，一个土著人不完成他的报仇工作，老妇人会嘲骂他，他的妻子会离弃他；如果他尚未结婚，则他将娶不到妻子；他的母亲会伤心落泪，他的父亲会鄙视责罚他。④ “在阿拉伯人中，亲属复仇的义务在其他一切义务之上。在有的社会中，复仇更与其他的权利相连，在古代斯堪的纳维亚父仇未报他是不能享受继承权的，这样父仇便成为获得某种权利以前所必尽的义务了。”⑤这种观念使生于斯长于斯的人很难脱离这种行为模式。

正是基于上文所说的“荣誉”“侮辱”等因素，伯尔曼认为，在理解赔偿制度的时候，不能仅仅从功利的角度进行分析，而要深入理解其背后的情感因素。“在观念形态上，无论是日耳曼社会中的血亲复仇制度还是取代血亲复仇的金钱赔偿制度，都应该由珍惜荣誉来加以解释，因为在一个由战神和敌对、任意的命运支配的世界里，荣誉是赢得光荣的一种手段。对日耳曼人来说，荣誉意味着‘相互扯平’；只要通过相互扯平，他才能征服包围

---

① 周希武著：《玉树调查记》，青海人民出版社，1986 年，第 86 页。

② 如果甲部落一人杀害了乙部落一人，那么在经过部落调解后，被告人的亲族就必须时刻避开被害人的血亲家族。如果双方在马路上遇见，而被告人的血亲没有及时向被害人的血亲让路，或是直眼看他而导致了进一步冲突，那么其后果就需要被告人血亲来承担。苏发祥主编：《安多藏族牧区社会文化变迁研究》，中央民族大学出版社，2009 年，第 253 页。

③ 参见许章润主编：《犯罪——社会与文化》，广西师范大学出版社，2003 年，第 135 页。

④ 参见瞿同祖著：《中国法律与中国社会》，中华书局，2003 年，第 73 页。

⑤ 瞿同祖著：《中国法律与中国社会》，中华书局，2003 年，第 73 页。

其生命的黑暗势力。而固定的偿付表则提供了使价值相等的标准。”[1] 对于这段话，有以下几个信息需要注意：第一，犯罪是对受害者及其亲属的侮辱，有损对方的荣誉。这种荣誉的受损所指的应该是对受害者所属团体的集体势力的蔑视。既然每个人都是集体的一分子，每个人都共同承担着其他所有人的安全保障义务。因此，伤害集体中的某个人自然就意味着对其安全保障义务人的报复能力的怀疑，对受害者的伤害就是对其安全保障义务人的侮辱。伯尔曼指出：“当一个人夺取了别人保护的东西时，就获得光荣，同样，当其他人夺取了他或者她保护的东西时，后者就失去光荣。因此，从根源上讲，赔偿在本质上是惩罚性的，其补偿性只具有从属意义。它是由一个家庭或亲属团体加置于另一个家庭或亲属团体的报复……用固定的偿付费取而代之，就使一种没有暴力的解决方案具有了尊严，同时它也不改变救济的基本目的，即，挽回受害者家庭和亲属的荣誉。”[2] 第二，就是伯尔曼所说的“相互扯平”。这实际上体现了人类的原始平等的情感。但是，要用金钱赔偿来衡量生命价值，这需要一个相对较长的学习过程。这就涉及第三个问题，赔偿不是对受害者生命价值的补偿，而是以其亲属觉得是否恢复了其荣誉为标准的。换言之，赔偿制度刚产生的时候，赔偿是没有客观标准的，而仅仅以受害者亲属的满意为标准，因为只有如此才可能避免武力复仇。从理论上来讲，只要受害者亲属满意，即使只支付很少的赔偿甚至不支付赔偿也可能避免武力复仇。但事实是受害者亲属往往提出很高的赔偿，甚至是加害者亲属不愿也无力承担的。或许可以这样理解，就是我们熟悉的“死罪可免，活罪难逃”。这就是说，加害

---

① ［美］哈罗德·J. 伯尔曼著，贺卫方等译：《法律与革命——西方法律传统的形成》，中国大百科全书出版社，1993 年，第 65 页。

② ［美］哈罗德·J. 伯尔曼著，贺卫方等译：《法律与革命——西方法律传统的形成》，中国大百科全书出版社，1993 年，第 65 页。

者及其亲属即使不付出生命的代价，也要遭受较重的经济惩罚。因为既然是集体责任，如果赔偿较低，根本不可能给加害者及其亲属造成惩罚。但是，这种赔偿方式是无法持续的，人们必须在实践中不断探索金钱与生命之间的对等关系。有关于此，将在下文中进一步分析。

（五）集体复仇的代价

犯罪是集体的，复仇也是集体的。这就意味着，大家处于集体的危险中。“在钦西安人中，杀害事件总是伴随着世仇或法律行为……所谓诉诸法律的行为几乎与澳大利亚人用格斗来解决纠纷的情况是一样的。它只能不断地造成更多人的死亡。杀害事件越多，格斗就越多。而且这种格斗太使人精神紧张，以至于愈演愈烈。”① 时至今日，对复仇的恐惧之心仍是人们选择赔偿命价的重要原因。②

现有资料中，具体记载血亲复仇的案例并不多见。根据劳德·沃纳1930年在澳大利亚北部卡奔塔利亚湾西边的阿纳姆地区的莫尔治氏族的调查，当地部落“曾发生了一个图腾群体受到另一个图腾群体的袭击后双方的战争。双方在20年之中出现了70起杀害案件，其中50起是血亲复仇，15起中有10起是诱拐妇女被处死的，5起是简单的血亲复仇，还有另外5起是妖术被处死的。前65起中还有5起是死于反抗杀害的实践。5起是因无权仰视图腾而被处死的。这些流血事件所记载的被处死的大概有1000多人”③。该案例所述之情况可以说让人不寒而栗。“这个记

---

① ［美］霍贝尔著，严存生等译：《原始人的法》，法律出版社，2012年，第221页。

② 参见张济民主编：《诸说求真——藏族部落习惯法专论》，青海人民出版社，2002年，第316页。

③ ［美］霍贝尔著，严存生等译：《原始人的法》，法律出版社，2012年，第245—246页。

载说明，如果同态复仇不加控制地延续下去，原始人就有被毁灭的可能性。”①

“氏族通过对其成员之一的被杀和被伤害施以报复来保卫自己。但是这种集体的复仇必然会招来集体的危险，有时竟至威胁着氏族集体的生存。”② 这就是悖论，人们生活在群体内是为了寻求相对安全有序的生活环境，现在却时刻面临着集体的危险。因此，人们必须想法克服这种制度的缺陷。“爱斯基摩人是用杀害来对付杀害的，但是用杀害来推动世仇发展的人们和因此而招致更多的杀害产生时，就要受到公社集体行为的阻止。”③ 这就是来自群体内部的反思与进步，是一种内部自生的秩序规则。

二、同等报复

亚里士多德认为“无情的法律实际上是从愤怒的而往往是激烈的复仇欲中产生出来”的④。拉法格认为“混乱产生秩序”⑤。这种说法和霍布斯所说的人类从自然的战争状态向社会的和平状态发展有相似之处。霍布斯认为，自然的战争状态“最糟糕的是人们不断处于暴力死亡的恐惧和危险中”⑥。这种状态是难以持久的，人们出于对和平的渴望，依靠“激情”（对死亡的恐惧、对

① ［美］霍贝尔著，严存生等译：《原始人的法》，法律出版社，2012 年，第 246 页。

② ［法］拉法格著，王子野译：《思想起源论》，生活 · 读书 · 新知三联书店，1963 年，第 73 页。

③ ［美］霍贝尔著，严存生等译，《原始人的法》，法律出版社，2012 年，第 266 页。

④ 参见［法］拉法格著，王子野译：《思想起源论》，生活 · 读书 · 新知三联书店，1963 年，第 70 页。

⑤ ［法］拉法格著，王子野译：《思想起源论》，生活 · 读书 · 新知三联书店，1963 年，第 70 页。

⑥ ［英］霍布斯著，黎思复、黎廷弼译：《利维坦》，商务印书馆，2010 年，第 95 页。

舒适生活所必需的事物的欲望，以及通过自己的勤劳取得这一切的希望）和理性来超越自然的战争状态。霍布斯还指出：“也许会有人认为这种时代和这种战争状态从未存在过，我也相信绝不会整个世界普遍出现这种状态，但有许多地方的人现在却是这样生活的。”①

流血复仇通常意味着报复不止，你杀死我部落的人，我要找你报仇；此后，你又要来杀死我部落的人继续复仇。最初，被害人亲属将致害人本人、亲属甚至族人都纳入复仇对象的范围。如此循环，杀戮不止。一个氏族、部落一旦卷入一场流血报复之战，则将陷入持久的集体危险之中。“在复仇时，许多社会的习惯是并不仅限于以仇人为对象的，将仇人杀死或将他的族中任何一人加以报复是一样的。”② 但这种无限制的复仇很可能使集体成员陷入集体危险。

因此，无限制的复仇必须受到限制。随着时间的推移，“有权复仇者的数目和受报复者的数目都有限制”③。野蛮人为了获得相对稳定有序的生活环境，必须放弃绝对自由的报仇原则。诚如贝卡利亚所说：“人们牺牲一部分自由是为了平安无忧地享受剩下的那份自由。”④ 在《圣经》中就可以看到耶和华的这种努力，“不可因子杀父，也不可因父杀子，凡被杀的都为本身的罪”。澳洲的野蛮人逐渐“满足于缩小复仇的范围，只惩办引起他们争吵的个人，使所受的损失得到相等的补偿”。阿拉伯人授权最近的五个亲属等次中的每个人杀掉凶手方面的五个亲属等次中的任何

---

① ［英］霍布斯著，黎思复、黎廷弼译：《利维坦》，商务印书馆，2010年，第96页。

② 瞿同祖著：《中国法律与中国社会》，中华书局，2003年，第74页。

③ ［法］拉法格著，王子野译：《思想起源论》，生活·读书·新知三联书店，1963年，第75页。

④ ［意］贝卡利亚著，黄风译：《论犯罪与刑罚》，中国大百科全书出版社，1993年，第8页。

人，拉法格认为这种风俗曾经广为流行。俄罗斯早期的《雅罗斯拉夫法典》规定："如果某人杀害了他人，被害人的兄弟可以为他复仇；子也可以为其父；父也可以为其子；或者是侄子为其伯叔；外甥为其舅父，向凶手复仇。"① 该规定的意思就是，超出规定范围的其他人不享有复仇的权利，违反规定的会受到相应的惩罚。

Steinmetz 指出，"无目标的复仇实较有目标的辨别的复仇为原始"，"人类智力的发展使人们渐渐发觉遏制为非作恶最好的办法是对作恶者予以惩罚，于是复仇由第一期进到第二期"②。因此，人们开始将犯罪者或作恶者与无辜者加以区别。《玉树调查记》也记载：即便当事双方未能就赔偿达成一致意见而决裂复仇，"亦不过戮一二人而止，不多杀也"③。同等报复由此产生，混乱的流血复仇开始走向相对有序的同等报复了。同等报复是一种有限度的报复，这种必要的限度使得人们走出了流血复仇的圈子。"只有那种与所受损伤恰恰相等的伤害……才能满足原始人追求平等的精神"④。这种严格的"同等伤害"具有防止流血复仇的毁灭性后果的功能。也就是说，在同等报复阶段，报复应该相当于己方所遭受的伤害；如果超出这种必要的限度，则仍有陷入流血复仇的危险。现代刑法中所讲的"罪刑均衡原则"也是从这种朴素的"以眼还眼、以牙还牙"规则逐步发展起来的。

要使长期以来盛行的无限制的流血复仇得到限制是很困难的。要限制自认有权复仇者的人数已经是很困难的事情了，"而后又完全剥夺这种权利，这是更困难的事。"所谓"完全剥夺这

---

① 转引自张济民：《寻根理枝——藏族部落习惯法通论》，青海人民出版社，2002 年，第 79 页。

② 转引自瞿同祖著：《中国法律与中国社会》，中华书局，2003 年，第 75 页。

③ 周希武著：《玉树调查记》，青海人民出版社，1986 年，第 72 页。

④ ［法］拉法格著，王子野译：《思想起源论》，生活·读书·新知三联书店，1963 年，第 74 页。

种权利"，就是指不再由有权复仇者亲自动手杀死受报复者，而由他们或国王委派的官吏执行死刑；或者，用赔偿来代替复仇。不管如何，"侵权的最早救济手段——报复，这常常会导致一种世族复仇——很快产生出一种赔偿制度，由伤害者或其亲属向受害人或其亲属支付（血财、和解偿还、慰藉金）"①。

三、复仇的限制

复仇既然有如上所述的诸多缺陷，社会就一定会想方设法来限制这些缺陷的作用，并不断寻找新的责任替代方式。同态复仇实际上就是对流血复仇或者说血亲复仇的一次限制。"随着社会组织的逐步完备，国家可以通过社会力统制个人，自卫生存法的必要便逐渐消失，同时国家也意识到私斗妨害公共安全，于是便想方设法铲除复仇和私斗的弊害……但复仇习俗却长久留存，仅用一朝一夕便想断然废除复仇自然是相当困难的。故社会统治者或是限制复仇义务者的范围，或是限制复仇的方法，或是设置复仇调停机构，想尽一切办法来有限地允许复仇存在，但前提是复仇不会导致社会凝聚力的溃散、不会危害社会治安。假若超出设定的限制范围，该复仇便会被视为私斗而受到制裁，或者被视为擅杀而受到处罚。这是公权力作用于私力制裁的开端。"② 穗积陈重从六个方面对复仇限制进行了介绍：

第一，复仇义务者的范围。穗积陈重认为随着团体的扩张，复仇义务者的范围实际上在缩小。团体的扩张分为外部扩张和内部扩张。征服和合并属于外部扩张，人口的自然增长属于内部扩张。外部扩张中增加的人口明显超出了血亲复仇的义务范畴。

---

① ［美］理查德·A. 波斯纳著，苏力译：《正义：司法的经济学》，中国政法大学出版社，2002年，第199页。

② ［日］穗积陈重著，曾玉婷、魏磊杰译：《复仇与法律》，中国法制出版社，2013年，第44—45页。

“在血缘团体因人口增加而内部扩张的情况下，随着成员的增加，丧失一个成员给整个团体生存所带来的影响逐渐减小，因此在过去小团体里因为生存竞争而产生的全族相互保障的责任，到了大团体时代反而会给所有人带来危险，甚至会妨碍团体的治安、危及团体的生存。所以一个团体因成员的增加而内部扩张的时候，便会意识到有必要尽量缩小复仇范围来维持治安，随着社会组织的完备，人们开始限制复仇。”① 这实际上是说，随着团体的扩张，成员数量的增加，个人对团体的边际效用在变化。这种变化包括两个方面的含义：一方面，如穗积陈重所言，个人的损失对团体的影响减小。因此，团体没有必要再为个人承担这么多的保护义务。另一方面，也是穗积陈重没有言及的，则是成员的增加意味着团体与外界的接触面更大了，发生冲突的概率增加了。正所谓“林子大了什么鸟都有”，成员多了，喜爱惹是生非的人很可能也随之增多了。如果团体仍然承担全部的保护义务，那么团体恐怕一天也安宁不了，甚至会危及团体的生存。因此，必须要将风险分解，适当区分个人责任与团体责任。“血缘复仇义务的范围限定程度，会由于民族和时代的不同而有所差异，但大体上限制范围的大小取决于文化开明程度，随着社会组织的完善、社会统制力的发达，义务范围逐渐缩小。”② “往往将复仇义务范围限制为至亲复仇。”③ 本书认为，其范围实际上是以保证复仇的实现为前提的。也就是说，个人纠纷首先由至亲承担复仇义务，如果家庭成员（至亲）明显无法复仇，则需要将复仇义务者的范围扩大一些；或者是随着冲突的升级，逐渐扩大复仇义务者的范

① ［日］穗积陈重著，曾玉婷、魏磊杰译：《复仇与法律》，中国法制出版社，2013 年，第 46 页。

② ［日］穗积陈重著，曾玉婷、魏磊杰译：《复仇与法律》，中国法制出版社，2013 年，第 47 页。

③ ［日］穗积陈重著，曾玉婷、魏磊杰译：《复仇与法律》，中国法制出版社，2013 年，第 48 页。

围。因此，我们在看藏族的复仇案例中，多是为父亲、兄弟复仇；集体复仇多是由于草场纠纷引起的械斗。

第二，复仇义务者的顺序。"复仇的心理基础是看到自我生命一部分的亲人被害时的怨恨，所以共同义务者根据亲疏远近的不同，愤恨的程度也有深浅之分。""该心理发展成为习俗，成为礼制，成为法规，形成了复仇义务以及复仇责任的顺序，到最后，义务和责任都仅限于顺序首位之人。"穗积陈重分析了我国古典文献《曲礼》《周官》的记载，指出"复仇虽然涉及君父、兄弟、堂兄弟、师长、朋友之仇，但这其中却有轻重先后之分"①。实际上，我们在中国古代史籍中还是可以见到不少为朋友复仇的案例，并且这种复仇经常会得到统治者的同情甚至嘉奖。有关于此，将在第五章中进一步分析。穗积陈重还指出："在各个民族，随着社会组织的逐步完善，复仇的全族义务、全族责任的弊害也逐渐为人所感知，创教者和立法者皆在教义或法规中将其设定为个人义务与个人责任。""族战明显会产生内乱，成为社会分崩离析的原因，因此，为了根除族战的弊害，维护社会治安，国家或是通过舆论、习俗、宗教教义、礼制等启发社会良知，或是通过作为社会精神核心的首领之命令等手段，来控制社会成员的感情，只允许个人将复仇限制在一定范围之内。"② 前文讲到，如果藏民被杀，则其继承人在继承被继承人财产的同时，负有为其复仇的义务。这就是说，他就是居于首位的复仇义务者。当然，在藏族复仇案例中，也有不少为兄弟复仇的情况。

第三，复仇避难地。避难一词，"原来主要用于杀人者逃到神圣不可侵犯之地来躲避复仇的情况，虽然避难一开始是禁忌产

① ［日］穗积陈重著，曾玉婷、魏磊杰译：《复仇与法律》，中国法制出版社，2013年，第49页。

② ［日］穗积陈重著，曾玉婷、魏磊杰译：《复仇与法律》，中国法制出版社，2013年，第51页。

生的效果，但发展到后来，就演变成为广泛地统称一定的场所，或是在特定人的保护下外逃以躲避复仇、刑罚、虐待等情况”。但是，避仇并不总是那么轻松的，“国家或是让避难者承担劳役，或是做奴隶，意在给复仇者传达一个观念，避难者并非无偿地被免去犯罪的惩罚，以此或多或少地慰藉复仇者。再往下发展，避难成为赔偿、和解的前提”①。在藏族传统法律制度下，加害者也有逃到特定场所躲避复仇的情况。如第三章中将要讲到的四川黑水地区，加害者在承担“赔命价”之外还要被罚在头人家中服一定年限的苦役，这在客观上也起到了躲避复仇的作用。更多的则是各寺院所属的“边民”，他们中的一部分就是从各地逃到寺院周围躲避复仇的。

第四，复仇调停机构。如中国古代的和难制度和日本古代的移乡制度。②

第五，复仇申告。即“让复仇者向官府报告复仇之事，或者让其接受复仇许可”。如中国古代的复仇申告制度以及英国关于复仇之后向周围看客予以说明的规定。

第六，复仇许可。即只有在获得公权力许可的复仇才能被视为正当行为。日耳曼法和伊斯兰法中都有相关规定。第四至第六点之事项，在藏族赔命价制度的发展中暂未发现相关资料。

需要注意的是，穗积陈重的《复仇与法律》原本就是其名著《法律进化论》的第四部分，该书是在法律进化的指导思想下写就的。但包括法律进化理论在内的社会进化论思想是生物进化论思想影响社会科学的产物，通常是广泛收集各种资料进行分析以厘定出发展线索。这一特点决定我们很难在某一单个民族的法制

① ［日］穗积陈重著，曾玉婷、魏磊杰译：《复仇与法律》，中国法制出版社，2013年，第52—72页。

② 参见［日］穗积陈重著，曾玉婷、魏磊杰译：《复仇与法律》，中国法制出版社，2013年，第72页。

发展史上发现全部的特征。穗积陈重所总结的几点，有的已经在前文中述及，有的则要在之后的几章中分别论及。

第二节　赔命价制度的产生与发展

正常的社会秩序是国家存在的基本条件。“随着社会组织的逐步发达，社会的统治者体会到杜绝私斗之乱乃紧要之事，于是便通过各种方法阻止私斗的发生。特别是在村子家族连带观念的时代，种族的复仇义务与被复仇责任对立，复仇成为种族战争的原因之一。因此，只要复仇不禁止，种族战争便不会停息，战争不停息，国家便无法兴盛。”① 很多国家的历史中都有通过法律限制复仇的记载，或者是通过法律直接禁止，或者是通过经济赔偿吸引，但这种古老的情感已经被神圣化，成为人们自觉遵守的道德规范，无法轻易消除。“统治者也不愿由于突然禁止复仇而进而伤害了人民的伦理感情，于是便诱之以利，威之以害，逐步引导民众转而依赖法权。”“以赔偿代替复仇，和平解决纠纷，乃是防止私斗的最有成效的对策，是私力公权化的开端。”“查理曼大帝发布手谕，复仇权利者拒绝接受赎金将会受到流放的处罚。”②俄罗斯的《罗斯法典》明确规定：“废除血亲复仇可以代之以金钱赎罪。”③

藏民也认识到了纠纷久拖不决的弊端。“藏族有句谚语说：‘纠纷尾巴长了殃及子孙，牦牛尾巴长了春季伤膘’，无休止的械斗报复，严重地影响了农牧民的生产和生活，使他们的生命财产

① ［日］穗积陈重著，曾玉婷、魏磊杰译：《复仇与法律》，中国法制出版社，2013年，第103页。

② ［日］穗积陈重著，曾玉婷、魏磊杰译：《复仇与法律》，中国法制出版社，2013年，第103—104页。

③ 转引自张济民主编：《寻根理枝——藏族部落习惯法通论》，青海人民出版社，2002年，第80页。

遭受损失，因此，虽有同态复仇的心理，但还是不愿轻易扩大事态。”① 据说著名的藏族民间故事《猴鸟的故事》是在十二世达赖时期创作的，故事的梗概是这样的：

在一座大山上，猴子、鸟和各种野兽本来各有居处，和平而快乐地生活着。可是，有几只顽皮的猴子却无故侵入鸟类的草坪，纵情吃喝玩乐。百鸟见了，便派白松鸡到猴子那里去办交涉，抗议它们的入侵。不料猴子却不讲道理，也派出代表进行狡辩，因而使纠纷扩大化。鸟类为了保卫领土，便又派鹦鹉、白松鸡向猴子提出警告：“要是不讲道理，就以武力解决。”猴子们表面强硬，内实畏惧，便请兔子和公鸡出面调停。结果鸟类让出三分之一的草地给猴子，作为鸟类在猴子的领土——树林中自由栖息和觅食的交换条件。从此，各守疆域，相安无事。②

“故事反映出藏族人民对待纠纷和战争的基本态度。即使迫不得已出兵之后，还要采取适当措施尽力挽回，最常用的就是‘挡兵’。”③ “挡兵”本来是军事行动中的措施，后来被引入杀人或伤人等恶性案件的处理中。《玉树调查记》记载：“甲族之人杀乙族之人，乙族出兵以报之，而其出兵，也虚张声势，迟延不前，以待丙族之调停，苟甲族服罪，输财，则兵立罢。即至决裂交绥，亦不过戮一二人而止，不多杀也。盖犹有古封建时代之遗风焉。”④ 材料中所说的“乙族出兵以报之”，就是血亲复仇的态势；但是为了避免这种义务，于是他们“迟延不前”；这时他们希望的是有第三方的调停，能够引入另一种解决方式——“输财”，也就是赔偿命价。这则材料说明了初民社会中的人是如何

① 陈庆英主编：《藏族部落制度研究》，中国藏学出版社，2002 年，第 286 页。

② 故事来源：中国西藏信息中心，http：//zt. tibet. cn/wenxue/wenxu200241214 2716. htm，访问日期：2014-4-18。

③ 陈庆英主编：《藏族部落制度研究》，中国藏学出版社，2002 年，第 286 页。

④ 周希武著：《玉树调查记》，青海人民出版社，1986 年，第 72 页。

避免血亲复仇而选择以赔偿方式解决纠纷的，这也说明了“赔命价”的产生是有着切实的社会基础的。在稍后的文中，我们将会看到，“赔命价”是一种人类历史上长期且广泛存在的纠纷解决方式。

一、赔命价制度的产生与发展

诚如前文所说，流血复仇是一种受到鼓励的激情。流血复仇曾经是一种神圣的义务，如果你的亲人受到伤害，而你不去复仇，则将被你所属的群体抛弃。相对而言，同等报复则是受到适当限制了的报复冲动。① 但同等报复仍然会引发世仇，只是冲突的激烈程度降低了。因此，必须进一步限制同等报复，最终实现纠纷的和平解决。不断细化的限制规则，就是最早的法律规则。“众所周知，法律程序的早期形式建立在复仇的基础上……世仇导致了补偿金方式的出现。”② 从这个角度来看，赔命价制度是限制武力复仇的阶段性成果。

（一）赔命价制度确立的基本条件

首先，必须有适当的物质条件作为基础。拉法格认为，私有财产的产生是赔命价制度产生的必要条件。“自私有财产建立起来之后，流血不再要求用流血来抵偿：它要求的是财产。同等报复法也改变了。”③ 为什么私有财产的出现会导致如此重大的变

① 同等报复在规定和限制流血复仇时，证明折磨和迷住原始人的激情已平息而开始服从量度的感情。参见［法］拉法格著，王子野译：《思想起源论》，生活·读书·新知三联书店，1963 年，第 76 页。

② ［美］小奥利弗·温德尔·霍姆斯著，冉昊、姚中秋译：《普通法》，中国政法大学出版社，2006 年，第 2 页。

③ ［法］拉法格著，王子野译：《思想起源论》，生活·读书·新知三联书店，1963 年，第 80 页。相似的观点还可参见［日］穗积陈重著，曾玉婷、魏磊杰译：《复仇与法律》，中国法制出版社，2013 年，第 79 页。［美］霍贝尔著，严存生等译：《原始人的法》，法律出版社，2012 年，第 248 页。

化？主要在于人们从经济活动中获得了更好的物质利益的满足。一方面是由于奴隶和奴隶贸易的出现。“拿活人和牛、武器和其他东西交换使半开化人习惯于流血不一定用流血来换，而可以用其他等价物补偿。”更重要的是由母权制向父权制过渡后，父亲可以因为女儿离开本氏族而获得一笔补偿金；甚至可以出卖儿子获得金钱。“父亲出卖自己的亲骨肉，这就破坏了结合家庭成员和使他们同生共死的古老的团结。父母们既然拿自己的儿女，自己的亲骨肉去交换家畜和其他的财产，当然更愿意接受家畜和其他财产抵偿流血，抵偿被杀的儿子。儿子遵循父亲的遗训，他们也同样愿意接受某项赎金来抵偿他们父母流的血。”① 这就是说，随着私有财产的出现，人们开始接受交换——不仅接受内部交换，也接受外部交换；不仅物品可以交换，人的身体损害、生命也可以折价交换、补偿。其中体现出人类最重要的思维方式之一：类比。从物物交换到生命与财物的交换，从父亲接受儿子生命的替代赔偿到儿子接受父亲生命的替代赔偿。

其次是技术条件。在同等报复中，我们讲到它的第二个特点就是双方所受伤害的程度基本相当。这就隐含着一个前提，就是“衡量”。在同等报复阶段，这种“衡量”通常是具体的，如《圣经·出埃及记》中所说的“以命偿命，以眼还眼，以牙还牙，以手还手，以脚还脚，以烙还烙，以伤还伤，以打还打”。赔命价制度的出现，意味着“粗暴的平等——以命抵命——为经济的平等所代替”。这实际上是说，以命抵命也是一种形式上的平等；赔命价制度是另一种形式的平等。但是，经济上的平等要真正实现，还有一些实际的困难是半开化人必须面对的。“一方面他们应当估量家庭的一个成员的死亡对于家庭和某一部分肢体的伤损或受侮辱对于个人所引起的物质的和精神的损失有多大；另一方

① ［法］拉法格著，王子野译：《思想起源论》，生活·读书·新知三联书店，1963年，第80—81页。

面他们还应当权衡转交与他们的某些物质财富的利益的大小。”① 然而，生命、身体的损伤、侮辱与接受的财物之间无法像同等复仇一样，通过简单的对比来衡量是否等值。但是，为了避免复仇，受害者所属的团体必须以接受一定的赎金为代价来放弃复仇。既要衡量自己所受的伤害的大小，给它一个合理的定价；又要衡量所收到的物品的价值。只有两者基本相当时，赔偿方案才可能达成。这需要经过长时间的实践，随着抽象思维能力的发展才能逐步实现。“只是在长期的脑力工作之后他们才得出为抵偿生命、眼睛损失、牙齿损伤以至侮辱的等级的赔偿表。”② 赔偿表的形成表明人的抽象思维能力已经达到了一个新的高度。赔偿表的形成是赔偿制度发展的结果，它反过来又促使赔偿制度更易为人了解，得到更广泛的遵守。这实际上就是定价机制的确立，也是一项重要的交易成本。

由此可见，同等报复起到了承上启下的作用，连接了流血复仇与赔命价制度。拉法格关于赔命价制度确立条件的观点至今为相关研究所认可。③ 本书也赞同这一观点。

（二）赔命价制度的确立过程

人类逐步走出了以杀止杀的恶性循环之路，开始用物质赔偿来弥补人身损害。但是，这种变革绝不是没有阻力的。“这个变革——最深刻的变革之一，它的活动地点是人的心灵，不是一下子并且也不是没有精神痛苦就完成了的。宗教，古代法律的保存

① ［法］拉法格著，王子野译：《思想起源论》，生活·读书·新知三联书店，1963 年，第 83 页。

② ［法］拉法格著，王子野译：《思想起源论》，生活·读书·新知三联书店，1963 年，第 84 页。

③ 参见张济民主编：《寻根理枝——藏族部落习惯法通论》，青海人民出版社，2002 年，第 81—83 页。

者，半开化人的团结情感和自尊心都反对用金钱抵偿血债。”① 很多文学历史作品中都记载了人们对赔偿制度的不满，有的部落甚至将诅咒和接受的赔偿联系在一起。

霍姆斯指出：“起初，是否采取这一方式是可以选择的，后来则变成强制的，由此使得世仇被买断而消失。”② 公元 496 年，莫洛温王克洛维斯皈依基督教后不久，就颁布了萨利克法。该法中“列举了要求犯有各种罪行的人向受害方支付金钱的处罚，这些罪行包括杀人、袭击、盗窃等。这些都是早期法的典型规定；它们的主要目的之一就是把纠纷当事人双方引向服从地方集会（百户区法院）的判决，而不是通过血族间的仇杀解决纠纷，或者就是为受害家庭和侵害家庭间的谈判提供一种基础。然而，它们有时候甚至连这种作用也没有。用盎格鲁—撒克逊法的一句话说，受害方可以在赎金和复仇之间作出选择，‘要么收买长矛，要么忍受长矛’”③。该例子很好地说明了复仇到赔偿的过渡状态。

在日耳曼民族的法律中，自古就有“赔命价”的习俗，但即便到了命价标准逐步明确的时候，赔偿仍然不是优先选择。“虽然针对生命、身体侵害的赔偿责任以及赔偿数额裁定的标准已经制定，但被害者可以选择战斗，而拒绝接受赔偿和解。”④ 随着时间的推移，赔偿逐渐成为通则，而复仇则成了异类。“针对杀人

---

① ［法］拉法格著，王子野译：《思想起源论》，生活·读书·新知三联书店，1963 年，第 81 页。

② ［美］霍姆斯著，冉昊、姚中秋译：《普通法》，中国政法大学出版社，2006 年，第 2 页。相似观点还可参见［日］穗积陈重著，曾玉婷、魏磊杰译：《复仇与法律》，中国法制出版社，2013 年，第 81 页。［美］理查德·A. 波斯纳著，苏力译：《正义：司法的经济学》，中国政法大学出版社，2002 年，第 199 页。

③ ［美］哈罗德·J. 伯尔曼著，贺卫方等译：《法律与革命——西方法律传统的形成》，中国大百科全书出版社，1993 年，第 62—64 页。

④ ［日］穗积陈重著，曾玉婷、魏磊杰译：《复仇与法律》，中国法制出版社，2013 年，第 82 页。

行为的第一顺序制裁就是支付赔偿金，同态报复的复仇是在施害者不支付赔偿金的情况下才采取的行动。”① 但此时情况又已经有所不同，当被害方准备复仇的时候，总会有第三方出现充当调停的角色，冲突又回到赔偿的轨道。“在这些原始人中，如果加害方不打算支付请求的损害赔偿，受害方的男性血亲就会向他报复，杀了加害方的加害者或其他人，然后就会出现屡次报复的可能性和世仇的可能性。但在这种情况下，几乎总是有一些首领或重要人物被邀请出面调停，帮助解决这些纠纷，直到双方达成协议。”②

随着赔命价制度被广泛认可，一些法律甚至明确规定未经请求赔偿不得复仇。阿尔弗烈德大帝颁布的《阿尔弗烈德法典》第42条就明确表示：“朕在此宣布，有仇家之人，若无事先向仇家要求赔偿者不可攻击对方。”③ 爱尔兰的布里恩法律制度也规定，“对所有侵害行为的救济都是一种叫作埃里克罚金的赔偿，假如侵害者不进行赔偿，或者无力赔偿，那么被害者可以没收侵害者或其近亲的财产，或者选择复仇”。④ 这些规定表明赔偿制度的最终确立。

（三）赔偿标准的确定

赔命价制度产生之初，赔偿的数量带有很大的任意性。“血仇的惩罚起初取决于受害一方的意志；他们按照自己的意见决定

---

① ［日］穗积陈重著，曾玉婷、魏磊杰译：《复仇与法律》，中国法制出版社，2013年，第64页。

② ［美］霍贝尔著，严存生等译：《原始人的法》，法律出版社，2012年，第248页。相似论述还可见同书，第255页。

③ ［日］穗积陈重著，曾玉婷、魏磊杰译：《复仇与法律》，中国法制出版社，2013年，第83页。

④ ［日］穗积陈重著，曾玉婷、魏磊杰译：《复仇与法律》，中国法制出版社，2013年，第84页。

物品的数量和质量，对方必得给他们这些东西才能使他们大发慈悲心。”① 根据资料记载，冰岛人要凶手及其家属交出全部财产，将他们剥夺得精光，目的是要让他们失去生活的乐趣。这种“过分的赔偿使这种赎罪方法实际上成为不可能而引起无休无止的争吵”。因为将犯罪者及其家属的财产都剥夺去就意味着他们在经济上的死亡，这就使得他的家庭成员面临很大的生存威胁，甚至可能使所有家庭成员都因此沦为奴隶。这是任何一个家庭都难以承受的，很可能被他们拒绝。一旦他们拒绝赔偿，则意味着他们选择流血复仇或是同等报复。而赔偿制度一经产生，人们已经认识到它的优势所在，不会再轻启战端。现在要做的就是尽量避免它的劣势，发挥它的优势。

随着赔命价制度的实践与发展，他们在法典中详细地规定一条自由人的生命按其出身和等级应当要罚多少赎金；身体的不同部位受伤，赎金的多少也不一样；此外，由于伤害给他的荣誉和对他的家庭安宁的破坏还得另行计算赎金。虽然名目较多，但各种常见的伤害都有了相应的赎金数额规定。这标志着赔偿制度已经深入人心。有关“赔命价”标准的确立如何降低交易成本的问题将在第二章中分析。

虽然私有财产制度已经产生，赔偿金额也受到了一定程度的限制，但是赔偿的赎金仍然是很巨大的，远远超过了个人的承受能力，甚至远远超过单个家庭的承受能力。因此，必须由犯罪者的家庭、氏族甚至部落集体来承担这种赔偿责任。根据纠纷发生的原因及赔偿金额的大小，确定相应的赔偿主体。前文讲到，拒绝赔偿就意味着选择战争。因此，犯罪者所属的群体总是要尽量支付赔偿金。共同承担赔偿，也就意味着共同分享所得的赔偿金。“罪犯的家庭负责支付血债的赎金，受害的家庭在自己的成

---

① ［法］拉法格著，王子野译：《思想起源论》，生活·读书·新知三联书店，1963年，第82页。

员之间按亲属的等次分配这赎金。”① 这和之前的流血复仇制度在实质上是一致的，就是建立更大的风险承担体。

二、赔命价制度的广泛存在

赔命价制度曾经在人类历史中广泛存在，不仅范围广，而且时间横跨长。现在见到的材料中，最早的可能是古罗马人塔西佗的记载，他在《日耳曼尼亚志》第21篇记载：“宿仇并不能和解；甚至仇杀也可以用若干头牛羊来赎罪，这样不独可以使仇家全族感到满足，而且对于整个部落更为有利，因为在自由的人民中，冤仇不解是非常危险的事。”② 有学者认为：“从《大唐西域记》《法显传》的记载，以及藏文法起源的种种神话与《摩奴法典》挖空心思捏造神话、创制律条、规定习俗的做法有承袭关系来看，约在公元6世纪至9世纪之间印度的同态复仇和血亲复仇已基本为赔偿方式所取代。”③梅因曾经指出：“古代社会的刑法不是‘犯罪’法；这是‘不法行为’法，或用英国的术语，就是‘侵权行为’法。被害人用一个普通民事诉讼对不法行为人提起诉讼，如果他胜诉，就可以取得金钱形式的损害补偿。”“这个特点，最有力地表现在日耳曼部落的统一法律中。他们对杀人罪也不例外有一个庞大的用金钱赔偿制度，至于轻微损害，除少数例

---

① ［法］拉法格著，王子野译：《思想起源论》，生活·读书·新知三联书店，1963年，第83页。

② （古罗马）塔西佗著，马雍、傅元正译：《阿古利可拉传——日耳曼尼亚志》，商务印书馆，1958年，第38页。转引自高仰光：《论日耳曼法中的赔命价制度》，《比较法研究》2006年第3期。

③ 张济民主编：《寻根理枝——藏族部落习惯法通论》，青海人民出版社，2002年，第80页。

外，亦有一个同样庞大的金钱赔偿制度。”① 在欧洲，赔偿制度直到 12—13 世纪才开始逐渐被死刑或肉刑代替。②

在我国的历史资料中，也有不少关于“赔命价”的记载。《三国志·魏志·乌丸传》记载：乌丸人“部落间有仇怨，得自相报复，报复不止，请大人评判，理屈的部落出牛羊赎罚”③。《后汉书·乌桓鲜卑列传》记载：“若相贼杀者，令部落相报，不止，诣大人告之，听出马、牛、羊以赎死；其自杀父兄则无罪。”④《魏书·刑罚志》记载：“民相杀者，听与死家马牛四十九头，及送葬器物以平之。”⑤《旧唐书·南蛮西南蛮传》记载，牂牁蛮“刻木为契。其法：劫盗者二倍还赃；杀人者出牛马三十头，乃得赎死，以纳死家。”《旧五代史·外国列传二》记载：“牂牁蛮，其国法，劫盗者三倍还赃，杀人者出牛马三十头乃得赎死。”⑥由此可见，“赔命价”曾经是一种广泛存在的古老制度。

历史资料中也有很多关于少数“赔命价”习惯法的记载。关于苗族的“赔命价”，《贵阳通志》记载，明朝隆庆年间，“贵州安国亨、安智各起兵仇杀”，朝廷令安国亨“照夷俗，令赔偿安信等人命……纳银罚治，皆照夷俗价赎”。贵州布政司冯光裕在奏请在新辟苗疆适用“苗例”的奏折中说：如按苗例杀人伤人赔牛赔谷。“在出牛谷者，出此牛谷已无余事，殊觉相安”。湖南巡

---

① ［英］梅因著，沈景一译：《古代法》，商务印书馆，1959 年（2011 年印），第 236—237 页。另参见李宜琛著：《日耳曼法概说》，中国政法大学出版社，2003 年。［美］孟罗·斯密著，姚梅镇译：《欧陆法律发达史》，中国政法大学出版社，2003 年。

② 参见［美］哈罗德·J. 伯尔曼著，贺卫方等译：《法律与革命——西方法律传统的形成》，中国大百科全书出版社，1993 年，第 64 页。

③ 转引自海乃拉莫、曲木约质、刘尧汉主编：《凉山彝族习惯法案例集成》，云南人民出版社，1998 年，第 13 页。

④ 《后汉书·乌桓鲜卑列传》，中华书局，1965 年，第 10 册，第 2980 页。

⑤ 《魏书》卷 111《刑罚志》，中华书局，1974 年，第 8 册，第 2873 页。

⑥ 转引自苏钦：《“苗例”考析》，《民族研究》1993 年第 6 期。

抚高其倬请在湖南乾州、凤凰、永绥三厅仿贵州苗疆运用“苗例”的奏折中亦称：“苗性、苗俗相延，视杀伤为轻，以得利为重。若凶手之家，多出骨价，尸亲事主亦多尽即情愿吃血誓神，解仇了事，不愿终讼。”[①] 此外，景颇族[②]、独龙族[③]、怒族[④]、傈僳族[⑤]、傣族[⑥]、土族[⑦]、哈萨克族[⑧]、羌族[⑨]、彝族[⑩]直到20世纪中叶都还盛行“赔命价”习俗。

第三节 赔命价制度的成本优势

有学者认为：“在原始社会中，由于功能分化程度比较低，纠纷的解决缺乏严密的制度，选择的余地也极为狭窄。实现正义的方式是自力救济和血亲复仇。但结果却基本上是由力量对比关系决定的，代价太大，也并不一定符合正义，于是需要公正的第三者。”[⑪] 虽然这段话的主要目的是讲法律程序产生的过程，但也

① 苏钦：《“苗例”考析》，《民族研究》1993年第6期。

② 参见徐中起等著：《少数民族习惯法研究》，云南大学出版社，1998年，第27页。

③ 参见张冠梓著：《论法的成长——来自中国南方山地法律民族志的诠释》，社会科学文献出版社，2002年，第71页。

④ 参见张冠梓著：《论法的成长——来自中国南方山地法律民族志的诠释》，社会科学文献出版社，2002年，第79页。

⑤ 参见张冠梓著：《论法的成长——来自中国南方山地法律民族志的诠释》，社会科学文献出版社，2002年，第79页。

⑥ 参见张冠梓著：《论法的成长——来自中国南方山地法律民族志的诠释》，社会科学文献出版社，2002年，第143页。

⑦ 参见高其才著：《中国习惯法论》，湖南人民出版社，1995年，第358页。

⑧ 参见孔玲：《“赔命价”考析》，《贵州民族研究》2003年第1期，第103页。

⑨ 参见李鸣著：《碉楼与议话坪——羌族习惯法的田野调查》，中国法制出版社，2008年，第256页。

⑩ 参见杨怀英、黄名述、程正宗等著：《凉山彝族奴隶社会法律制度研究》，四川民族出版社，1994年，第63—65页。

⑪ 季卫东著：《法律程序的意义》，中国法制出版社，2004年，第44页。

指出了血亲复仇的不合理性，血亲复仇存在巨大的社会成本。

一、机会成本

其实，我们很容易推想血亲复仇的弊端：复仇考量的是双方的势力。在现实生活中，无法保证受害方的势力一定大于加害方的势力，以最低的伤亡代价实现复仇。如果加害方势力明显大于受害方，报复成功的概率就很小。即便双方势力基本相当可以复仇，伤亡却可能很惨重。但是，迫于血亲复仇这种古老规则的压力，受害人的亲属不得不进行这样的复仇。复仇要求行动者具备承担由复仇行动造成的进一步损失的能力。这就是复仇的机会成本。所谓机会成本，是指为得到某种东西而可能丧失的东西。在这里，复仇方要得到的是一种古老的“正义”。它的机会成本主要是复仇中的人员伤亡和物质损失，当然，还应包括由复仇而引发的循环报复所产生的成本。于式玉先生于 1943 年在四川阿坝黑水地区调研，记录了一则案例：

【案例 1】白大爷有位长兄是读书人，在外做事，但遭到地方反对。当他回家的时候，被人杀死了。白家复仇，杀死了仇家的儿子。白大爷的侄子即他长兄的遗子，也读书识字，同他父亲遭了同样的命运。白家继续复仇，杀死敌家一口。虽数度经人说和，至今两家青年，尚各不相让，出入之间，各怀利刃，即同在一家喝酒，亦不须臾离身。①

由此案例可见黑水人复仇之风盛行。素有仇隙之人即便同桌喝酒也利刃在怀，一方面说明说和有一定作用，至少还能同桌喝酒，另一方面说明这种和睦的基础仍然是不够稳定的。但利刃在怀，实际和藏族的传统生活习惯有密切关系。而在一些案例中可

① 于式玉著：《于式玉藏区考察文集》，中国藏学出版社，1990 年，第 191 页。

以看到，朋友同桌喝酒突起分歧，即拔刀相向。“河西通消村民阿我与噶宗温清二人，饮酒说笑，酒醉失色，抽刀互砍，登时杀毙噶宗温清在地，阿我亦负重伤。尸亲白马彭错告案县署，饬河西总保理处。据云阿我重伤已疯，判渠以牛毛帐篷与牛赔偿命价，具结了事。”① 在初民社会，实行的是客观责任原则，即不论何种原因只要造成受害者损失就要承担责任。此类案例，也确实没有复仇的必要，赔偿是一种理性的选择。

即使复仇成功，己方的损失、损害得到了心理上的抚慰，但是没有得到任何物质补偿，而对方也遭受更大的损失。血亲复仇的结果就是双方都遭受到巨大的损失，而没有人获得胜利。这是一种没有效率的行为。因此，不管胜败如何，血亲复仇的结果都是既不利己，也不利人的。它不会导致社会财富的增加，而只会减少社会财富。这种做法必须得到改变。于是，产生了“赔命价”这种处理方式。较之血亲复仇，“赔命价”是有一定进步性的。它的进步性主要体现在它减少了暴力对抗，积累了社会财富。因此，从社会财富增长的角度来讲，它是有效率的。“从整个社会的角度来看，赔偿是比报复更为便宜的一种救济手段，因为它只涉及一种转移支付，而不是摧毁某个人或他的财产。”② 通过引入“赔命价”，受害方和致害方都获得了比血亲复仇状态下更好的结果。通过“赔命价”，受害方得到了经济补偿，致害方保全了生命；双方都能进一步保存财富。对于整个社会而言，这相对于血亲复仇无疑是一个有益于整个社会的进步，因为它为整个社会保存了财富。

胜负难料，这是一项巨大的机会成本。况且，复仇之后还有

---

① 任乃强著：《民国川边游踪之“西康札记”》，中国藏学出版社，2010 年，第 57 页。

② ［美］理查德·A. 波斯纳著，苏力译：《正义：司法的经济学》，中国政法大学出版社，2002 年，第 199 页。

复仇，谁都无法成为永久的胜利者。沉重的代价一定会降临到每一个人身上。在论及日耳曼习惯法中由复仇向赔偿过渡的情况时，穗积陈重就指出："对生命以及身体各部分的赔偿金额皆有所规定，这就对避免争斗十分方便，由此，越来越多的人不愿冒私斗之危险，出于便利之考量而选择赔偿的方式，久而久之这种做法就演变成在人们的观念里，赔偿作为通则，而复仇则成了异类。"① 其中所说的"不愿冒私斗之危险"就是为了避免由复仇行动带来进一步的损失。

二、沉没成本

所谓沉没成本，是指"已经发生而且无法收回的成本"②。在以人力为主要劳动力的社会中，人本身就是重要的社会财富。逝去的生命就是一种重要的"沉没成本"。任活着的人如何争斗、如何分配权力，逝去的生命都不可能再活过来。这也就是我们常说的"死者长已矣"。在血亲复仇阶段，双方的血战还会进一步造成人身伤亡和财产损失。这些人身伤亡和财产损失中的很大一部分是不可能恢复原状的，也就是说，这些是一笔新的沉没成本。赔命价制度的产生，并不能挽回已经去世的生命，但是，它可以避免因此而带来的新的人身和财产损失。换言之，"赔命价"可以避免二次损失。对于这一问题，我们可以通过几个案例来做说明：

【案例 2】 麻日村烧杀案。③ 麻日村民日登，于去年（1928

① ［日］穗积陈重著，曾玉婷、魏磊杰译：《复仇与法律》，中国法制出版社，2013 年，第 82 页。

② ［美］曼昆著，梁小民译：《经济学原理》（上），机械工业出版社，2003 年，第 248 页。

③ 任乃强著：《民国川边游踪之"西康札记"》，中国藏学出版社，2010 年，第 56—57 页。

年——本书注）二月初十日邀同村民巴登，至其楼上饮酒，突出家人将巴登乱棒打死。巴登姊弟四人，长兄趋登为僧，次即巴登。又次名茨臣，又女名桑登日麻，为觉母子。巴登既死，茨臣控日登。据日登云：“巴登弟兄不睦，疑为日登叼唆所致。前岁秋间，日登入城上粮，巴登于夜二更时潜来其家纵火，烧死妇人1人，烧残儿女各一，烧损牛羊粮食甚多，其后趋登喇嘛与桑登日麻并向渠云房屋系巴登纵火所烧。曾请总保头人说案数次，巴登不理，故忿而诱杀之。”前张知事时，曾饬上瞻、河西两区总保，调处此案，头人判巴登是否曾烧日登房屋，着两家各寻出亲眷10人赌咒，如敢赌咒云巴登未纵火，即由日登出银两秤，偿巴登命价。嗣因茨臣未能请得赌咒人来，日登亦未偿命价。本年五月，茨臣再来县署控告，县署捕日登来，日登请传趋登与桑登日麻质问。茨臣称：“桑登日麻前日捡柴，被大树打死，趋登赴炉城控告，久无信回。”张知事判罚日登有期徒刑十个月，改罚金300元，许以藏洋折缴。茨臣湮灭证人，处拘役一个月。双方具皆完案。

“瞻对①俗：杀人不偿命；迫不得已，‘赔命价’而已。其人慓悍轻生，睚眦杀人，视为当然。故瞻化凶杀案层出不穷。”② 据任乃强先生记载，在张知事任职六七个月中，当地上报处理的凶杀案就有六件，而据其他人说还有很多案件并未上报官府。该案中，如果巴登涉嫌故意杀人之案能够早一些解决，就不会有日登事后的故意杀人。如果日登故意杀害巴登之事能够早一些解决，就不会再有后来茨臣湮灭证人之事。虽然日登故意杀害巴登之事依藏族传统习惯法而言，属于可接受的报复范围。但茨臣仍然执

① 今四川新龙县，原名瞻对，民国改名瞻化。

② 任乃强著：《民国川边游踪之“西康札记”》，中国藏学出版社，2010年，第56页。

意要求日登赔偿，并最终造成桑登日麻之死。由些许小事引发多人死亡，代价太过于巨大。

【案例 3】 隆×故意伤害（致人死亡）案。① 被告人隆×于1965 年 4 月 22 日和同公社日赛队社员豆格、压欠队换管等 6 人，去本县青美乡给生产队买粮。途中因一条皮绳的所有权问题，两次与日赛队的豆格发生争执并打架。5 月 1 日在第二次打架时，隆×抽出自带腰刀向豆格身上戳了两刀，一刀戳在左胳膊上，一刀戳在右胳膊窝处，当即被众人拉开。5 月 2 日被害人豆格被送医院抢救，因感染治疗无效，于 1965 年 5 月 9 日死亡。根据当时政策和有关规定之精神，结合群众意见，同德县人民法院判处过失杀人犯隆×有期徒刑 7 年。

隆×刑满回来后，被害人豆格的弟弟项×即寻机为兄报仇。1974 年 1 月 12 日项×在放牧时，看见隆×一人在山梁上放牧，以为为兄报仇时机已到，当即就地拾起一块石头向隆×扑去，当隆×发现并转身逃跑时，项×即用准备好的石头向隆×打去，击中了隆×的头后部，致隆×晕倒在地。项×不顾隆×的再三求饶，抽出自带的藏刀，朝隆×左耳根戳去，隆×大量出血，项×却扬长而去。后隆×因伤口流血过多，伤势严重，经 3 个月医治无效后死亡。同德县人民法院依法对报复行凶致死人命犯项×判处有期徒刑12 年。

项×刑满后，隆×的家族又想把项×杀掉。项×无法在该村继续居住，只好搬迁到别村落户。虽然迁到外村，但隆×家族仍旧仇不息。后来由海南藏族自治州人大常委会副主任、活佛黄加羊出面以宗教形式解决后，项×家才又返回原村居住。

---

① 张济民主编：《渊源流近——藏族部落习惯法法规及案例辑录》，青海人民出版社，2002 年，第 182—183 页。

在这则案例中，我们首先要注意到的是对隆×的判决，“根据当时政策和有关规定之精神，结合群众意见，同德县人民法院判处过失杀人犯隆×有期徒刑7年”。也就是说，当时并未按照“赔命价”方式处理，而仅判处了隆×有期徒刑7年。其次，我们要注意到一个隐藏信息，那就是在对项×进行判决后，项×家没有对隆×的死赔偿命价。这也是隆×家族想要杀死项×为隆×报仇的原因。最后，所谓“以宗教形式解决”，实际上就是以赔偿命价的形式解决。“赔命价”的一部分就是由加害方出钱买经书送给寺院，由寺院做法事超度亡魂。

在这个案件中，豆格的生命就是第一笔沉没成本。如果以“赔命价”形式解决，则不会产生第二笔沉没成本——隆×的生命。如果案件还不能以和平的方式解决，很可能还会产生第三笔沉没成本——项×的生命。这则案例以鲜明的事实向我们显示一种习惯是如何的顽强。即使项×知道杀死隆×将给自己带来严重后果，他仍义无反顾地要为其兄长报仇。在初民社会，受害者家属的报仇之心只会更强烈。也就是说，产生第二笔沉没成本乃至第三笔沉没成本的可能性更大。

【案例4】 多杰××故意杀人案。① 被告人多杰××于1984年4月27日与牧民多杰太同在肉勒滩放牧，为驱赶多杰太羊群发生口角，引起斗殴。在殴打中，被告人多杰××抽出随身携带的长20厘米的藏刀朝多杰太的面、头、腹部连刺26刀，致多杰太重伤。此时多杰太之子羊加吉赶到，向多杰××的右臂打了一石头，向头部左侧打了一棍，多杰××即向羊吉加腹部猛刺一刀，当羊吉加左手撕住多杰××的衣领，右手拿着木棍，把多杰××推倒压在地上时，多杰××又向羊吉加的胸、背部连刺三刀，致羊吉加当场死

① 张济民主编：《渊源流近——藏族部落习惯法法规及案例辑录》，青海人民出版社，2002年，第158页。

亡。多杰××杀人后，到沙沟公社投案自首。海南藏族自治州中院经公开审理判处多杰××死刑，缓期2年执行，剥夺政治权利终身，并报经青海省高院核准。

法院判决后，被告人亲属自愿出现金3000元来赔偿损失，给寺院买了经卷，政府部门和政法机关还对被害人亲属做了大量工作。案件虽经审结，被害人亲属还是没完没了地纠缠，把被告人家多年积累起来的烧柴及柴房放火焚毁，还处处追打被告人的妻子儿女。为了躲避被害人亲属的打骂，被告人的妻子儿女只得迁往他乡，当年的庄稼也无法收割，受到很大损失。

在这个案例中，首先要注意到的一点是“被告人亲属自愿出现金3000元来赔偿损失，给寺院买了经卷”，这就是说，“赔命价”仍然是一种当地人深刻认同的习惯法，仍然有着强大的支配力。其次，就是被害人亲属焚毁被告人家的柴房，并追打被告人的妻子儿女以致他们被迫迁居，当年的庄稼也无法收割。多杰××和羊吉加的生命是第一笔沉重的沉没成本。但是，由于赔偿的命价不能使被害人亲属满意，因此导致一系列二次损失。这些是第二笔沉没成本。

如果考量到已经死去的生命是一种无法挽回的沉没成本，一种理性的选择就是避免更大的成本产生。在赔命价制度下，没有血亲复仇所导致的人身和财产损失，财物只是在双方当事人之间转移了所有权，而并没有直接损毁财物。从经济学的角度来看，“赔命价”使财物在社会中实现了流转，而没有减少社会财富。因此，“赔命价”相对于血亲复仇而言，是一种进步，是一种有效率的社会选择。波斯纳说：“我并不把这种从报复到赔偿的过渡归结为理性的增长、嗜血性的衰微或其他认为初民们和现代人之间在智力或偏好上有根本性差异的因素，而是简单地归结为财富增长了。”[1] 本书不赞成波斯纳的这一看法。本书认为，从报复到赔偿的过渡体现了初民们理性的增长。从报复向赔偿的过渡很好地体现出了初民们在总结报复刑缺点的基础上提出新的处理方法的能力，这就是其理性增长的一个最好证明。

① ［美］理查德·A. 波斯纳著，苏力译：《正义：司法的经济学》，中国政法大学出版社，2002 年，第 199 页。

第二章　藏族赔命价制度的发展与交易成本、风险分摊

7世纪，也就是松赞干布在位时期，为西藏制定了法律。史料记载：松赞干布“召集众人说：‘国中立一国王，是为了众人安乐，以前由于没有法规，致使有知识之十二人流落边地。如今，我要仿照十善法为臣民制定法规。’于是规定，杀人者罚命价银二万一千两，偷盗者罚八十倍赔款，奸淫者割去鼻子，说谎离间者拔去舌头。又制定了清净人法十六条，作为制定法律的基础”①。此外，还有松赞干布制定《法律二十条》②《吐蕃基础三十六制》③ 等说法，但相关文章中都没有列明具体内容。关于藏族“赔命价”的研究也因此出现一些基本问题的意见分歧，比如“吐蕃三律”的制定时间问题。出土的吐蕃文献中有《狩猎伤人赔偿律 》《盗窃追偿律 》《纵犬伤人赔偿律》，是现存最早的藏族法律制度文献，学界一般通称“吐蕃三律”。其中，《狩猎伤人赔偿律》比较完整，后两者只留下少量片段。但“吐蕃三律”究

---

① 达仓宗巴·班觉桑布著，陈庆英译：《汉藏史集》，西藏人民出版社，1986年，第79—80页。转引自罗广武、何宗英编著：《西藏地方史通述》，西藏人民出版社，2007年，第112页。

② 吴从众：《西藏封建农奴制研究论文选》，中国藏学出版社，1991年，第427页。转引自衣家奇：《“赔命价”——一种规则的民族表达方式》，《甘肃政法学院学报》2006年5月。

③ 孙镇平：《西藏“赔命金”制度浅谈》，《政法论坛》2004年第6期。

竟是何时制定的，众说纷纭。有学者认为是松赞干布时期制定的[①]，有学者认为是芒松芒赞时期制定的[②]。还有学者指出，赤松德赞时期制定赔偿医疗费及命价赔偿标准。[③] 无论具体是在哪位赞普时期制定的，确定无疑的是这几部法律都是吐蕃王朝时期制定的。这些法律规定共同构筑起藏族赔命价制度体系。

在元朝以前，西藏地区并未发生实质性的社会等级、经济条件的变化，因此我们可以推断在这一时期内“赔命价”制度是一个活着的制度，它是得到了实际实施的。在元朝逐渐取得西藏的统治权以来，西藏地区的社会结构发生了一定的变化。元朝开始取得统治权以来，大力扶持藏传佛教势力的发展，实行政教合一的统治制度。“1267 年，经八思巴举荐，忽必烈任命释迦桑布为西藏地方政权的首席官员——萨迦本钦……萨迦政权治下的每个庄园都设有刑堂和监狱，可以任意审讯、监禁农奴，领主使用诸如割鼻、挖眼、剁手、剥皮、抽筋、挖心、活埋、砍头等惨无人道的刑罚维持封建农奴制度和农奴主对农奴的人身占有。”[④]

1349 年，帕竹万户长绛曲坚赞结束了萨迦政权的统治。绛曲坚赞在 1354 年建立了帕竹政权，于 10 年之后，也就是 1364 年去世。“萨迦时期执行蒙古法，规定杀人应该偿命。而佛教认为伤害生命是一种恶业，执行死刑是造孽行为。绛曲坚赞说‘尤其元

① 吴剑平：《对藏族地区“赔命价”案件的认识和处理》，《法律科学》1992 年第 4 期。

② 南杰·隆英强、孟繁智：《藏族习惯法如何适应社会主义法制建设的思考——从藏族习惯法中的“赔命价”、“赔血价”谈起》，《西藏民族学院学报》（哲学社会科学版）2008 年第 2 期。

③ 西恰白·次旦平措、诺章·吴坚：《西藏通史·松石宝串》，西藏古籍出版社，1989 年，第 139 页。转引自次仁潘多：《试析吐蕃赔偿命价标准法》，《西藏研究》2009 年第 2 期。另参见巴俄·祖拉陈瓦：《贤者喜宴》（藏文版），民族出版社，1986 年，第 377—378 页。转引自华热·多杰：《藏族古代法新论》，中国政法大学出版社，2010 年，第 144 页。

④ 李鸣著：《中国民族法制史论》，中央民族大学出版社，2008 年，第 311 页。

代蒙古，杀人命相抵为代表的法律规定，使恶业越积越重，因此以贤王十善律的优良传统制定本法，只求杀人赔偿命价，而不允许杀人者偿命，同时害死两条生命。’”① 这段话很清楚地表明“赔命价”制度再次回到它产生时的初衷的过程。我们可以看到，此时是佛教中的善业意识取得了主导地位。“赔命价”制度的再次明确，实际上是对之前萨迦政权的法律制度的反思与否定，而且也给“赔命价”制度本身带来了新的发展。而就在他去世不久之后，中原进入了明朝统治时期。明朝治藏政策的一个重要方面就是和藏传佛教的各派保持一种等距交往，不支持某一派的绝对壮大。在北元政府等周边势力的威胁，明朝十分重视与西藏的关系。正是在这种背景下，明朝始终坚持“缘俗立教，加意诸羌”的原则，使藏传佛教的各教派始终处于一种比较稳定的动态平衡中。因此，明朝时期西藏地区的局势相对稳定。这实际上也给“赔命价”制度本身的运行发展提供了有利的社会环境。本书认为，可以推测当时的“赔命价”是确实存在而且发挥着实际作用的社会制度。

清朝统治者重视藏传佛教的一个重要因素，就是因为蒙古族也是藏传佛教的思想意识统治区。基于满蒙联盟关系的重要性，满族统治者也就不得不对藏传佛教格外小心谨慎了。但是，这并不是说清朝统治者就畏首畏尾了，而是开始采取有政治导向的宗教政策。这一时期民族法制的第一个特点是政教分离，不让僧侣再有机会参与高层政治权力的活动，而避免僧侣集团形成事实上的领导意志。第二个特点是对僧侣依个人品行而区别对待，开始对僧侣中的败类予以法律的制裁。这就一方面限制了僧侣集团参与政治活动的范围，另一方面树立了行为导向标准。正是在这种形势下，统治者对“赔命价”的态度也在悄然发生着变化。

① 李鸣著：《中国民族法制史论》，中央民族大学出版社，2008 年，第 313 页。

雍正朝《大清会典》中的理藩院资料记载：“国家之待外藩也，立制分条，期于宽简，不易其俗，而归于仁厚。”① “嘉庆十四年，西宁办事大臣文奏云：‘细查青海蒙古番子大约重财轻命习尚相同，向来命盗等案，一经罚服，两造欣然完结。即深仇夙愿，亦皆冰解。若按律惩办，不特犯事之家仇隙相寻，即被害人家，亦以不得罚服心怀绝望。此种积习不可化诲。伏查番子内附之始，雍正十一年间，经大学生鄂等会议令西宁办事大臣达鼐於蒙古例内择选关系番民易犯条款纂成番例颁发遵行。声明俟五年后再照内地律例办理。乾隆元五年八年十年节经奏请展现嗣准刑部议复番民，鄙处要荒各因其俗于一切律例素不通晓，未便全以内地法绳之，不若以番治番竟于夷情妥协，嗣后自相戕杀命盗案仍照番例罚服完结，毋庸再请展限等，因具奏奉旨依议钦遵。在案伏思，番民等如敢纠约多人肆出劫掠或竟扰及内地边氓，情同叛逆，以及肆意抢劫蒙古牲畜凶恶显著，关系大局之案，自应慑以兵威严拿首从，随时奏明请旨办理以彰国典。其止于自相戕杀及偷盗等案，该蒙古番子等向系罚服完结，相安已久。一旦绳之内地法律，恐愚昧野番群滋疑惧，转非抚辑边夷之意。可否俯顺夷情，仍照旧例，出自皇上天恩’云云。部议具奏：‘番民有犯情节重大之案，自应严示惩创，不得因有罚服之例稍有宽容，以致法轻易犯。其寻常案件该蒙古番子等一经罚服两造既属乐从，亦未便率事更张，致启番民疑惧。今据该大臣所奏自系详察该处确实情形分别定议，应如所奏办理’。奉旨依议。”② 需要注意的是，“《理藩院则例》是清朝治理蒙古族和西、北地区其他少数民族的行政法规”③。也就是说，它不仅适用于蒙古族，也适用于西

① 《乾隆朝内府抄本〈理藩院则例〉》，中国藏学出版社，2006年，第247页。

② 周希武著：《玉树调查记》，青海人民出版社，1986年，第70—71页。

③ 《乾隆朝内府抄本〈理藩院则例〉》，中国藏学出版社，2006年，前言第1页。

北地区的其他少数民族。“清政府不仅将藏族各部纳入直接管理之下，同时将迪庆划归云南，甘孜等地划归四川，藏北三十九族由驻藏大臣管辖，玉树由西宁办事大臣管辖。”① 雍正时期还明确：“边内人在边外犯罪，照内律；边外人在边内犯罪，照外律。”② 该规定一直沿用至清末，仅有个别表述变化。有关该问题，有案例可资证明。③

乾隆五十八年（1793）二月颁布了《钦定二十九条》。其中第二十五条规定：“对于斗殴、杀人及盗掠等案之处罚，西藏的规则与内地不同，故今后不能按照旧规则处罚。按罪行轻重，区别惩处，方能取信于民。近来噶伦及米本不能秉公办案，额外罚款，还将从富户所罚之大量金银牛羊纳入私囊，不交政府。噶伦中利用权势，对于地位低下之人，任意加以罪名，呈报达赖喇嘛没收其财产者屡见不鲜。今后处罚多少，按例进行登记后呈送驻藏大臣，对罪大恶极之重犯，要报驻藏大臣处理。同时，需没收财物充公时，要请示大臣酌情处理。今后无论公私，如有诉讼事

---

① 张济民主编：《寻根理枝——藏族部落习惯法通论》，青海人民出版，2002年，第103页。

② 《乾隆朝内府抄本〈理藩院则例〉》，中国藏学出版社，2006年，第248页。

③ 《西藏奏疏》记载，李正太于道光十九年来藏，随赴江孜，一路贩卖牛、羊生理。二十一年六月间转回前藏，在伊胞兄防兵李文斌家中寄住。李文斌因李正太乏本生理，曾许给银钱二十圆。番妇白玛错向在李文斌家佣工，并无主仆名分，与李正太素无嫌隙。七月十五日，李正太买牛一只，回家取钱，适李文斌值班未回。李正太向白玛错索取钥匙，开箱取钱。白玛错因李文斌未曾回家，不肯付给。李正太因卖牛之人在外等索牛价，心中着急，当将箱子抱在地下，顺去柴斧打锁。白玛错拢护，用头抵触。李正太用斧柄撑挡，致伤白玛错左眉。白玛错随将李正太发辮扭住，往下揪按。李正太情急，用斧吓砍，冀其松手，不料致伤白玛错左额角。经雇工番妇布冲上前拉开，白玛错延至是夜五更，因伤殒命。反复研鞠，矢口不移，案无遁饰。……李正太合依凡人斗殴杀人，不问手足、他物、金刃，绞监候律，拟绞监候。西藏并无监狱禁卒，查照历次成案，解交四川总督，饬属监禁，入于秋审办理。此案在道光二十二年二月十六日上奏，题为“奏为汉民斧伤番妇毙命，审明定拟，恭折具奏，仰祈圣鉴事”。同年四月二十七日，朱批“刑部奏议。钦此”。《西藏奏疏》，中国藏学出版社，2006年，第139—140页。

务，均须公正办理。噶伦中如有仗依权势无端抢占民财者，则将其革职，没收其财产充公。”[①]这实际上是开始限制“赔命价”的适用了。中央政府已经认识到了“赔命价”的一些弊端，比如其施刑的任意性。任意施刑给社会的稳定造成了很坏的影响，这也是不能为中央政府所接受的。这也表明“赔命价”确实有其严重的弊端需要去除。这种转变是随着清政府的政治根基的逐步稳定、经济不断发展、国家行政控制能力的不断增强而做出的。此时，政府已经决心加强对地方社会管理事务的控制，不再任由“赔命价”现象任意发展了。对于敢于违反该规定之人员，给予严厉的处罚。当然，这种规范在多大程度上得到了实施仍是一个值得进一步研究的问题，但是规范本身至少在一定程度上表明了中央政府的认识和态度。

“民国后期青海贵德地方法院为此曾专门呈文国民政府司法行政部请求，允许对该地蒙藏民族案件沿用旧例，经研究因与法权统一相背，未准。”[②] 新中国成立后，大力推行国家制定法，赔命价制度曾经一度从人们的视野中消失了。改革开放以后，由于政治环境的逐步宽松，赔命价制度又开始出现在人们的视野中，产生了一定的社会影响。

“1951 年西藏和平解放以后，根据《中华人民共和国中央人民政府和西藏地方政府关于和平解放西藏办法的协议》，对于西藏的各项政治制度，中央不予变更；尊重西藏人民的宗教信仰和风俗习惯。直到 1959 年西藏地方政府发动了叛乱，西藏进行了民主改革，废除了封建农奴制政权和法律，而代之以人民当家做

---

① 杨一帆、田涛主编：《中国珍稀法律典籍续编》第九册《少数民族法典法规与习惯法》（上），张冠梓点校，黑龙江人民出版社，2002 年，第 141 页。

② 顾建华：《青海蒙藏地区“赔命价”和“罚服”规范探析》，《青海社会科学》1990 年第 1 期。

主的新政权和新法律，命价制度才正式寿终正寝。"[①]这也就是说，在1949年新中国成立以后，一直到1959年，西藏地区的宗教和农奴制一直都是存在的。我们也可合理推测，"赔命价"在这段时间内也是依然存在的。

第一节　赔命价制度的阶段性发展与交易成本

一、交易成本理论概述

经济学中所说的"成本"，是指"卖者为了生产一种物品必须放弃的某种东西的价值"。[②] 与之密切相关的两个概念是"显性成本"和"隐性成本"，显性成本指要求企业支出货币的投入成本；隐性成本指不要求企业支出货币的投入成本，如机会成本。[③] 机会成本是指为了得到某种东西所必须放弃的东西。[④] 时间就是最重要的机会成本。除此之外，其实还有很多与成本密切相关的概念，如交易成本、沉没成本、边际成本、成本—收益分析等，这些概念我们将陆续在各相关章节中进行解释和运用。

"'交易'这个概念在正统经济学中早已存在，但是一个应用范围相当窄的概念，到了制度经济学的代表人物之一康芒斯那里，'交易'概念一般化了。康芒斯将'交易'概念和正统经济学中已被一般化的'生产'概念相对应。按照他的划分，'生产'活动是人对自然的活动，'交易'活动是人与人之间的活动。'生

① 孙镇平：《西藏"赔命金"制度浅谈》，《政法论坛》2004年第6期。

② ［美］曼昆著，梁小民译：《经济学原理》（上），机械工业出版社，2003年，第122页。

③ ［美］曼昆著，梁小民译：《经济学原理》（上），机械工业出版社，2003年，第225页。

④ ［美］曼昆著，梁小民译：《经济学原理》（上），机械工业出版社，2003年，第6页。

金，几成牛马，几成器物，称为红白黄三色。成数定后，再议马一匹抵若干，枪一具抵若干，刀一把抵若干，锅一件抵若干，马牛又有公母老幼优劣之分，争论高低，动辄数月始结。如双方皆强横而调人面小者，多半中道决裂。决裂之后，仇杀益烈。经若干时后，再请人说和。一经和息以后，仇杀遽止。甚重然诺，从无已受调解尤相仇杀者。此种命价，大抵亦全村分担，全村分受，不必只由凶家出之，尸家受之也。唯无论如何，从无论抵之事……命价分上中下三等，通常上等人七十秤，中等五十秤，下等三十秤，特等人物，由尸家肆索，如死亲皆弱者，则所赔甚寡。”① 材料中所涉及的“调人”的出面、赔偿数额的确定、现金财物的比例、牲畜的折抵比率等环节，每一个环节都需要双方当事人在“调人”的主持下协商解决。每个环节都是有交易成本的，任何一个环节无法达成一致，都有可能导致谈判的失败。而最不起眼的因素，恐怕是“调人”本身，但这却是一个非常重要的隐性成本。调人的作用，类似于市场活动中的交易平台。在市场交易中，看似每个人只是在和交易对象进行谈判，不易察觉交易平台的作用。但实际上，如果没有集中的交易平台，我们都要自己到茫茫人海中去寻找交易对象，其成本将是非常巨大的。在“赔命价”的协调当中，“调人”就起到了这样一个作用，他使得双方能够接受调人的面子而坐下来谈判。即便当事人双方都有谈判的内在冲动，但如果没有“调人”的从中斡旋，谁都不会放下面子主动去找对方谈判。材料中也讲到，如果“‘调人’面小”，双方又强横，则谈判很可能中途破裂。这也是一种成本，一方面包括之前已经消耗的谈判物资、时间，更重要的是说明合适的“调人”的重要性。另一方面，材料中还讲到，“特等人物，由尸

---

① 任乃强著：《西康图经》，西藏古籍出版社，2000年，第317—318页。转引自扎洛：《社会转型时期藏区草场纠纷调解机制研究——对川西、藏东两起草场纠纷的案例分析》，《民族研究》2007年第3期。

家肆索，如死亲皆弱者，则所赔甚寡”，这说明，“赔命价”的标准是谈判基准，在多数情况下是可以直接参照适用的。但具体赔偿标准的确定，仍需考虑双方当事人的身份地位、家族势力等因素。在复仇而言，要考虑对方的势力，估计己方能否复仇成功。在赔偿谈判的时候，也要考虑到对方的势力，确定与死者身份相适应的命价标准。否则，就有可能导致谈判失败。谈判过程的复杂导致谈判失败并不是理论假设，也不是个案。我们可以从下面的案例中得到真实的认识：

【案例 1】华本×故意伤害（致人死亡）案。[①] 1988 年 9 月 21 日，被告人华本×从麦场回到家中，见邻居完德卡（被告人表兄）在两家的界墙上修了烟囱，被告人即将突出部分铲除。为此事被告人和完德卡于当天和次日先后三次争吵、厮打，双方均有损伤。在 22 日的厮打中，被告人华本×用木棒打击完德卡头部，将其打倒，随后被他人劝开。被害人被送往医院治疗，因颅脑损伤抢救无效死亡。被告人自首。县法院经公开审理判处华本×有期徒刑 14 年。

此案发生后，被害人家属两次冲进被告人家砸砍墙壁门窗和财物，要求赔偿命价，同时不准被告人家属再住本村。经多方调解无效，被告家属被迫离村而去，投宿娘家，问题未得到彻底解决。

在这里，我们要注意的一个关键信息就是“经多方调解无效，被告家属被迫离村而去”。这个案例向我们表明，调解不仅是有成本的，而且有时候是较高的。调解成本的高低将直接影响到调解的成败。该案件的调解并不会以被告家属的离开而终止，

① 张济民主编：《渊源流近——藏族部落习惯法法规及案例辑录》，青海人民出版社，2002 年，第 201 页。

这只是一个中止。如果他们返回原来的住处，调解还将继续。相应地，调解成本还将继续上升。

【案例 2】 项×故意伤害（致人死亡）案。[①] 1975 年，牧民吴坚放牧的羊群越界，为此，被告人项×与吴坚发生争执斗殴。在斗殴中，项×将吴坚按倒在地，持铁制的圆形打狗棒猛击吴坚的头部，致吴坚重伤，经抢救无效死亡。县人民法院判处项×有期徒刑 7 年。

1982 年，项×刑满释放。当项×欲回家与家人团聚时，被害人亲属不允许。后经大队出面调解，让项×拿出 1000 元命价款，生产队再补助 100 元给被害人家，但被害人家仍不同意，也不准项×回家。无奈，项×只得流浪在青海省同仁县与甘肃省夏河一带。

在本案例中，我们要注意到这个信息“经大队出面调解”，“被害人家仍不同意”。这就是说，被害人家对这个赔偿标准是不满意的。同上一个案例一样，一旦项×返乡，调解还将继续，调解成本还将进一步上升。

可以看出，这两个案例中的被害人家属都是愿意接受“赔命价”的。但是，由于在命价的多少上分歧太大，在调解中无法达成一致意见而导致严重后果。为什么两个案例中的双方当事人都不愿意无休止地谈判呢？唯一的原因就是无法就赔偿标准达成一致意见。也由此可见，双方当事人要就赔偿标准达成一致意见是一件很困难的事。因此，如何通过制度设计使双方当事人更容易就此达成共识，就显得尤为重要。将案件进行分类并给各类案件提供相应的参考标准就是一个很好的办法。通过使用一定标准将

① 张济民主编：《渊源流近——藏族部落习惯法法规及案例辑录》，青海人民出版社，2002 年，第 186 页。

案件进行分类，由此减少案件类型，并通过制定赔偿参考标准来缩小谈判协商的区域值。缩小谈判协商的区域值，就相应地提高了达成一致意见的可能性。

三、简化标准，降低交易成本

（一）“吐蕃三律”，依身份关系而定

现有的关于藏族“赔命价”标准的资料，是“吐蕃三律”中的记载。有学者根据“吐蕃三律”的规定，整理出了如下表格：

等级量刑（赔偿）比较表①

受害人身份	加害人身份	罪由	惩罚方法	
			死亡	受伤
大论、大囊论、赞普舅仅任平章政事之职者、任大论助理者（以上诸人赔偿命价相同）		狩猎射箭	赔偿银10000两	赔偿银5000两
大尚论本书和大尚论“赔命价”相同者之一人	尚论告身以下，铜告身以上“赔命价”相同之人	同上	男性杀之以绝其嗣，没收全部奴户、库物、牲畜	赔偿银5000两
大尚论和同大尚论“赔命价”相同之人	“大藏”以下，平民百姓以上	同上	子孙一并杀之，以绝其嗣，没收全部奴户、库物、牲畜	

① 仁青：《吐蕃法律初探》，《西藏研究》1983年第4期。

续表

受害人身份	加害人身份	罪由	惩罚方法	
			死亡	受伤
大尚论本书与大尚论“赔命价”相同者同颇罗密告身这“赔命价”相同之人	彼此	同上	赔偿银6000两	赔偿银300两
……				
王室民户一切奴隶（庸）及尚论和百姓之耕奴，蛮貊，蛮子中的犯人中一人	尚论铜告身者以下，和赔偿命价相同之人中一人	同上	赔偿银200两	赔偿银100两
王室一切奴隶（庸）及尚论所属耕奴，蛮貊及囚徒以上，其庸中一人	“大藏”以下一切武士赔偿命价相同人中一人	同上	赔偿银100两	赔偿银20两
王室民户一切尚论之耕奴，庸和蛮貊囚徒以上诸人赔偿相同	彼此	同上	赔偿银50两	赔偿银10两

“吐蕃三律”的记载是关于“赔命价”标准的最早的确切资料。这个表格中包含了很多信息，但是在这里本书无意于对它做一个整体的分析，而是只关注其一点。它的整体意思就是“‘吐

蕃三律’通过不同情形的‘赔命价’数额的规定，形成了严格的‘赔命价’等级制度”①。也就是说，“赔命价”的多少要根据受害人与加害人的身份对比来最终确定。

最早的盎格鲁—撒克逊法律汇编是大约公元600年颁布的《埃塞尔伯特法》，由肯特国王埃塞尔伯特颁布。该法“以其为各种伤害确立了非常详细的收费表而著称：失去一条腿要多少钱，一只眼睛要多少钱，如果受害者是奴隶要多少钱，如果他是自由人要多少钱，如果他是教士又要多少钱。”这些赔偿被称为赔偿金。“如果被告人的行为致人死亡，那么付给死者亲属的价钱称为赎杀金。”② 643年，伦巴第国王罗撒里颁布的《罗撒里敕令》又更复杂一点。“在敕令的363个条文中有近140个条文是关于刑罚量刑标准的。一个自由人谋杀了一个自由的男人或女人，需要1200先令的赔偿金，而处死一个家仆的赔偿金仅仅是50先令，一个奴隶则只是20先令（一个非自由人谋杀了一个自由人，要以死作‘赔偿’）。”③ 在该材料中，需要注意这几个信息：一是关于量刑标准条文的数量之多。这应该是法典对赔偿制度产生之初逐渐确定的各项赔偿标准的记录。这反映了人类不断探索金钱与身体、生命价值关系的不懈努力，其目的主要是降低谈判成本、使双方当事人更易于达成赔偿协议。梅因曾指出：“法典愈古老，它的刑事立法就愈细、愈完备。”④ 这一方面是“由于法律初次用文字写成时，社会中经常发生强暴行为”。另一方面是由于古代民法中缺少“契约”。两者共同作用，使得古代法典中刑

① 仁青：《吐蕃法律初探》，《西藏研究》1983年第4期。

② ［美］哈罗德·J. 伯尔曼著，贺卫方等译：《法律与革命——西方法律传统的形成》，中国大百科全书出版社，1993年，第63页。

③ ［美］哈罗德·J. 伯尔曼著，贺卫方等译：《法律与革命——西方法律传统的形成》，中国大百科全书出版社，1993年，第63—64页。

④ ［英］梅因著，沈景一译：《古代法》，商务印书馆，1959年（2011年印），第235页。

法与民法的比例明显失衡，更不像现代社会民法的内容明显多过刑法。

“吐蕃三律”的规定只是一则单独的材料，是一个静态的片段。对于之前之后的动态发展关系，并不能从这张表上反映出来。这正是本节的重点所在，本节的目标就是将“赔命价”标准确立的过程描绘出来。

（二）赔偿之初，依势而定

我们能否想象，在“赔命价”产生之初就已经对各种类型案件的“赔命价”的标准做了详细的规定，就如“吐蕃三律”的规定一样呢？本书认为，这是不可能的。一项根源于本民族文化的习惯，必然有一个产生、发展的过程。一项制度的确立，不可能是一蹴而就的。反言之，一个一开始就显得相对完备的法律制度只能是一项自上而下的法律变迁过程。在这里，我们看到的“吐蕃三律”中关于“赔命价”的标准确立问题，已经是体系化的规定，是一个相对完备的法律制度了。逆向推导，就可以得出这样的结论：“吐蕃三律”的规定不是“赔命价”产生之初的原始情况。

既然已经判断“吐蕃三律”的规定不是“赔命价”产生之初的原始情况，那么，其原始情况到底是什么样子的呢？本书认为，赔命价制度从产生发展到“吐蕃三律”规定的样子，应该经历了一个“个案赔偿”的阶段。所谓“个案赔偿”，是指每个案件的“赔命价”数额都是单独协商的，没有一个像“吐蕃三律”这样的以当事人身份为依据的参考标准。案件发生后，双方当事人的家族经过各种实力对比，甚至武力冲突之后，最终确定赔偿标准。每个案件都是如此，结果导致赔偿标准混乱。经过一段时间的实践以后，统治者才在实践的基础上总结出“吐蕃三律”这样相对明确的“赔命价”标准。

赔命价制度在产生之初，赔偿的数量带有很大的任意性。

"血仇的惩罚起初取决于受害一方的意志；他们按照自己的意见决定物品的数量和质量，对方必得给他们这些东西才能使他们大发慈悲心。"① 根据资料记载，冰岛人要凶手及其家属交出全部财产，将他们剥夺得精光，目的是要让他们失去生活的乐趣。这种"过分的赔偿使这种赎罪方法实际上成为不可能而引起无休无止的争吵"。因为将犯罪者及其家属的财产都剥夺去就意味着他们在经济上的死亡，这就使得他的家庭成员面临很大的生存威胁，甚至可能使所有家庭成员都因此沦为奴隶。这是任何一个家庭都难以承受的，很可能被他们拒绝。一旦他们拒绝赔偿，则意味着他们选择流血复仇或是同等报复。

穗积陈重也曾指出："关于赔偿的额度，接受方必然希望能够多得，而赔偿方必然希望能够少给，因此，当基于上述矛盾而协商不成时，当事人只有两条路可走：一是重新恢复到原有的剑拔弩张的仇敌关系；二是通过其他方法来进行协调。既然当事人已在协商赔偿之事，争议之处仅为赔偿金额，当事人双方又皆有和解之意，因此，在大多数情况下，当事人便倾向于寻求双方均可信任的第三方的帮助，请求第三方来决定赔偿的额度。"② "在赔偿代替复仇的最初阶段，每一次的赔偿额度都需要由当事人协商而定，并不存在预先确定的额度标准。在当事人协商不成时，便请第三方来裁决，或者第三方主动居中调停，由此开启了赔偿预定额的先端。当遵行先例的时间一久，最后便产生了一定的赔偿额度惯例。当国家组织基本健全时，便会设立临时或者常设的裁判机构，来裁决每一次的赔偿额度，或者通过法律制定针对杀

① ［法］拉法格著，王子野译：《思想起源论》，生活·读书·新知三联书店，1963年，第82页。

② ［日］穗积陈重著，曾玉婷、魏磊杰译：《复仇与法律》，中国法制出版社，2013年，第86页。

害等犯罪的赔偿额。”[①] “这些赔偿量定的先例记录很多到最后都演变成了成文法。”[②] 即便进入了调节环节，纠纷也不一定能得到和平解决。如果双方当事人中的一方认为纠纷处理不公平的话，纠纷也有回到武力复仇阶段的危险。[③] 在藏族地区，“如番酋处断不公，则自相报复酿成命案者往往而是”[④]。如果赔偿要让双方信服，一个相对明确的标准是非常必要的。

《十六法典》[⑤] 记载：“此前，普通的人被杀，无有现今如此威严之王法，仅以各自之主人、父辈及女婿之势力大小论处。倘若死者之主人势力大，则要将死者之尸体葬于地势较高的地方，称之为‘若脱吉瓦’。把尸体送到墓地进行告别仪式后，死者家属方等集结兵力进行复仇，且定期送寡妇哭坟，以及送垫子和衣服。若死者有小孩，其小孩在未成年之前，则须交付抚养金。昔日之判决书中规定，死主之饭费、父方集结兵力费、孤儿之抚养金、寡妇擦眼泪用的纸、布皆由死主决定其数量，肇事者要想尽

---

① ［日］穗积陈重著，曾玉婷、魏磊杰译：《复仇与法律》，中国法制出版社，2013 年，第 92 页。

② ［日］穗积陈重著，曾玉婷、魏磊杰译：《复仇与法律》，中国法制出版社，2013 年，第 101 页。

③ 案件处理不公非常容易导致新的矛盾产生。参见［美］霍贝尔著，严存生等译：《原始人的法》，法律出版社，2012 年，第 224 页。

④ 周希武著：《玉树调查记》，青海人民出版社，1986 年，第 71 页。

⑤ 《十六法典》产生于 17 世纪初的西藏噶玛政权时代。是时，噶玛巴的实权已掌握在藏巴第悉噶玛丹迥旺布的手中。他借鉴以往没有法律，致使小邦离散，犯罪猖獗，国民遭殃等历史教训，为维护奴隶主阶级的利益，加强对人民的统治，保障内部稳定，立法工作就势在必行。因此，他命令贝色瓦草拟一部法典。贝色瓦遵循第悉噶玛丹迥旺布的旨令，前往乌斯藏、蒙古、门域、珞渝等地达十一年之久。在漫长的岁月里，他每到一地皆细心地观察当地的风俗习惯，调查了解民事纠纷，拜访谙熟法律的专家，并先后参考了帕木竹巴时期的《十五法典》以及《桑主孜法典 》《奈邬德漾宫的吉祥圆满之法律 》《蔡巴法律》 和古代法典的附则和传记，而后依止法律最基本的条文，制定出《十六法典》。参见周润年、喜饶尼玛译注：《西藏古代法典选编》，中央民族大学出版社，1994 年，第 125 页。

一切办法满足死主提出的所有要求。如今为平息死主之悲痛和愤怒，亦要赐予‘压悲钱’。”“其次，旧时倘若凶手势力大，则将死者之尸体葬于地势较低的地方，称之为‘若帕东瓦’。牛马等供品的多少要根据凶手的财产，合理地作出判决。”① 《十六法典》对此种做法持坚决反对态度，为此特别规定：“在大王本书制定的法律中记载有，不可根据势力的大小设置‘集结军队’‘把尸体埋葬在高处’和‘把尸体埋葬在低处’等制度，如果出现有上述情况，除交付命价的赔偿品外，不再付偿金。如若利用其势力则依轻重进行增减赔命金。”② 这则材料有力地证明了“赔命价”标准的确立与双方当事人势力对比的关系。

“赔命价”标准在经过相对混乱的阶段之后，终于在“吐蕃三律”中有了相对明确的规定。“吐蕃三律”的规定较之“个案赔偿”阶段有了明显的进步。对此，我们用一个简单的数学计算来说明：假设一个团体中有 9 个人，他们相互之间都有可能发生争斗，并产生命价的赔偿问题。

如果是“个案赔偿”，在这个团体内就可能存在 72 种命价标准。因为在这个团体内可能有 72（8+7+6+5+4+3+2+1=36；36×2=72）种个案情况。第 1 个人可能与 8 个人发生纠纷，第 2 个人可能纠纷与 7 个人发生纠纷……依次减少，到第 8 个人可能与 1 个人发生纠纷；争斗中主动与被动角色是不一样的，因此，在加和的基础上还要乘以 2。

如果根据“吐蕃三律”，将 9 个人分成 3 个等级。此时，案件的种类将大大减少。在这个等级体制下，可能有 6（2+1=3；3×2=6）种个案情况。也就是说，其中 1 个等级会和 2 个等级发

① 杨一帆、田涛主编：《中国珍稀法律典籍续编》第九册《少数民族法典法规与习惯法》（上），张冠梓点校，黑龙江人民出版社，2002 年，第 94 页。

② 杨一帆、田涛主编：《中国珍稀法律典籍续编》第九册《少数民族法典法规与习惯法》（上），张冠梓点校，黑龙江人民出版社，2002 年，第 96 页。

生纠纷，1个等级会和1个等级发生纠纷。同样，争斗中主动与被动角色是不一样的，因此，在加和的基础上还要乘以2。

（三）《十六法典》再次简化标准

《十六法典》对命价标准做了更简单的规定。根据《十六法典》之第九“杀人命价律”的规定：“价者，皆指无价或数量之多而命其名曰价也。昔日，据传说：‘上部雅孜王被霍尔所杀，其尸价与黄金等量。下部格萨尔王被丹玛行刺，至今命价尚未偿还清。’此意思即为，所谓‘东’即命价者，无比昂贵，尤以人之等级分为上中下三等，此三等中之上上即指德高望重之赞普，其命价是无法偿还的。此后，上上者与妇女大概不会被人所杀。如果被杀，即判罚以土地与沙金无数，以示其身价之贵重，所有这些均酌情处理。对于妇女则要比各自之命价少出半倍。”① “人分为上中下三等，其中上等又分为上上、上中、上下三等；中等又分为中上、中中和中下三等；下等又分为下上、下中和下下三等。上上如旧法典中所述的英雄虎豹律相同；上中是有三百以上仆从的头领、政府宗本、寺院堪布等，彼等命价值金三百至四百两；上下是扎仓之活佛、比丘、政府仲科及有一百名仆从的官员等，彼等命价值金二百两；中上是仲科官员之骑士、寺院扎仓之执事、掌堂师等，彼等命价值金一百四十至一百五十两，侍卫兵、各扎仓老僧、小官吏、骑士等，彼等命价值金八十两；中中是运送粮草、弓箭武器者及小寺院之僧人，彼等命价值金五十、六十、七十两多种；中下是世俗贵族之类，彼等命价值金三十至四十两；下上是无主独生者、政府的勤杂人员、屠夫，彼等命价值金三十两；下中是占有差地的铁匠、屠夫、乞丐等，彼等命价值金二十两；下下是如就法典所述的‘流浪汉、铁匠、屠夫等三

① 杨一帆、田涛主编：《中国珍稀法律典籍续编》第九册《少数民族法典法规与习惯法》（上），张冠梓点校，黑龙江人民出版社，2002年，第93页。

种人，彼等命价值草绳一根’，流浪未有固定居住的铁匠、屠夫和乞丐，彼等命价值金十两至十五两，也有慈悲者赔偿二十余两之习俗。”[①] 在《十六法典》中，每个人的命价都已经由法典根据其等级情况做出了明确规定。

继续上面的分析法：在《十六法典》中，根据法典将 9 个人分为 3 个等级，每个等级设定 1 个命价标准，仅需 3 种命价标准；而且，无须再根据双方当事人的身份等级对比关系来确定命价标准。

此时，三种制度的基本设置已经清楚了。在“个案赔偿”阶段，可能存在 72 种案情；在“吐蕃三律”阶段，可能存在 6 种案情；在《十六法典》中，可能存在 3 种案情。每少一种案情就意味着节约一次谈判成本，也就是降低了整个制度的交易成本。需要说明的是，为便于分析，以上所做的数字分析是经过处理的。我们看到“吐蕃三律”中不止 3 个等级，《十六法典》中也不止三种命价标准，为了使之看起来更方便，才做了简化处理。但是，其道理是完全一样的。

每个案件的调解都是有成本，有些案件的调解成本是较高的。在没有参考标准的情况下，双方达成一致意见的过程可能更加漫长，成本也就随之增长。这种成本的增长，包括为谈判支出的时间和金钱，甚至导致谈判协商的失败。减少案件类型，将命价标准逐步规范实际上就是一个减少需要谈判的情况，从而达到降低交易成本的目的。即便有了相对明确的赔偿标准，每个案件的命价数额仍然需要由双方当事人通过调解人“协商”达成一致意见。波斯纳指出：“即使是当接受赔偿成为义务时，由于一个个地确定赔偿额的信息费用很高，因此，坚持这种固定赔偿额，

① 杨一帆、田涛主编：《中国珍稀法律典籍续编》第九册《少数民族法典法规与习惯法》（上），张冠梓点校，黑龙江人民出版社，2002 年，第 96 页。

对初民社会来说，也许仍是一种最佳的方式。"① 由此可见，"赔命价"标准变化的过程实际是一个降低交易成本的过程。通过减少交易类型，来降低交易成本。科斯认为："人们在一定的条件下，采取一种经济法律制度而不采取另一种制度，其根本原因之一就在于前者的交易成本低于后者，所以节约交易成本就成为法律选择和法律改革的目的。"② 也许，当时的立法者并不是以降低交易成本为首要目的，甚至不以降低交易成本为目的，却不料暗合了千年之后的新理论，这也在很大程度上证明了法律经济学的强大解释力。

尽管从《十六法典》已经有效简化了赔偿标准的确定，但依双方势力对比来确定命价标准的现象仍然不能禁止。青海"汪什代海部落制度及法规"中就记载："调解部落内部命案时，视被害人家族势力大小来决定命价的多少，若被害者的家族人多势众，活动能力强，在本部落中有较高的威望，那么凶手一方支付的命价更多些，反之，则赔偿的命价少些。"③

至今仍然可以见到势力对比对命价标准的影响。1989 年发生于青海果洛藏族自治州的东扎故意伤害（致人死亡）案发生后，被告人由自治州中级人民法院判决后，被告人亲属又向被害人亲属赔偿了命价。"该案发生后，被害人一方'出兵'要求被告一方赔偿命价款 7 万元，后经当地活佛调解，要 6 万元，公安机关干预后，才以 3 万元的命价款'退了兵'。群众反映，此案被害一方亲友在政府有人，所以索要命价也高，而且态度强硬，这也

① ［美］理查德·A. 波斯纳著，苏力译：《正义：司法的经济学》，中国政法大学出版社，2002 年，第 203 页。

② 转引自周林彬、董淳锷著：《法律经济学》，湖南人民出版社，2008 年，第 203 页。

③ 张济民主编：《渊源流近——藏族部落习惯法法规及案例辑录》，青海人民出版社，2002 年，第 78 页。

是旧的传统习惯影响。地位高，命价也高。”① 由此可见，根据被害人的地位、双方当事人的势力对比来确定命价高低是一项影响深远的习惯法。即使到了近代，仍然具有一定的影响力。尽管如此，我们要看到赔命价制度变迁中所表现出来的追求赔偿标准统一化的努力。虽然一直无法完全统一赔偿标准，但对各类案件的赔偿标准做出规定，仍是一个巨大的进步。2013 年 7 月，项目组在山南地区调研的时候，当地发生的一起故意伤害案件中，加害方给被害方的赔偿就相对较高。当地藏民说，这主要是因为被害方以前是有身份的人，不多赔一些他们不答应和解。

第二节 “赔命价”的承担与风险分摊

初民社会中，风险无处不在。初民社会中是充满风险的，食物匮乏使人时刻面临巨大的生存压力。因此，当时的人必须尽可能地提高自己的生产效率以赢得更多的生存机会。其实，除了食物匮乏，还有自然灾害、动物的袭击、血亲复仇、械斗等都是初民社会中每个人都需要面对的巨大风险。任何个人在风险面前都是柔弱无力的。他们所面临的任何一个危险，都可能夺取他们的生命。因此，他们必须通过分摊来降低风险，创造相对稳定的生活环境。

波斯纳认为：“如果不假定初民们比现代人更怕风险或比现代人更少个体化，你就无法以很经济的方式来解释，保险作为原始社会中需求和提供的一种产品的重要性。”② 在本章中，要论述的就是初民社会中的“风险分摊”制度。虽然当时还没有“保

① 张济民主编：《青海藏族部落习惯法资料集成》，青海人民出版社，1993 年，第 225 页。

② ［美］理查德·A. 波斯纳著，苏力译：《正义：司法的经济学》，中国政法大学出版社，2002 年，第 157 页。

险”“风险分摊”这些概念，但是，我们将会看到，初民社会中的人已经通过种种制度设计来降低自身所面临的风险。

一、风险分摊理论概述

“风险是指投资收益的不确定性。”① 对于风险，不同的人有不同的态度。“若一个人为损失一定量的收入而产生的痛苦感大于他为得到同等数量的收入而产生的满足感，则他就是一个风险规避者。”② 反之，他就是风险偏好者。“一般来说，人们都不愿冒风险……在同样的平均价值条件下，人们宁愿要不确定性小的结果。”③ 虽然大多数人都不喜欢风险，但是，风险无处不在。“市场机制通过风险分摊来应付各种风险。这一过程就是将对一个人来说可能是很大的风险分摊给许多人，从而使每个人所承担的风险很小。风险分摊的主要形式是一种方向相反的赌博形式——保险。”“保险将风险从风险规避者或风险较大者的一方，转移到偏好风险者或较容易承担风险者的一方。由此可知，保险，作为另外一种赌博形式，实际上正好发挥（与赌博）相反的作用。尽管自然界会造成风险，但保险却能够帮助我们减轻和分散这些风险。”④ 也就是说，保险制度将一个人的大风险分摊开来，变为许多人的小风险，使大家获得了相对稳定的生活环境。

---

① ［美］保罗·萨缪尔森、威廉·诺德豪斯著，萧琛主译：《经济学》，人民邮电出版社，2008 年，第 656 页。

② ［美］保罗·萨缪尔森、威廉·诺德豪斯著，萧琛主译：《经济学》，人民邮电出版社，2008 年，第 182 页。

③ ［美］保罗·萨缪尔森、威廉·诺德豪斯著，萧琛主译：《经济学》，人民邮电出版社，2008 年，第 182 页。

④ ［美］保罗·萨缪尔森、威廉·诺德豪斯著，萧琛主译：《经济学》，人民邮电出版社，2008 年，第 183 页。

二、“赔命价”的集体承担

“众所周知，在近代以前，实行的是客观责任（结果责任）与团体责任。前者是指，只要造成客观危害，就要追究责任；后者是指，只要构成犯罪，不仅追究责任者本人的责任，还要追究与犯罪人有关的人的责任。”① “赔命价”自产生以来一直是一种集体责任，至今未有根本性变化。波斯纳认为：“伤害者及其亲属一定要有足够的、超过他们生存需要的大量物品，使他们能够支付自己伤害的其他人，否则的话，赔偿制度就不可能运作。”② 也就是说，加害方及其亲属必须能够实际支付“赔命价”，否则的话，将不得不回到血亲复仇的状态。如何保障加害方的支付能力呢？

青海玉树藏族部落，“西番罚服之例，照被杀之身份，以为赔偿之差。重者偿百金，轻者半之。折交茶包之类，外给马一匹鸟枪一刀一而已。或曰轻者罚茶八十包，约值银三百两；重者罚出经卷一百八帙，约值银六百两。最重罚出经卷及他物值银千两以上。其不能偿者由本村之人担任。甲村之人负乙村之人债务，甲村亦有摊赔之责”③。前文中所引用的一些案例中，我们也确实看到不少由全村人一起承担赔偿责任的案例。但这些案例多是和寺院、头人有关的案例。因为对寺院、头人利益的损害，总是要尽量补偿，否则就有可能被罚做苦役，甚至沦为约伙。在一份1946年的“寺庙向债务人索取的甘结”中就明确写道：“如未按时付息，则全村人共同担保。”④ 此外，因边界纠纷、草场纠纷引

---

① 张明楷著：《刑法学》，法律出版社，2011年，第26页。

② [美] 理查德·A. 波斯纳著，苏力译：《正义：司法的经济学》，中国政法大学出版社，2002年，第199页。

③ 周希武著：《玉树调查记》，青海人民出版社，1986年，第71页。

④ 王玉平、郭冠忠、陆莲蒂译：《藏文历史资料译文选》，中国社会科学院民族研究所民族学研究室，1984年（印刷），第106页。

起械斗造成的命价赔偿通常也由集体摊赔。

波斯纳认为：“集体责任原则使这一社会确定了一个高于个人平均支付能力的赔偿水平，因为个体的亲属要对判决的债务负责。”① 这就能较好地解释“赔命价”的赔偿标准为什么通常是高于普通家庭的承受能力的。弗里德曼也指出：“被告人因经济原因无法履行金钱判决的问题可以通过一系列方法解决。一种是通过非正式的信用制度，一个被定罪的行为人可能会从亲戚、朋友那里得到罚金，双方都心照不宣的交换是他在奖励为他们提供服务。”② 也就是说，这种共同责任分摊的不仅是本次赔偿的风险，它还顺便分摊了未来可能发生的风险。

风险分摊之外的另一面，就是保护己方共同体的实力。任何个人都是其所属团体的财富。在己方成员犯罪时，如果不替他分担责任，则他很可能会被对方杀害，这对本团体而言是一个重大损失，因为这降低了本团体下次承担风险的成员人数。因此，由集体共同承担他的犯罪后果在经济学上来讲是一个有效率的结果。穗积陈重曾指出：“当自己的族人杀害了别族人，即便同族人将这种杀害视为不正当行为，但除非是同族人内部出现非议排斥，否则他们就不会将这个族人交给对方，任凭处置，因为这是一个族群的耻辱……只有当这种杀害行为已经恶劣到亵渎神灵，或者是卑劣到人神共愤的地步，族人才会不齿与其为伍，将其从氏族中除名，流放他所。”③ 正是由于这种集体责任与集体风险，集体责任制的一个内在要求是共同体通过较强的内部控制力和文化熏陶，从而减少争斗，尽量降低犯罪率。惯犯就是这种社会制

① ［美］理查德·A. 波斯纳著，苏力译：《正义：司法的经济学》，中国政法大学出版社，2002 年，第 203 页。

② ［美］大卫·D. 弗里德曼著，杨欣欣译：《经济学语境下的法律规则》，法律出版社，2004 年，第 323 页。

③ ［日］穗积陈重著，曾玉婷、魏磊杰译：《复仇与法律》，中国法制出版社，2013 年，第 41 页。

度的重大威胁。因此，如果不能改变制度，就只有将惯犯排除出这个共同体。排除的方法，可以是处死惯犯，也可以是将其开除族籍。不管是开除出家族，还是直接处死，其实际效果几乎相同。因为在初民社会中，任何个人离开家族组织就将如同丧家之犬，命运凄惨。这也是另一种形式的风险分摊。

藏族部落习惯法中有很多关于“赔命价”集体承担的规定。青海“浪加部落制度及法规”规定：“命价不论贫富，要以田地和牛羊折价赔偿，并供丧葬念经费。”“土地不足赔偿时，由家族成员补赔，并由各户赠送好牛或好马一头（匹）。以牛、羊“赔命价”的数额与土地之价相等。”① 青海“果洛旧制中的部落法规”规定：“薄产无财或乞丐犯下毙命伤人案之赔偿。属被驮纠纷者由部落公赔，属驮于他人者由亲族做靠。部落与亲戚不承担纠纷赔偿之扶助者，当依俗规除于祸福同当之列。部内自相杀戮，则亲族连坐，十户帐营为靠做赔。若无亲无靠，则罚苦役抵赔，并依律体罚，自作自受。”② 所谓“十户帐营为靠”，是指以加害人的帐篷为中心，划出相邻的十户承担连带责任。在藏族牧区，在子女独立后，就分帐篷居住。通常以原帐篷为中心，形成帐篷圈。青海“玉树部落制度”规定：“部落之间出了命案，凶手没有能力赔偿命价，则本部落摊派赔偿；部落内部发生了命案，凶手无力赔偿命价，则亲属协助赔偿。”③ 青海“黄科部落制度及法规”规定，对外纠纷中，“一户被抢劫、杀人案件受罚，

① 张济民主编：《渊源流近——藏族部落习惯法法规及案例辑录》，青海人民出版社，2002年，第7页。

② 张济民主编：《渊源流近——藏族部落习惯法法规及案例辑录》，青海人民出版社，2002年，第30页。

③ 张济民主编：《渊源流近——藏族部落习惯法法规及案例辑录》，青海人民出版社，2002年，第45页。

由‘哈玉虎’出面用罪犯的家产、牲畜赔偿，不足部分由各户分担”。[①] 青海“汪什代海部落制度”规定，部落之间的命案，“凶手如果赔偿不起或已逃走，凶手家属和所在部落有义务担负赔偿责任。”[②] 部落之间为争夺草山、水源，发生械斗而致人死亡，应赔偿的命价由加害人所属部落的全部属民负担。如果“打死部落头人及其家族成员，没收凶手的全部财产，凶手的亲戚朋友需缴纳1/3的财产，财产较多者须缴纳2/3的财产”[③]。青海“刚察部落制度”，在部落内部，按血缘亲疏远近分为几个族支。部落内部命案，“若凶方无力赔偿，由亲戚帮助或家族摊派赔偿”[④]。甘肃“甘加、仁青部落法规”规定：“部落之间械斗发生命案，所赔偿命价由全部落成员集体摊派赔偿。”“部落内部发生命案，若凶手无力赔偿，则由其亲属协助赔偿，然后将凶手驱逐出部落，三年内不能进入部落居住。三年后，要返回部落内居住时，需给部落头人交1匹马。”[⑤] 总体而言，“为了本部落的利益而杀死外部落的人，命价由本部落公众负担。这叫‘僧人费用家摊’。无故杀死外部落的人，命价由杀人者及其亲属承担。这叫‘乌鸦中箭自己痛’”[⑥]。

---

① 张济民主编：《渊源流近——藏族部落习惯法法规及案例辑录》，青海人民出版社，2002年，第60页。

② 张济民主编：《渊源流近——藏族部落习惯法法规及案例辑录》，青海人民出版社，2002年，第77页。

③ 张济民主编：《渊源流近——藏族部落习惯法法规及案例辑录》，青海人民出版社，2002年，第78页。

④ 张济民主编：《渊源流近——藏族部落习惯法法规及案例辑录》，青海人民出版社，2002年，第84页。

⑤ 张济民主编：《渊源流近——藏族部落习惯法法规及案例辑录》，青海人民出版社，2002年，第147页。

⑥ 陈光国：《试论藏区部落习惯法中的刑法规范》，《西北民族学院学报》（哲学社会科学版）1997年第3期。

【案例1】高宗××杀人案。[1] 夷民高宗××偷跑至曲司家纵柯地界入赘，后与人合伙贸易，送麝香回道孚，便往瓦日看娘，被仇家挡获，谓其曾作匪人内线，劫去瓦日骡马45匹，诉于孔撒亚地拖土官降巴扎喜，拷掠无供，拟抛河。高宗破镣逃归，率纵柯娃24人骑来报仇，杀降巴扎喜，掠其财物而去。

夷俗，一人恩仇，全村报之，祸福亦全村任之。自是孔撒娃尽仇纵柯娃，徒以地隔鱼科，不能往报。纵柯尽牛厂[2]，其人须时至道孚卖牛马、酥油、麝香、鹿茸之属，易茶以归，以此故亦怯至道孚。相持至本年（约1929年，本书注），降巴扎喜之子倾遮喇嘛托汉人之商于两地者丁保之等说合此案。丁于7月初四邀纵柯头人汪让等至鱼科说此事，议数日，决“赔命价”银28秤；略去财物，据倾遮报值2400元，议赔一半。此时高宗××已死，家赤贫，其余凶手死者12人，逃亡者数人，仅三四人到。赔偿金费，皆纵柯村民合任之。又夷俗凡赔偿以银议值，实皆无银，徒以物折合，其所折价又皆高于常价数倍……事了，酬调停者牛马各一。

该案大约发生在1904年。案例材料中所说的“夷俗，一人恩仇，全村报之，祸福亦全村任之”和“赔偿金费，皆纵柯村民合任之”都是集体赔偿义务。当前，虽然“赔命价”的赔偿主体范围已经大幅缩小，但仍是没有脱离集体责任的框架。被害人亲属直接赶走加害人父亲、岳父的牲畜，或者直接从加害人家中拿走财物仍屡见不鲜。更多的情况，则是加害人的近亲属主动拿出财物来挡兵、赔偿。

【案例2】2008年5月29日14时许，甲与本村牧民乙一起骑

① 任乃强著：《民国川边游踪之“西康札记”》，中国藏学出版社，2010年，第23—24页。

② 牛厂，即牧场；牧民又称“牛厂娃”。

摩托车到该村丙家的小卖部去买汽油，因价格问题甲和丙发生口角，丙的女婿丁见状赶过来举起石头朝甲甩打，未能打中，甲与丁厮打在一起，被乙和闻讯赶来的戊劝开。甲和乙骑摩托车向A村驶去，当行至辛家草场处被骑摩托车赶来的丙和丁追上，甲和丙又发生争执，甲便从地上捡起一块石头甩向丙，丙被石头击中左头部后倒在地上，后被害人丙被其亲属和甲的家人送往省医院抢救，2008年7月1日因颅脑损伤后感染治疗无效死亡，甲则于2008年8月6日到公安机关投案自首。2008年9月23日，双方当事人达成调解协议。①

该案调解协议书中的赔偿事项包括：在死者治疗过程中，甲的父亲给付了8万元的治疗费；人去世后，为了遏制矛盾激化，甲的父亲给死者的亲属8万元；甲的父亲自愿将109万余元付给死者家属，作为死者念经和生者的生活补贴用费。从而双方和好如初，得以团结。

根据项目组的调查问卷统计来看，现在超过60%的人倾向于认为应该由加害人先以自己的家庭财产来支付命价，不足部分再由其他亲属共同负担。这实际上反映了藏民对赔命价制度的反思，也是要求个体责任的心声。但受害人亲属却不这么认为，他们经常直接赶走加害人及其近亲属牲畜，而不管这种行为是不是与现代法律的“责任自负原则”相冲突。

三、从集体责任到个体责任

穗积陈重指出：“以前赔偿是个代替制度，赔偿义务者和被复仇义务者理当是相同的范围。拥有接受赔偿的权利之人的范围也与复仇义务者范围相同。复仇在最初是族群对族群，之后其范

① 淡乐蓉著：《藏族“赔命价”习惯法研究》，山东大学2010年博士学位论文，第113页。

围逐渐缩小至被害者的近亲与加害者一人。赔偿也是如此，最初加害者所在的族群全体负有赔偿义务，接受赔偿的权利亦为被害者所在族群全体所有。然而，伴随复仇范围的缩小，赔偿义务者的范围也随之缩小，只限于血族中的等亲或者近亲。赔偿权利者的范围也随着复仇义务者范围的缩小而相应改变。”① 威尔士、爱尔兰古法中都有关于分担率、分配率的规定。穗积陈重还指出：“在全族赔偿义务以及受偿权利中产生顺序，是原始共同责任逐渐向个人责任发展的开端，同时也彰显出社会管制力的发展。犯人以外的人支付赔偿金的行为，在最初是作为同族人，与其他族员共同负担的个人责任，但发展到后来，他们不仅位居次位，而且还拥有事后要求偿还赔偿金的权利，因此，原有的共同责任观念基本作废，赔偿遂成为犯人的个人责任。”②

从集体责任到个体责任，只是对“从身分到契约”的另一种表述而已。“从身分到契约”是梅因的名著《古代法》中最为我国读者熟悉的一句话。梅因说：“可以说，所有进步社会的运动，到此处为止，是一个‘从身分到契约’的运动。”③ 更详细的表述应该是“所有进步社会的运动在有一点上是一致的。在运动发展的过程中，其特点是家族依附的逐步消灭以及代之而起的个人义务的增长。‘个人’不断地代替了‘家族’，成为民事法律所考虑的单位。”④ “在社会的幼年时代中，发现有这样一个永远显著的特点。人们不是被视为一个个人而是始终被视为一个特定团体

① ［日］穗积陈重著，曾玉婷、魏磊杰译：《复仇与法律》，中国法制出版社，2013年，第88页。

② ［日］穗积陈重著，曾玉婷、魏磊杰译：《复仇与法律》，中国法制出版社，2013年，第89页。

③ ［英］梅因著，沈景一译：《古代法》，商务印书馆，1959年（1996年印），第97页。

④ ［英］梅因著，沈景一译：《古代法》，商务印书馆，1959年（1996年印），第96页。

的成员。每一个人首先是一个公民，然后，既是一个公民，他必是阶级中的一个成员……其次，他是一个氏族、大氏族或部落的成员；最后，他是一个家族的成员……他绝不把他自己看成为一个个别的个人。"[①]"如果共同体有了罪过，它的罪恶大于其成员所犯罪的总和；这个罪是一个团体行为，其后果所及，要比实际参与犯罪行为的人多得多。如果，反过来，个人是显然有罪的，那他的子女、他的亲属、他的族人或他的同胞就都要和他一起受罚，有时甚至代替他受罚。"[②]

本书认为，梅因所说的"身份"，就是说每个人一出生就有其所属的特定集体，个人的权利义务都已经由其所属的集体设定好，个人在其中是缺乏主动性的。梅因所说的"个人"，就是现代民法中所说的"意思自治"的个人。在很多少数民族习惯法中，我们都可以看到一个特征：两个氏族之间、两个家族之间或两个部落之间的纠纷，通常都要由双方的"负责人"协商解决。时至今日，凉山彝族的纠纷解决中，这一特征仍十分明显。[③]

集体责任制的产生是由原始社会的集体所有制决定的。集体责任制的产生是与当时的生产力相适应的，在当时而言是一种进步的社会制度。但是，它产生以后的发展过程，则不一定与集体所有制有密切关系。它们都是初民社会中的人在当时的条件下所能创造出来的最好办法。在现代社会，法律责任都是个人责任，而不再是集体责任。这才是"从身份到契约"的真正含义。对于这一问题，可能主要是由以下几个方面的原因造成的：（1）致害人有了更强的责任承担能力。随着社会经济的发展，个人财产在

---

① ［英］梅因著，沈景一译：《古代法》，商务印书馆，1959 年（1996 年印），第 105 页。

② ［英］梅因著，沈景一译：《古代法》，商务印书馆，1959 年（1996 年印），第 73 页。

③ 参见李剑著：《论凉山彝族的纠纷解决》，中央民族大学 2010 年博士学位论文，第 60 页。

逐步增加，个人承担法律责任的能力增强了。在大多数情况下，个人都能承担起相应的法律责任，集体承担已经不是必需的了。(2) 受害人方面要求赔偿的愿望降低了。随着个人财富的增长，获得赔偿已经不是受害人方面最大的愿望，他们更希望致害人受到应有的惩罚。(3) 思想观念的变化。现代社会最为重视的就是产权，或者说所有权。集体责任与私有财产权是激烈冲突的。私有权不能容忍自己的私人财产被他人处分。这种观念的转变在很大程度上是占主导地位的。换句话说，在某些情况下，致害人不能以个人财产承担法律责任，也不能通过判决以他的亲属、族人的财产来承担赔偿责任。相对于个体的真实责任承担能力而言，基于私有权而产生的个体责任观念占据着主导地位。因此，现代社会选择了个人责任，而不再是集体责任了。

第三章　“赔命价”的流转过程分析

绍特（Schott）将法律的社会功能区分为初级功能和次级功能。次级功能包括多方面：教育的、治疗的、宗教的、巫术的、经济的、政治的，甚至娱乐的功能。初级功能“意味着法律在初民社会中也具有它独特的价值范畴”。“在初级功能方面，主要包括两个任何社会不可或缺的功能：秩序功能与控制功能。法律一方面为维持社会行为的秩序，根据和平的共同生活的一般联系与基本规则而运作（即使这个规则并未明显表达或记载在法典里也一样）；另一方面，法律也有透过制裁（如规则性的报复、罚金、惩罚），对那些与规则相违的行为进行约束，也就是社会控制的功能。”①

第一节　“赔命价”对于加害方的经济意义

一、赔偿可能成为一种有效的惩罚措施

一般认为，刑法具有三种机能：行为规制机能、法益保护机能和人权保障机能。行为规制机能指刑法具有使对犯罪行为的规范评价得以明确的机能。法益保护机能指刑法具有保护法益不受侵害与威胁的机能。人权保障机能指刑法具有保障个人的人权不受国家刑罚权不当侵害的机能。有学者认为：“刑法的机能是保

① 林端著：《儒家伦理与法律文化》，中国政法大学出版社，2002年，第41页。

护法益与人权保障，行为规制机能基本上只是法益保护机能的反射效果。”因为“刑法的目的是保护法益，所以，刑法必须禁止侵害法益的犯罪行为，禁止的方法是将法益侵犯行为类型化，并规定相应的法定刑。这种规定方式自然地产生了行为规制效果”①。也就是说，各种刑罚是实现保护法益的手段，是通常所说的法律的“牙齿”。

前文已述，绍特指出了初民法律的秩序功能与控制功能。绍特还指出：“初民社会有赖法律与风俗等维系社会的安宁、控制偏差的行为，任何对这种‘原始社会’的想象，正面如无争的和谐社会，负面如无法律无规范的野蛮社会，都是违背事实而必须摒弃的。”② 这就是说，我们必须清醒地认识到，原始社会既不是完美和谐的桃源之地，也不是弱肉强食的丛林之地。原始社会也有各种争端和冲突，需要一定的规则（如法律、风俗等）来加以调整。

德国学者威塞尔认为，初民法律并无私法与刑法的区分，其法律是补偿性的。③ 这实际上向我们指出了一个经常被人忽视的事实：赔偿在初民社会中既具有弥补被害人物质损失的作用，同时还具有犯罪控制的功能。拉德布鲁赫曾经指出：“任何种类的自由刑对犯人的改造都是弊大于利。因而，应欢迎罚金越来越多地代替自由刑。不应忘记，罚金以金钱替代刑罚或报复，最初不仅适用于较轻犯罪，也适用重罪。”④ 虽然拉德布鲁赫是在论及刑罚体系改造的时候做的表述，但其所言仍深刻地指出了罚金的控制犯罪的功能。遗憾的是，在目前关于习惯法的研究中，特别是

① 张明楷著：《刑法学》，法律出版社，2011 年，第 26 页。

② 林端著：《儒家伦理与法律文化》，中国政法大学出版社，2002 年，第 41 页。

③ 参见林端著：《儒家伦理与法律文化》，中国政法大学出版社，2002 年，第 24 页。

④ ［德］拉德布鲁赫著，米健、朱林译：《法学导论》，中国大百科全书出版社，1997 年，第 92 页。

关于“赔命价”习惯法的研究当中，很多学者都被现代部门法划分的基本框架所欺骗，只看到了“赔命价”的损害补偿功能，而忽视了它的犯罪控制功能。

伯尔曼曾经指出，设立由过错者亲属偿付受害者亲属的确定的金钱制度“从许多方面都是一种切合实际的制度。过错者及其亲属将承受沉重的金钱负担，这种威胁可能比死刑或致残肉体的威胁能更有效地制止犯罪，至少也与现代监禁刑制裁同样有效；而且社会代价肯定更小。另外，按照报应的公正原则，它不仅使过错者受到损失，而且还使——与今天更‘文明的’刑罚学形成对比——受害者因此得以安抚”①。伯尔曼之言明确地从赔偿作为一种沉重负担的角度肯定了它所起到的犯罪控制功能。此外，该意见还明确指出了赔偿制度对受害者的重要意义，其所用的“更‘文明的’”的表述也显示了作者的态度。贝卡利亚也曾指出：“对人类心灵发生较大影响的，不是刑罚的强烈性，而是刑罚的延续性。”② 通过“命价”的支付使加害方能够在相当长的一段时间内不断感受到惩罚的存在，“赔命价”正是通过这种“刑罚的延续性”来实现惩罚、威慑功能。

诺贝尔经济学奖得主贝克尔指出：“罚款对受害者提供补偿，最优罚款的边际价值能够充分补偿受害者并使其恢复原状，因此，受害者的境况不会比受到损害之前更糟。其他形式的惩罚不仅不能提供补偿，而且还要求‘受害者’耗用额外的资源执行这些刑罚。”③“罚款比其他惩罚形式有几个方面的优点，例如，它

① ［美］哈罗德·J. 伯尔曼著，贺卫方等译：《法律与革命——西方法律传统的形成》，中国大百科全书出版社，1993年，第64页。

② ［意］贝卡利亚著，黄风译：《论犯罪与刑罚》，中国大百科全书出版社，1993年，第46页。

③ ［美］加里·S. 贝克尔著，王业宇、陈琪译：《人类行为的经济分析》，格致出版社、上海三联书店、上海人民出版社，2008年，第86页。

能保存资源，既能惩罚罪犯，又能补偿社会。”① 也有研究藏族赔命价制度的学者指出，命价的赔偿“往往是补偿超过了损失，尽管命价中除正额以外的那些项目落到了部落首领手中，但它毕竟使受害者的损失得到了一定补偿，而且使加害方受到了严厉的财产惩罚。加害方不仅因自己的行为会失去属于自己的财产，而且还要承担由此带来的精神上的痛苦”。“所以，我们说补偿性和惩罚性是命价的本质，它反映了命价作为一种法律制裁手段所具有的根本属性。”② 藏族格言说：“有钱者杀人要穷一下，无钱者杀人则连根拔起”③；“藏北有‘杀了人就要用金子把人皮口袋装满’的说法，这是赔偿命价的生动解释。”④

公元64年，伦巴底国王罗塔利颁布了《复仇赔偿法》。“这部法律允许被害者的族人进行选择，是根据习俗采取族战的方式进行复仇，还是向法院起诉要求赔偿。在宣扬这部法律的目的之时国王说道，之所以特别允许进行杀人赔偿，而且赔偿金额特别大，就是为了诱使被害者族人抛弃族群复仇的旧习。”⑤

以上所述在很大程度上表明，赔偿制度产生之初就是一种严厉的制裁措施。但是，如果赔偿过高，也会带来问题。一方面，导致赔偿协议无法达成；另一方面，则导致加害方在赔偿后生存困难。《十六法典》中就曾指出：“事实上如果命价太少，影响劝诫凶手即起不到惩处之作用；如果命价太多，凶手未能承受得了，地方众人亦会为此而发生争执，互不搭理。倘若凶手交付不

① ［美］加里·S. 贝克尔著，王业宇、陈琪译：《人类行为的经济分析》，格致出版社、上海三联书店、上海人民出版社，2008年，第102页。

② 张济民主编：《寻根理枝——藏族部落习惯法通论》，青海人民出版社，2002年，第339—340页。

③ 陈庆英主编：《藏族部落制度研究》，中国藏学出版社，2002年，第251页。

④ 陈庆英主编：《藏族部落制度研究》，中国藏学出版社，2002年，第241页。

⑤ ［日］穗积陈重著，曾玉婷、魏磊杰译：《复仇与法律》，中国法制出版社，2013年，第82页。

起，即会把人肉拿来作抵押品，由此会发生不安宁的动向。”[①] 由此可见，立法者的用心之苦。但是，在长期的赔命价制度实践中，更多的还是巨额的命价赔偿。

伯尔曼还指出，赔命价制度“是12世纪以前欧洲所有民族法律制度的一个显著特征，而且也确实是处在某个发展阶段的每个印欧民族法律的一个显著特征”[②]。需要注意的是，“单凭功利的理由无法令人满意地解释这种制度”[③]。这就是说，还需从相关主体的内在视角来分析，而不能仅仅从经济分析的外部视角认识赔偿制度。关于内在视角的分析，已经在第一章中进行了分析。本章所要关注的则是伯尔曼所说的功利分析。

二、“赔命价”的赔偿力度

本书将通过引用一些典型案件中的“命价”的数额，并将这个具体的数字放到藏区的普通家庭中去，看看这个数额是否足以对一个普通家庭造成持续的影响，是不是一个有很强“延续性”的惩罚。在开始分析之前，需要指出的是本标题下引用的案例都选自张济民所主编的《青海藏区部落习惯法资料集》和《渊源流近——藏族部落习惯法法规及案例辑录》。在引用之前，需要申明的一点是本书没有对案例及其数字做任何筛选，只求其数额记载清楚。这是数据有效性的基本保证。此外，由于本书主要注重数字分析，因此对于各案的基本案情不再叙述。两书收集的案例中，有以下几个案例的“命价”数额是比较清楚的。

1. 1982年的才夫旦故意杀人案的“赔命价”是39头牛，马

① 周润年、喜饶尼玛译注：《西藏古代法典选编》，中央民族大学出版社，1994年，第36页。

② ［美］哈罗德·J. 伯尔曼著，贺卫方等译：《法律与革命——西方法律传统的形成》，中国大百科全书出版社，1993年，第64页。

③ ［美］哈罗德·J. 伯尔曼著，贺卫方等译：《法律与革命——西方法律传统的形成》，中国大百科全书出版社，1993年，第64页。

3 匹，当时折价人民币 5000 元。

2. 1986 年的旦巴尖措故意杀人案的“赔命价”是 30000 元人民币，其中第一次给牛 71 头，折价 10000 元，其余部分之后的 2 个月付清。

3. 1988 年的南加故意杀人案，被害人亲属通过欺诈获得“赔命价”60 万元，其中的 40 万元，以牛 243 头（43 头小牛犊未计算支付价，按 200 头计）折价 40 万元，其余 20 万元以马匹及财物折抵。

4. 1989 年的赛日多故意伤害（致人死亡）案，“赔命价”为羊 121 只，牛 16 头，马 1 匹及其他实物共折价 40000 元。

5. 2000 年的“5·18”故意伤害（致人死亡）案，“赔命价”为牦牛 120 头，马 10 匹，作价逾 10 万元。

以上 5 个案例的“命价”都以牛、马、羊为主要赔付物资，通过折价得到大致的价格。下面，笔者将根据藏区的实物折算规则，以及当地大致的畜牧业生产力来推算这些“命价”对加害方的经济意义。

“果洛民主改革以前进行调查统计时，一般一头牛折算 3 只绵羊，一匹马折算 7 只绵羊，两只山羊折一只绵羊。”① 与此大致相同的折算方法在其他处也同样存在。在青海汪什代海千户部落新中国成立前的折算方法是这样的：各类牲畜都折算为白绵羊，“折算比例：骆驼 1∶7，马 1∶7，犏牛 1∶5，牦牛 1∶3，黄牛 1∶2，黑绵羊 2∶1，山羊 3∶1”②。这两个折算法虽然详略不一，但是其基本规则相差无几。在某些汉族地区也有“十二个土鸡蛋换一斤猪肉”的习惯。这种“以物折物”的折算法是一种很古老的计算方法。这种折算方法，往往是当地人民根据自己的生活经验，依各种实物的价值比例而做出的。这种折算方法无疑带有一

① 邢海宁著：《果洛藏族社会》，中国藏学出版社，1994 年，第 76 页。
② 陈庆英主编：《藏族部落制度研究》，中国藏学出版社，1995 年，第 306 页。

定的地区差异性，但是对当地人而言，却又是很准确且被广泛认同的。对于这种原创性的智慧，我总是心怀敬佩之情。

进一步而言，这种折算方法用于此处，还有一个别的计算方法无法比拟的优势。由于这里所引用的几个案件之间时间跨度比较大，要把那些牛羊都折价为人民币是存在困难的。首要的困难就在于我们很难查到20世纪80年代初当地一头牛、一只羊的价格；其次的问题在于将那个年代的价格和2000年的价格作比较没有实际意义。由于货币政策的变化，相同数量货币的绝对价值发生了很大的变化，也就是说，同等数量的货币的实际购买力是完全不同的。因此，以货币价值来进行比较是不可取的。而当地的这种“以物折物”的折算方法，却恰好可以解决这两大难题。因为如果一个地区的生产条件不发生巨大变化，牛羊的生产效率就不会有根本性的变化。因而，这种折算方法有着比较稳定的特点。这将在接下来的分析中得到验证。

接下来，我们就先将各案例中的牛、羊等“命价”都换算统一的折算单位——羊。为了表示此处的“羊”的特殊含义，本书且称为“标准羊”。

1. 1982年的才夫旦故意杀人案的“命价”为138只标准羊。

2. 1986年的旦巴尖措故意杀人案的“命价”为213只标准羊。

3. 1988年的南加故意杀人案的“命价”为900只标准羊。

4. 1989年的赛日多故意伤害（致人死亡）案的“命价”为176只标准羊。

5. 2000年的“5·18”故意伤害（致人死亡）案的“赔命价”为430只标准羊。

这种“命价”标准对当地牧民家庭而言意味着什么呢？这不是一个简单的情感判断，我们需要先对当地牧民家庭拥有牛羊等家畜的基本情况有一个比较清晰的认识。

根据1949年海南上阿曲乎部落的调查显示：当地共有133户牧民，平均每户拥有马7.10匹，牛20.49头，绵羊159.47只，山羊8.83只。[①] 经过折算，为273.58只标准羊。根据1956年果洛达日县达洼部落的调查显示，当地共87户牧民，平均每户拥有3.08匹马，59头牛，77.34只绵羊，1.69只山羊。[②] 经过折算，为276.4只标准羊。相隔7年，在不同地区的不同部落，牛羊的拥有数额却几近相同。这也就印证了前面的分析：如果一个地区的生产条件不发生巨大变化，牛羊等牲畜的生产效率就不会有重大变化。在此基础上，我们可以做一个简单的除法运算，看看这些案件中的“命价”在一个家庭的财富总量中大概占多大比例：

1. 1982年的才夫旦故意杀人案的“赔命价”数额为276.4只标准羊的49.93%。

2. 1986年的旦巴尖措故意杀人案的“赔命价”数额为276.4只标准羊的77.06%。

3. 1988年的南加故意杀人案的“赔命价”数额为276.4只标准羊的326%。

4. 1989年的赛日多故意伤害（致人死亡）案的“赔命价”数额为276.4只标准羊的63.68%。

5. 2000年的“5·18”故意伤害（致人死亡）案的“赔命价”数额为276.4只标准羊的155.57%。

在这5个案件中，最低比例为49.93%，最高比例数额为326%。如果我们再折算一下平均比例，平均比例达到112.66%。

分析并不能到此结束。因为以上的分析是以当地牧民的平均牲畜量为标准计算的，而这种平均财富这一数字往往不具有重要参考意义。换句话说，因为财富的占有是不平均的，甚至是两极

① 陈庆英主编：《藏族部落制度研究》，中国藏学出版社，1995年，第307页。

② 邢海宁著：《果洛藏族社会》，中国藏学出版社，1994年，第76页。

分化的，所以，平均财富这一数字的参考意义也就很有限了。根据1956年果洛地区的调查，依据占用牲畜数额的多少，将当地牧民分为四个档次[①]：牧主占总户数的3.45%，富牧占总户数的6.9%，中牧占总户数的31.03%，贫牧占总户数的58.62%。其中富牧平均拥有标准羊349.9只，贫牧只拥有76.1只标准羊。在前述5个案例中，平均“命价”为371.4只标准羊，是富牧家庭牛羊总数的106%。对人口占绝大多数的中牧和贫牧家庭而言，其意义就是不言而喻的了。这些数据告诉我们，一次“命价”将消耗一个普通家庭绝大部分财富，甚至是全部财富。

一般案件的“赔命价”主要由加害方家庭负担，在少数情况下才由他的主要亲属分担一部分。根据《玉树部落制度及法规》规定：“部落之间出了命案，凶手没有能力赔偿命价，在本部落摊派赔偿；部落内部发生了命案，凶手无力赔偿命价，则亲属协助赔偿。”[②] 在前引南加故意杀人案中，“赔命价”也都是由他的父母、舅舅及少数近亲承担。有学者的调查显示：“在藏区若案件纠纷发生在两个部落之间，赔付方无力赔偿的情况下，则会由部落共同摊派赔偿；若案件发生在两个家族之间，在赔付方无力赔偿的情况下，则会由家族成员共同赔偿；若案件发生在家族内部，则自行赔偿，如果赔付方及其亲属均无力赔偿，可以采取一种叫‘觉它解察’的方式解决，即赔付方将家里的所有财物，包括门前的狗、帐篷，以及帐篷上的经幡全部赔付给受害方。”[③] 毫无疑问，“赔命价”是一个很沉重的负担，是一个严酷的惩罚，可以在一定程度上可以起到刑罚的惩罚、威慑功能。但是，这并

---

① 邢海宁著：《果洛藏族社会》，中国藏学出版社，1994年，第76页。

② 张济民主编：《青海藏区部落习惯法资料集》，青海人民出版社，1993年，第51页。

③ 杜文忠：《“赔命价”习惯的司法价值及其与现行法律的会通》，《法学》2012年第1期。

不意味着受害方能够因此得到大量的物质财富。

三、“赔命价”的配套制度

赔命价制度不能以今天的视角将其视为纯粹的民事赔偿责任，而应将其与相关制度结合起来做整体观察。在部分地区，如四川黑水地区，在赔偿命价之外还同时要加罚一定期限的苦役；而更多的则是由于无力承担命价或承担命价后生活困难，最终沦为约伙。对此，我们应有更全面、更客观的认识。当然，随着藏族社会的民主改革，赔偿命价的一些原有的弊端已经没有了社会基础。但是，这可能也意味着赔命价制度控制犯罪的功能将因此受到影响。此外，虽然今天不再有人因为破产而沦为约伙，但仍可能被迫流浪。

（一）加罚苦役

拉德布鲁赫曾指出：“自从有刑法存在，国家代替受害人施行报复时开始，国家就承担着双重责任：正如国家在采取任何行为时，不仅要为社会利益反对犯罪者，也要保护犯罪人不受受害人的报复。”① 在赔命价制度下，为了使犯罪人在赔偿命价后能够免予遭到报复，头人还要为加害人提供一定的保护，但这种保护并非总是免费的。青海“黄科部落制度及法规”规定：“罪犯自首投案者，要付出‘投案款’。抢劫、杀人畏罪投靠的要缴纳‘保护款’。”②

在部分藏区，加害方及其亲属在赔偿命价之后，加害方可能还要受到其他惩罚。在藏族社会中，有一类人被称为“娃子”，其中的“男娃子多是杀人凶犯，判案人除去判罚他赔偿苦主命价

---

① ［德］拉德布鲁赫著，米健、朱林译：《法学导论》，中国大百科全书出版社，1997年，第96页。

② 张济民主编：《渊源流近——藏族部落习惯法法规及案例辑录》，青海人民出版社，2002年，第62页。

之外，本身则要留在衙门里当娃子。从他的工作来说是一种处罚；但他常住在衙门里，又算衙门对他的生命的一种保障。不然他即使交纳了命价，生命还是时时有被复仇人刺杀的危险。当了头人的娃子，则无人敢来复仇了”[①]。尽管这种保护更多的是惩罚的性质，但在客观上仍在一定程度上起到了为犯罪人提供人身保护的作用。这也说明藏民复仇之风盛行，也表明从复仇向赔偿的过渡并不是短期可以完成的。

（二）罚没财产，沦为“约伙”

波洛克和梅特兰曾经指出：“有理由相信，在过去长期的时间里，赔款和罚金制度不过是一场骗局。它在表面上迎合了基督徒不愿血亲复仇的心态；它要求的是金钱而不是生命。但是它要求的金钱如此之多，以至于很少有人能支付得起。那些无力赔偿的人被剥夺公民权，或者被卖为奴隶。从一开始它就是一项贵族制度；它不仅在那些出生富贵的人和出生贫贱的人之间做了区分，而且还通过剥削穷人而使得贫富差距增大。如果一个人不幸的一击导致了一个大乡绅的死亡，那么这足以让他整个贫困家庭都陷入经济上的不独立甚或沦为奴隶。当我们探究导致自由民沦为地主的农奴的原因时，我们不应忘记赔款和罚金。无论如何，要亨利一世时期的村民赔偿 5 英镑不啻宣告剥夺他的公民权。”[②]藏族赔命价制度下，这种情况同样存在。藏族社会中的上层人士很少被杀就是其客观效果。

“赔偿债务”是藏民的三大主要债务来源之一。[③]“违反部落

① 于式玉著：《于式玉藏区考察文集》，中国藏学出版社，1990 年，第 170 页。

② 转引自［英］格里·约翰斯通著，郝方昉译：《恢复性司法：理念、价值与争议》，中国人民公安大学出版社，2011 年，第 47 页。

③ 其他两种分别是差税债务和借贷债务。参见陈庆英主编：《藏族部落制度研究》，中国藏学出版社，2002 年，第 232 页。

法规的人多处以罚款、抄家、没收财产，致使一部分人倾家荡产。”[①]“青海的果洛、海南等地，无力偿还债务的要被降为奴婢，以身抵债。有的全家沦为奴婢，失去人身自由；严重的世世代代为奴，永无出头之日。”[②] 没收财产“是比较严厉而且常用的一种刑罚，在处理人命、偷盗、反抗头人、交不起差税、还不清债务等案时，通常没收犯人的财产。”[③] 在青海果洛地区，没收财产分为四个等级。[④] 在藏族的社会结构中，处于社会最低层的是“约伙”。“‘约伙’为藏语，是被使唤者之意，是藏族部落中的一个特殊阶层。约伙在部落社会中普遍存在，‘约伙’是统称，因其职业、役使期限等的不同而被分为若干类型，并各有其特定的名称。”[⑤] 这些处于社会最底层的约伙来源多样，其中相当一部分是由于违反部落法规被处罚，或者无力偿还债务而破产沦为约伙。约仓的成因很多，其中“有的债台高筑，无力偿还，全家沦为债权人的约仓；有的因触犯部落法规，家产被没收，沦为富户的约仓；也有的人破产后投靠亲友，处于依附地位，成为约仓”。过约中“有的由于严重触犯部落法规或打死本部落成员”。娃子的来源在前文中已经介绍。“塔哇居民的来源主要是部落中破产了的农牧民，有的无力偿还寺院的高利贷，以苦役顶债……有的违

① 陈庆英主编：《藏族部落制度研究》，中国藏学出版社，2002 年，第 232 页。

② 陈庆英主编：《藏族部落制度研究》，中国藏学出版社，2002 年，第 233、243 页。

③ 陈庆英主编：《藏族部落制度研究》，中国藏学出版社，2002 年，第 248 页。

④ 一等叫“珠那虚端”，为黑蛇脱皮之意，黑蛇象征罪大恶极的人，脱皮借指没收全部财产；二等叫“那波松扣”，是黑三折的意思，“黑”象征罪行严重，指没收三分之二的财产；三等叫“达莫冬学”，为以箭分弦之意，射箭时箭要置于弓弦的正中间，意为没收二分之一的财产，以被剥夺者的帐房中的锅台为中心，包括帐篷在内对半劈，所有东西没收一半；四等叫“格若松扣”，为白色三折的意思，白色比喻罪行较轻，指没收其财产的三分之一。参见陈庆英主编：《藏族部落制度研究》，中国藏学出版社，2002 年，第 248 页。

⑤ 陈庆英主编：《藏族部落制度研究》，中国藏学出版社，2002 年，第 169 页。

犯宗教法规，被寺院罚做苦役……还有的是因在别处犯罪而来藏身的。"[①] 青海"阿曲乎部落法规"规定："因纠纷潜逃来的牧户当为头人做'腰乎仓'。"[②] 四川甘孜理塘藏区，穷人打死主人，则全家沉河并没收家产；穷人打死穷人，则赔偿命价；"若凶手无钱可罚，则将其判给头人做奴仆或长工"[③]。

（三）逐出部落，四处流浪

戈明曾指出："部落习惯法对这类（杀人与伤害案件）的通常处理方式是赔偿命价、血价，由此带来没收家产，驱逐出部落，流浪部落边远艰苦地方，或财产赔尽而没收为家奴。"[④] 在20世纪末的"赔命价"案例中，部分藏族地区仍常有将加害者及其亲属赶出村子的做法。1973年发生的"肉旦加斗殴致人死亡案"，1976年被告人刑满释放后，被害方不让其居住原地，肉旦加的哥哥也被迫迁出原地。1981年经调解赔偿命价后，被害人家仍不让被告人回原村居住。[⑤] 1975年发生的"项秀故意伤害（致人死亡）案"，项秀在1982年刑满释放。"经大队出面调解，让项秀拿出1000元命价款，生产队再补助100元给被害人家，但被害人家仍不同意，也不准项秀回家。无奈，项秀只得流浪在青海

---

① 约伙可分为9种：约仓，全家为主人役使的对象；过约，主人在家中役使的对象；才约，终身奴隶；差约，终身给头人、寺院或活佛当长工的奴仆；果纳，家中的奴婢；娃子，四川黑水藏区对罪犯处以经济处罚外加罚一定期限的劳役；科巴，川西北藏区土司赐给部落头人的农奴；塔哇，寺院周围的居民；游民，流浪者。参见陈庆英主编：《藏族部落制度研究》，中国藏学出版社，2002年，第169—172页。

② 张济民主编：《渊源流近——藏族部落习惯法法规及案例辑录》，青海人民出版社，2002年，第67页。

③ 张济民主编：《渊源流近——藏族部落习惯法法规及案例辑录》，青海人民出版社，2002年，第131页。

④ 戈明：《中国藏族部落法初探》，载张济民主编：《渊源流近——藏族部落习惯法法规及案例辑录》，青海人民出版社，2002年，第13页。

⑤ 张济民主编：《渊源流近——藏族部落习惯法法规及案例辑录》，青海人民出版社，2002年，第184页。

同仁县和甘肃省夏河一带。”① 1980 年发生的“闹日吾故意伤害（致人死亡）案”，“一审法院对被告人宣判后，被害人一方亲属向被告一方亲属索要命价款，通过大队的书记、宗教人员、双方亲属研究协商，由被告一方支付命价款 7000 元（其中现金 2000 元，马 4 匹）。被告人之妻桑××为此将家产全部变卖，被迫带两个孩子窜帐房乞讨过日子”②。1981 年发生的“巷先加故意伤害、逃脱、盗窃案”，“本案被告人被捕后，由原千户朝日加之子才太本和寺院活佛出面进行调解，做出决定：1. 被告人全家迁出塔秀公社，另寻住处；2. 被告人家赔偿被害人一方马 1 匹、牛 18 头、羊 15 只，现金 500 元；3. 出现金 2500 元购买经卷送给寺院”③。1988 年发生的“成列、拉旦故意杀人案”，“本案在查处过程中，被告和被害家属通过寺院调解，达成‘协议’，‘协议’要两被告人家属拿出 10000 元和 2 匹马资助被害人家属外，还限 3 天内两被告人家属搬出郭进村，被害人丧葬时两被告人家属又拿出 2 头牛以及酥油、米、面、茶等物，一共折价 15000 元”④。1998 年发生的“才让故意伤害（致人死亡）案”，“案发后，受害人亲属纠集人马要求赔偿命价，经隆务寺活佛、阿卡、村干部、乡政府领导及有关群众 15 参与调解，达成协议”，在赔偿命价之外，协议还约定“受害人、被告人家属三年内不得在本村居住，被告人释放后也不得回村居住”⑤。才让故意伤害（致人死亡）案中，

① 张济民主编：《渊源流近——藏族部落习惯法法规及案例辑录》，青海人民出版社，2002 年，第 186 页。

② 张济民主编：《渊源流近——藏族部落习惯法法规及案例辑录》，青海人民出版社，2002 年，第 188 页。

③ 张济民主编：《渊源流近——藏族部落习惯法法规及案例辑录》，青海人民出版社，2002 年，第 189 页。

④ 张济民主编：《渊源流近——藏族部落习惯法法规及案例辑录》，青海人民出版社，2002 年，第 169 页。

⑤ 张济民主编：《渊源流近——藏族部落习惯法法规及案例辑录》，青海人民出版社，2002 年，第 211 页。

之所以约定受害人三年内不得在原村居住，主要是由于该案是被害人实际上先打了被告人这一特殊情节。

目前，这一风俗有了一些变化。下面就是一则这样的案例：

【案例1】 2008年，某县二十地乡曲什安的普×与本村的环×酒后发生争执、斗殴，环×不幸死亡。普×与环×所在村委会、寺院、恰日部落四乡十一村有威望的老人四十余人参加下，对民事赔偿达成赔偿协议。双方之后又签订了一份补充协议，内容如下：普家与环家都是同村人，如今，由于环×的不幸死亡，如果普×不受刑事处分，那么环×的家人和村民，有可能再次发生矛盾，影响社会及本村的安定团结，所以，经普×的父亲与环×的哥哥及村委书记等人的协商，司法机关要对普×判处一年左右的刑期（普×要在监狱待一年左右的时间），普×才能回到村子里来，否则，环×的家人及村民都不能接受。上述协议的内容是双方在自愿协商的基础上达成的，双方必须遵守。

协议签订后，对于普×再过多长时间后才能回村的问题，村中又派了两名代表到县里来协商，最后由县政法委、法院和村里的代表三方商定，普×出狱后3年内不能回村，但保证不将其赶出村子（即保证普×在3年后可以回村拥有正常的村民资格）。①

补充协议中约定：“司法机关要对普×判处一年左右的刑期（普要在监狱待一年左右的时间），普×才能回到村子里来，否则，环×的家人及村民都不能接受。”但这是当事人无法保证兑现的，为了达到这一目标，协议签订后村中又派了两名代表到县里来协商。“最后由县政法委、法院和村里的代表三方商定，普×出狱后3年内不能回村，但保证不将其赶出村子（即保证普×在3年后可以回村拥有正常的村民资格）。”从该协商结果来看，可以说明这

① 王佐龙：《藏区习惯法的新解读——从“赔命价”问题的分析介入》，《原生态民族文化学刊》2009年第3期。

一习惯法在当地仍是广为认可的。在案件信息中，并未表明县政法委和法院同意了被害人亲属要求的“对普×判处一年左右的刑期”的要求。但为了限制将被告赶出村子的负面作用，县政法委和法院也认可了补充协议所做的适当的变通。

第二节 “赔命价”对于受害方的经济意义

要分析“赔命价”对于受害方的经济意义，本人认为还需要回到“赔命价”的含义上来。“命价，藏语称为‘什吨’或‘索什和吨’，本意为‘千’的数词，可能取意于‘千金难买一人生’或‘千金人生’，通常理解为一个足够多的数额，后又经学者套入佛理中与之同音的‘空’的概念。藏族历史上之所以用‘什吨’表示命价，有其深厚的文化和思想根源。诚如《十五讼律卷龙吼》中所解释的一样，为何将命价称为‘什吨’，其回答是既然‘什吨’是‘空’的意思，那么取得命价并不能变富，支付命价也不能变穷。”① 这里我们主要是要关注“取得命价并不能变富，支付命价也不能变穷”。这句话用一种很有宗教意味的方式告诉我们，“赔命价”本身是一种赎罪的形式，而不是一种简单的俗世财物。它似乎还暗示了一个信息，那就是受害人家庭并不能得到多少经济上的实惠。

下面我们通过一则案例来说明情况：1988 年的多吉××故意伤害（致人死亡）案中，该案发生后，被害人所在的夏吾热旦村的村民集体向多吉××家索要，多吉××家只得向被害人村付“命价”羊 50 只，马 3 匹，牛 30 头，现金 2000 多元，共折价 24000 元。这些东西大部分被村民吃喝掉了。被害人家只得现金 300 元、哈

① 张济民主编：《寻根理枝——藏族部落习惯法通论》，青海人民出版社，2002 年，第 333 页。

达1条、茯茶1包。[1]

如果被害人家得到的东西仅以300元来说，它仅占24000元的1.25%。因为其家庭所得的哈达及茯茶，本人在这里无法将其折算成当地当时的市场价格。虽然如此，我们可以看到的是被害人家庭从“赔命价”中所得的实际经济利益是很少的。“在‘赔命价’的背后，往往存在这样一些问题，所‘赔命价’的绝大部分钱财被活佛、僧人享用，部分为基层干部享受。”[2] 这是不是也在某种程度上印证了之前所说的“赔命价”的含义呢？

其实，不仅现代的“赔命价”如此，“赔命价”产生以来就是这样。“赔偿命价的所得，大部分奉送布施，可以给死者请寺院宗教职业者进行超度、告慰亡灵，同时更多的也安慰了被伤害者的亲属、子女，有利于消除悲伤。这种赔偿法与施法结果，温和了活着的人们的欲念，又符合了杀人犯罪及其家人们的服法心愿。”[3] 最终，被害人的家属所剩余的财物也是寥寥无几。

“莫坝部落旧制与法规”中就有“赔命价”的详细数额，其中也隐含着“赔命价”的具体分配方案。头等“命价”共有14项（其中前10项为赔偿）。[4]

1. 赔“认罪款”3个元宝（通用元宝为50两纯银，一个元宝折合3头或4头牦乳牛）；

2. 赔“绝恶款”5匹马、5支枪（不能以他物代替）；

3. 向头人缴“服法款”15个元宝或4~5头牛（此项根据头

① 张济民主编：《渊源流近——藏族部落习惯法法规及案例辑录》，青海人民出版社，2002年，第209页。

② 张济民主编：《诸说求真——藏族部落习惯法专论》，青海人民出版社，2002年，第125页。

③ 张济民主编：《诸说求真——藏族部落习惯法专论》，青海人民出版社，2002年，第81页。

④ 张济民主编：《青海藏区部落习惯法资料集》，青海人民出版社，1993年，第21页。

人权势大小而定罚款数）；

4. 赔死者家属“悔罪款”5 匹马、5 支枪（可用他物代替，以下同）；

5. 罚凶手向死者赔“命案结束款”1 头尾巴上拴扫帚的白犏牛（表示将不吉利之事一扫而光）；

6. “赔命价”正额九九制即 81 只羊，九五制即 45 头牦牛，九三制即 27 头犏牛；

7. 给死者兄弟“赔罪款”3 个元宝（当地一般用牛羊代替元宝）；

8. 给死者亲友“赔罪款”1.5 个元宝；

9. 赔“寡妇流泪锅”1 只；

10. 赔“寡妇头巾”1 匹（氆氇或缎子）；

11. 罚凶手“洗手款”3 个元宝；

12. 凶手和死者家属给头人“调解纠纷款”各 2 个元宝；

13. 凶手和死者家属给头人“调解纠纷伙食款”各 4 头牛；

14. 凶手和死者家属给“文书笔墨款”各 1 头牛。

还是根据之前的折算法，1 匹马约等于 2.3 头牛，再根据上面第 3 条向头人缴“服法款”的规定，3 个元宝约等于 1 头牛。在第 6 项“命价”正额取中间值 45 头牦牛的时候，经计算，“命价”总额为 88.8 头牛；由于其中的枪、锅以及头巾无法知晓折算比例，没有计入在内。在这 14 项规定中，明确要求给头人的物品经折算为 16.3 头牛；将“认罪款”“绝恶款”计算在内，应该给受害人兄弟、亲友的占 26.5 头牛；余下“命价”正额 45 头牛；实物中明确规定给寡妇的只有一口“流泪锅”和一个头巾。根据“赔命价”的实际情况，“命价”正额也不是全部归受害人家庭所有，大部分都应该用来为受害者做法事以及分给他的其他亲属和族人。因此，真正留给受害人家庭的数额就很少了。因此，有学者曾指出：“不少‘赔命价’的用途不是用于抚恤死者的配偶和子女，而是分作三份：一份送给当地寺庙作为死者诵经超度亡灵之费用；一份送给参与调和的亲友；一份才给被害人家庭。”①

对于受害人的近亲属分享“赔命价”，波斯纳认为：“当一个个体受到伤害或是被杀，这一伤害行为所伤害的是这一公认的亲属群体的所有成员，因为他们对受害者的收入都有主张权，而现在减少了这一收入。因此，他们都是名正言顺的原告方。”② 在初民社会，多一个氏族成员就意味着在自己受到伤害时多一分力量为自己复仇，多一个氏族成员就就意味着在自己需要支付“赔命价”的时候多一个人分担责任，多一个氏族成员就意味着在自己遇到生活困难时多一个求助的对象。每一个氏族成员都是氏族组织的共同财富。因此，在任何个人受到侵害时，他们就是当然的权益人。随着生产力的发展，人类抵抗风险的能力获得了提升；随着公共权力的形成，人类以私力救济的范围日益缩小。因此，相应的就是权益人的范围缩小，从整个氏族的成员都有权受偿慢慢演变为其近亲属有权受偿。

项目组在调查中发现，这一情况已经有所改观。由于社会结构的变化、社会观念的转变，“赔命价”的承担现在也发生了一些变化。主要表现为“赔命价”的承担首先以加害人小家庭财产承担，少数案例中由于被害人亲属强索才直接强取加害人父母等近亲属财产。在“赔命价”的分配中，被直接消耗的财富、分配给家族其他成员的部分也越来越少，分配给被害人配偶、父母、子女的部分较以前有大幅提升。这样的话，“赔命价”才能真正起到抚恤死者亲属，解决生活中实际困难的作用。这也是赔命价

---

① 张济民主编：《诸说求真——藏族部落习惯法专论》，青海人民出版社，2002年，第163页。

② ［美］理查德·A. 波斯纳著，苏力译：《正义/司法的经济学》，中国政法大学出版社，2002年，第202页。

制度的一个积极变化。

第三节 头人在“赔命价”中的地位

藏族传统社会，将部落头领等世俗权威和活佛等宗教权威统称头人。头人在“赔命价”的过程中居于十分重要的地位，他们不仅主导着“赔命价”的过程，也参与“赔命价”的分配。有学者指出：“‘赔命价’的存在具有藏传佛教上的合理性。藏传佛教认为，人被杀后再杀人者是罪孽，而且人可以轮回转世，因而杀死杀人者不是最重的惩罚；相反，‘赔命价’不仅可以使杀人者及其家属受到严厉的惩罚，而且‘赔命价’的一部分归寺院，可以用于超度死者的亡灵。因而，在采用‘赔命价’习惯法处理案件中，寺院也是受益者。”①该意见较好地兼顾了“赔命价”中的经济因素与文化因素。

一、命价之外，费用繁多

在“赔命价”过程中，头人所扮演的主要角色就是“调停者”。他们是知识和规则的掌握者，这就决定着他们作为调停者的可能性及必然性。在“赔命价”正额之外，加害方还要向头人交纳各种罚款，各种罚款常常也是一笔巨大的费用。“青海藏族地区在确认被告为罪犯的前提下，向被告罚款，这笔罚金与案子正式处理后的处罚毫无关系。兴海阿曲乎部落称之为挡兵款，人命案处罚价值100块左右银元的牲畜，其中的一半好牲畜归头人；果洛地区称之为调头费，其数额依命价等级从白银十数两到50两不等……在川康牧区，首先要‘降服凶手’，即收缴杀人者的被称为‘血刃剑’之刀剑或‘血架枪’之火枪等凶器送给死者

① 苏永生：《国家刑事制定法对少数民族刑事习惯法的渗透与整合》，《法学研究》2007年第6期。

家属。头人借向被告收取挡兵款、调头费之机勒索一部分财物，但先给原告一部分财产，安慰他们，其目的是把被害人或其亲属从势不两立的复仇感情中调和回来，防止血亲复仇，以免案件恶性发展，可以说，这也是部落头人或案件审理人员在接受起诉后、审理之前所采取的一个应急措施。"① "果洛地区的头人处理一件命案，就要向凶手或其家属罚取忏悔费，上等命案的忏悔费多达 250 两银子，与命价正额相差无几。"② 青海"汪什代海部落制度"规定，部落之间的命案，"凶手如果赔偿不起或已逃走，凶手家属和所在部落有义务担负赔偿责任。死者家属所得命价仅三分之一，其余归部落头人和调解者均分"③。实际上，"命价中除正额以外的那些项目落到了部落首领手中"④。因此，百姓有这样的看法，认为"一场纠纷的解决，真是'富了头人，穷了百姓'"⑤。诚如前述，如果加害方不能支付罚款，则可能被罚以苦役，甚至沦为"约伙"。

综合藏区各地的情况来看，头人在命价之外的收费多种多样：

第一，在加害方第一次送给被害方牲畜以表示愿意依"赔命价"来解决时，主持调解的头人要从其中取走一半好的牲畜。"过沟"（调头，即初步调解）方式。纠纷致人亡命以后，为阻止对方出兵报复，杀人的一方要给被害的对方送 100 元左右的牲畜，表示低头认罪，愿意依法解决，这一方式即"过沟"，此后

① 陈庆英主编：《藏族部落制度研究》，中国藏学出版社，2002 年，第 238 页。

② 陈庆英主编：《藏族部落制度研究》，中国藏学出版社，2002 年，第 192 页。

③ 张济民主编：《渊源流近——藏族部落习惯法法规及案例辑录》，青海人民出版社，2002 年，第 77 页。

④ 张济民主编：《青海藏区部落习惯法资料集》，青海人民出版社，1993 年，第 339 页。

⑤ 陈庆英主编：《藏族部落制度研究》，中国藏学出版社，2002 年，第 198 页。

即开始审判，主持调解的头人要从“过沟”中取走一半好牲畜。[①]

第二，加害方家庭要向头人缴“服罚款”。本书认为，这是对头人领区秩序破坏的惩罚。向头人缴“服法款”15 个元宝或 4~5 头牛（此项根据头人权势大小而定罚款数）。[②]

第三，纠纷解决后，双方的见面言和费用，头人还要得三分之一。纠纷调解以后，当事双方行“卡透俄合透”（见面言和），杀人一方再给死者一方出折价 400 元左右的牲畜，死者家属得三分之一，头人得三分之一，其他参与裁决者分享三分之一。[③] 加害方还需另外给死者买经卷给寺庙。如果是部落之间的命案的话，则死者家属仅得三分之一，其余归部落头人和协调者均分。大致上，部落头人及宗教领袖直接所得的财物占加害方家属所给付财物的小部分。而算上随后受害人家属将所得“赔命价”财物的大部分以宗教活动的费用的形式交给寺院的话，则部落首领及宗教领袖的所得将远远多于受害人家属的所得。

第四，罚凶手和死者家属给头人“调解纠纷款”各 2 个元宝；罚凶手和死者家属给头人“调解纠纷伙食款”各 4 头牛。[④]

这些事项也是综合几个部落的“赔命价”的规定而得的。实际上不是每个具体案件的加害方家庭都需要全部承担，而只需承担其中的几项。把它们都集中在一起是为了呈现罚款名目的复杂多样性。

---

① 张济民主编：《青海藏区部落习惯法资料集》，青海人民出版社，1993 年，第 78 页。

② 张济民主编：《青海藏区部落习惯法资料集》，青海人民出版社，1993 年，第 21 页。

③ 张济民主编：《青海藏区部落习惯法资料集》，青海人民出版社，1993 年，第 79 页。

④ 张济民主编：《青海藏区部落习惯法资料集》，青海人民出版社，1993 年，第 21 页。

二、地方公权，有合理性

在《渊源流近——藏族部落习惯法法规及案例辑录》一书所收集的案例中，有关于“赔命价”的主持人的案件共有 26 个，其中有寺院、活佛、头人、头人的后代参加的占 13 个，其余的主持人有大队书记、乡镇府、乡干部等。也就是说，在近几十年以来的案例中，有部落头人、宗教领袖因素在其中的案例还占到了 50%。这 26 个案例是该案例辑录中有明确记载的案例，本书没有进行任何编辑。因此，这些数据是比较可靠的。由此我们可以想见，在传统的“赔命价”运作过程中，部落头人、宗教领袖的地位远远超过现在。至今，在四川藏区，活佛或喇嘛等宗教人士仍然在“赔命价”过程中发挥着重要作用。他们在促使协议的达成、保证协议的履行方面发挥着重要作用。① 为什么头人能在“赔命价”中占有这样大的份额呢？

穗积陈重指出：“一旦赔偿涉及长老等社会有势者的第三方仲裁，赔偿的关系便不仅仅只是被害者与加害者之间的私人关系，代表部分社会公力的人物也参与到赔偿关系之中。这是公权力加诸私人关系之上的开端，在此等情形下，当事人会拿出赔偿金的一部分，来酬谢仲裁者的功劳，并由此慢慢形成惯例。伴随社会组织的逐步完善，人们意识到，杀人盗窃等犯罪不仅仅影响了直接的受害者个人，而且还扰乱了社会的稳定与秩序，破坏集体的凝聚力，于是公权机关的首领不仅将这些犯罪视为对个人的侵犯，而且也损害了首长以及社会治安的公共利益，所以，处理当事者之间的赔偿外，罪犯还必须向首长支付例如治安金之类的赎罪金。”“随着公权力的发展，支付给公家的赔偿金失去了损害

① 参见杜文忠：《“赔命价”习惯的司法价值及其与现行法律的会通》，《法学》2012 年第 1 期。

赔偿金的性质，而渐趋具有犯罪惩罚金的性质。”① 有学者认为，“用以对抗复仇习俗的‘赔命价’普遍出现在部族法中，意味着社会管理开始步出习俗的放任适用阶段，安定感和秩序的价值被有意识地加以强化，这标志着地方势力和地方权威正处于不断加强的过程中”②。也就是说，当统治者的势力强大到足以维护正常社会秩序的时候，他就会要求破坏这种秩序的人承担这样或那样的责任。最初，这种责任就是以向统治者缴纳罚金的形式展现出来的。

青海“浪加部落制度及法规”在对外纠纷的处理上特别强调，“若浪加部落与其他村落发生纠纷时，只有‘红保’才有权召集‘老兰’协商解决。其他人不得干预或自行调解，违者受罚”。在内部纠纷上，“若发生较复杂的纠纷，就由‘红保’‘老兰’前往当事人家中进行调解，两方都得供给伙食费用，直到事情了结为止”③。青海“黄科部落制度及法规”规定：“私自平息纠纷，以‘企图推翻头人职位’为罪名，双方各罚 1 头牛或者 1 匹马。”④ 青海“阿曲乎部落法规”规定：“凡属非法越轨引起的纠纷不得私下自行解决，私了纠纷者属有意抗拒成规，将予以严惩。”⑤ 四川甘孜州“理塘藏区旧法规”规定：“发生偷盗等案件，村内不能处理，必须经土司处置。”⑥ 这些

① ［日］穗积陈重著，曾玉婷、魏磊杰译：《复仇与法律》，中国法制出版社，2013 年，第 95 页。

② 高仰光：《论日耳曼法中的赔命价制度》，《比较法研究》2006 年第 3 期。

③ 张济民主编：《渊源流近——藏族部落习惯法法规及案例辑录》，青海人民出版社，2002 年，第 6 页。

④ 张济民主编：《渊源流近——藏族部落习惯法法规及案例辑录》，青海人民出版社，2002 年，第 62 页。

⑤ 张济民主编：《渊源流近——藏族部落习惯法法规及案例辑录》，青海人民出版社，2002 年，第 68 页。

⑥ 张济民主编：《渊源流近——藏族部落习惯法法规及案例辑录》，青海人民出版社，2002 年，第 68 页。

规定，都表明部落头人在承担一定的社会公共秩序的维护功能。这种公共秩序维护功能是加强统治，特别是加强司法管辖权的要求。

波斯纳认为，犯罪人向头人、统治者缴纳的罚款还具有更重要的经济理由。“一个更坚实的、基于经济学理论的理由是，杀人或伤害者减少了最高统治者从受害者那里可能征收的税入，因此给最高统治者增加了一种费用。这个最高统治者在他的臣民中有一种利益，而这些减少臣民财富的行为损害了这种利益。”① 因此，对私人的犯罪同时也是对统治者的犯罪。从这个角度来看，则部落头人、宗教领袖在“赔命价”中享有利益也是有其合理性的。直至今天，我们刑法中所规定的“罚金”实际上也是同一个意思。

以上所述表明，传统的赔命价制度通常也不是简单的双方当事人之间自行协商解决。张济民先生所说的“由原部落头人及其子弟、宗教人士出面调解”也只是 20 世纪末赔命价制度回潮时期的特点。在传统的赔命价制度下，头人对“赔命价”案件的管辖实际上是统治者确立司法管辖权的初步形态。这种司法管辖权，根据各部落的各方面情况而言，又有强弱的不同。头人基于维护公共秩序的需要，加强司法管辖权的需要，以及弥补潜在损失的需要，适当收取罚款是具有一定合理性的。但是，诚如前文所说，因为巨额的罚款和没收财产导致加害人四处流浪、沦为“约伙”仍然体现了其不合理的一面。

三、国家权力确立，地方公权消失

穗积陈重指出：“因为赔偿原本就是复仇的替代制裁，所以在实行的最初时期是由复仇者随意选择是否接受。但发展到后

① ［美］理查德·A. 波斯纳著，苏力译：《正义/司法的经济学》，中国政法大学出版社，2002 年，第 211 页。

来，人们通过赔偿来维持治安稳定，于是法律便作出明文规定，对方拒付赔偿金乃是复仇的条件，或者法律制定了赔偿额度的标准，通过各种方式来奖励或者强制进行赔偿。随着国权的扩张，司法机关的逐步完善，犯罪乃是对国家的公共侵犯的观念深入人心，于是接受财物私下和解是对公权置之不顾的观念也随之发展，最后导致国家禁止赔偿，以刑罚来取代赔偿。”① 米勒也指出：“随着社会的进一步发展，特别是随着一个强大的集中权力的出现，赔偿退出了，取而代之的是国家惩罚。”② “虽然在‘国家’手中的惩罚实际仍是一种暴力，但是，国家对暴力的使用已经受到更多的控制和区分。”③ 在西藏，自吐蕃王朝解体之后，直到清朝确立完全的政教合一制度，在当地才重又形成相对有力的地方政府。而在其他藏区，如甘肃、青海、四川、云南的藏区，更是长期处于部落制度、土司制度之下，也未形成有力的地方政府。因此，赔命价制度在吐蕃王朝时期确立并制定了相应的赔偿标准之后就再未有突破性发展，这是该制度能在藏区长期存在的重要原因。

我们可以发现，“赔命价”自产生之初就是一个三方当事人共同协商处理的结果——受害方、加害方、头人。三方当事人在其中有着不同的角色，但都是不可缺少的。“命价”在加害方、受害方、宗教人士之间流动，进行重新分配。

随着社会的发展进步，国家统一，国家权威确立。在国家统一管辖之下，地方政治权威已经消失，头人在“赔命价”中占有利益的权力基础已经消失。于是，“赔命价”成了加害方与受害

---

① ［日］穗积陈重著，曾玉婷、魏磊杰译：《复仇与法律》，中国法制出版社，2013年，第99页。

② 转引自［英］格里·约翰斯通著，郝方昉译：《恢复性司法：理念、价值与争议》，中国人民公安大学出版社，2011年，第47页。

③ ［英］格里·约翰斯通著，郝方昉译：《恢复性司法：理念、价值与争议》，中国人民公安大学出版社，2011年，第48页。

方双方之间的赔偿问题。但是，我们不能完全否认宗教在抚慰受害人灵魂及其亲属情感上所发挥的作用。虽然“命价”中的一部分是被消耗——吃喝掉了，但是，不可否认的是很大一部分还是流转到了其他主体手中。它仍然在一定程度上起到了积累社会财富的作用。

随着现代法制的发展，传统赔命价制度中一些做法已经明显不合理。如生命的财产化、“命价”的不平等性、“命价”承担的连带责任、“命价”分配中的不均衡、刑罚的统一性等。这些深层次的矛盾是“赔命价”的当代实践不得不面对的问题。当我们站在国家法制统一的角度来看这一特殊现象的时候，我们应该采取何种方式才能更好地引导它与现代法制相融合呢？本书认为，在考虑这一问题的时候，我们不得不考虑各方当事人在之前的制度中所享有的利益。考虑到各方的利益将有利于这一问题的平稳、顺利解决。

从历史的角度来看，头人在纠纷处理过程中还通过其他多种途径获益。一是收取高额的布施，作为超度亡灵的费用。9 世纪中到 10 世纪后半叶，藏族佛教在经历了达摩灭佛及吐蕃王朝瓦解之后逐渐复兴和发展，史称“后弘期”。复兴后的佛教有了一些新的特点，其中之一就是“僧侣们从事传教弘法、诵咒防雹、念经止疫、超度亡灵、禳灾修福等，都要收取大量布施，特别是教授密法，索价之高，有时令对方倾家荡产”①。《十六法典·杀人命价律》结尾处就讲：“亦有将命价的赔偿钱作为积德行善之费用，即施舍予僧人、乞丐等人作为教化之善根，此亦是一种原有之法规。”② 有关僧侣通过超度亡灵收取布施，在很多资料中都有记载。“如人死了，家里要将死者的一份财产或全家一半财产

① 杜继文著：《佛教史》，江苏人民出版社，2008 年，第 356 页。

② 周润年、喜饶尼玛译注：《西藏古代法典选编》，中央民族大学出版社，1994 年，第 45 页。

甚至全部送给寺院。《西宁府新志》记载：‘番人死，则以产业布施于寺……子孙不能有，故番土益穷，而僧寺益富，其各番族各有归附寺院，俨同部落’，说明这种情况早已有之。”[①]有调查显示，“超度花费因死者身份、家境、部落惯例而不同，其绝对数很难简略说明，但在物质条件不富裕的年代，按被害者身份等级估算，据有经验的老人追忆，约相当于该家庭5年的全部收入，而且是在全家人不消费的前提下”[②]。因此，藏族谚语说：“盗贼眼红牦牛，喇嘛喜欢死尸。”[③]

另外，他们还通过双向收费、收受贿赂等方式获益。1705年，甘丹达吉林寺发布的一则封文中就说道：“内部易于处理的纠纷，遵照先例仍由喇嘛裁决。”[④] 在一份约为1796年的“原西藏地方上级法院的判决书”中就明确写道：“理应给法官献上如下礼物：各献上等哈达一条、花纹绫十方、茧绸十八方以上、红绫三匹、上好缎子一匹（六方长的）、穷厥砖茶三包、大布一匹等，并要依次交清四分之一的文书费，以此作为罚金。”[⑤]《十六法典》在正式条文之前有很长的介绍性文字，其中就讲到“宗本们奉献给藏巴王的礼品，要以维护法律、珍视情义为主。最近流传着一谚语道：‘执法者须要带头守法，倘若有一位不守法之头领，有谁还能听从其之指挥。’”[⑥] 1941年，摄政达札颁布文告，其中讲道：“派差执法要以法度，神灵为

① 陈庆英主编：《藏族部落制度研究》，中国藏学出版社，2002年，第320页。

② 张济民主编：《寻根理枝——藏族部落习惯法通论》，青海人民出版社，2002年，第40页。

③ 毛继祖、朱刚编译：《藏族谚语选编》，甘肃民族出版社，1986年，第5页。

④ 王玉平、郭冠忠、陆莲蒂译：《藏文历史资料译文选》，中国社会科学院民族研究所民族学研究室，1984年（印刷），第64页。

⑤ 王玉平、郭冠忠、陆莲蒂译：《藏文历史资料译文选》，中国社会科学院民族研究所民族学研究室，1984年（印刷），第104页。

⑥ 周润年、喜饶尼玛译注：《西藏古代法典选编》，中央民族大学出版社，1994年，第16页。

证，具足羞耻，少欲知足。臣民如父子之观念不可弃，从主观上真正地做到仁慈和友爱。"[①] 但事实上，审判并不总能做到公允。相反，有资料显示审判官受贿是常有的现象。"藏北有的部落打官司，原告和被告都要向宗本行贿，有些无能力行贿的人，干脆送一张请求帮助的礼单字据，注明财物，日后慢慢偿还，大大小小的纠纷迫使穷人成为负债人。"[②] 有关这一问题，很多资料中都有类似记载。[③] 藏族谚语"进衙门要有钱，灌肠子要羊油"[④]，更是其生动描述。

第四节　本章余论

第一章中讲到，复仇是一种神圣的义务。部分原始部落的宗教观念认为如果被害人的亲属不履行复仇义务，被害人的灵魂将不得安宁，甚至会出来作祟。因此，被害人的灵魂必须得到抚慰。穗积陈重指出："复仇义务的观念来源于生物的自保性，但维持并强化复仇观念却需要相信灵魂不灭这样的信念。复仇是死者的血缘近亲或情同骨肉之人面对自己心爱或尊敬之人被杀的现实、发泄心头怒火的行为。之所以要以此为义务，很大部分是为了慰藉死者亡灵，尽遗属本分之事。美国的印第安人相信人死后具有灵魂，只有用行凶者的鲜血来为被害者报仇，被害者的灵魂

---

① 王玉平、郭冠忠、陆莲蒂译：《藏文历史资料译文选》，中国社会科学院民族研究所民族学研究室，1984 年（印刷），第 51 页。

② 陈庆英主编：《藏族部落制度研究》，中国藏学出版社，2002 年，第 232 页。

③ 参见沈宗濂、柳陞祺著，柳晓青译：《西藏与西藏人》，中国藏学出版社，2006 年，第 96 页。

④ 毛继祖、朱刚编译：《藏族谚语选编》，甘肃民族出版社，1986 年，第 319 页。

才能不再怨恨。”① 宗教的来世说正好解决了这一问题，它让活着的人相信死者的灵魂经过宗教仪式的超度已经安息了。因此，武力复仇就不是必需的了。再继续推理，剩下的就只是对生者的抚慰了。虽说他们通常轻此生而重来生，但无论如何，此生仍然有其社会价值。这种社会价值是基于其身份而具有的，个人总是扮演着一定的社会角色，承担着一定的社会责任。当他受到伤害甚至被杀害的时候，相关主体的利益自然受到了损害，必然要求赔偿。伯尔曼所说的通过赔偿来弥补被害方受损的尊严也就可以更好的实现。有学者指出：“‘赔命价’存在如此之久的原因还来自在命价赔偿过程中所体现的宗教价值，“赔命价”在自身实现的同时，也满足了当地群众的宗教信仰情结。”② 通过分析“赔命价”是如何将宗教因素与经济因素结合在一起的，将“赔命价”置于一个更完整的语境下来分析。

也就是说，人实际上是一个复合体，即灵魂与肉身的复合体，或者说是宗教与经济的复合体。任何一宗命案都是对两者的同时侵害。其结果自然要求对两者的同时，抚慰以求事情的和平解决。灵魂属于本人，通过宗教活动以取得对灵魂的抚慰，解救这个被害的灵魂；肉身则属于其家庭、亲属、宗族，因为他是为自己所在的团体创造社会财富的工具，因此需要通过实际财物的支付以赔偿被害人所在的团体的物质损失。正是这种生命是一种复合体的认识，使得在某种情形下，两者可以分别得到抚慰。在死者的灵魂得到抚慰的前提下，死者的亲属也就可以顺理成章地得到物质的补偿。这是“赔命价”的一体两面，不可分割的两面。

---

① ［日］穗积陈重著，曾玉婷、魏磊杰译：《复仇与法律》，中国法制出版社，2013年，第32页。

② 杜文忠：《“赔命价”习惯的司法价值及其与现行法律的会通》，《法学》2012年第1期。

人作为灵魂和肉身的复合体，隐含的意思就是灵魂和肉身可以适度分离。这种“分离”实际上是角色多样性的体现，可以为我们解释同一主体、同一问题的不同侧面提供帮助。在藏传佛教发展史中，“僧侣组织越来越明显地向大型发展的趋势必定会由于其中心作用而为它带来新的任务和新的职能”。最终，“由于宗教‘首领’及其属于世俗界的助手（他置身于寺院的保护盒‘俗权’的统治之下）之间的密切结合，从而导致了巩固寺院封建制。这样也形成了一方面是寺主或化身的纯粹是思想和宗教的功能和另一方面是行政管理职务之间的分工”。[①] 在政教合一体制下，部分“寺院的有关僧人一方面是部落的最高行政领导，用世俗的法律统治部落；一方面又是宗教人员，对人民用教义进行精神统治”[②]。藏传佛教“寺院财产共有四种：地产、大牲畜和小牲畜群、商业财产、利息”。有研究表明：“寺庙放债最多，约占全藏放债额的五分之四。拉萨几大寺庙放的债遍及全藏。寺庙较贵族、政府放的高利贷多，而且利息亦比一般债主重。借债时要交规定的请求费，借债额大，债主则索取几倍于债额的押品。”[③] 藏族谚语所说的“上面是喇嘛的经坛，下面是长官的法场”在一定程度上也体现了这种角色的分离。

对于之前的血亲复仇又当如何解释呢？也许我们可以这样理解，在原始宗教观念里，人同样是一个灵魂与肉身的复合体。通过血亲复仇这样一种同态复仇形式，使得对方也毁灭一个灵魂，同时使得对方遭受同样的物质损失。也就是说，让死者的灵魂得到安慰和己方的物质损失得到心理安慰是合为一体的。诚如前

---

① ［意］图齐著，耿昇译：《西藏宗教之旅》，中国藏学出版社，2012 年，第 176—180 页。

② 陈庆英主编：《藏族部落制度研究》，中国藏学出版社，2002 年，第 199 页。

③ 转引自陈庆英主编：《藏族部落制度研究》，中国藏学出版社，2002 年，第 402 页。

述，血亲复仇的问题在于他们是通过毁灭对方来抚慰自己，双方都在消耗对方的社会财富。这是一个财富双向消耗的“零和博弈”，社会理性不会允许这样的消耗一直继续下去。因此，人们经过反思找到了另一种抚慰方式。那就是从同态复仇转化为“赔命价”的形式，使得受害者的灵魂和受害方的物质损失分别得到安慰。

第四章 新世纪的赔命价制度认知现状及其实践

在赔命价制度与国家法的博弈过程中，有一个问题是国家法无法逾越又难以消除的，那就是信息成本问题，特别是案件信息的发现成本。前文中已讲到过，初民社会将纠纷交由个人私力解决，很大程度上是因为方便。“原始法倾向于给那些受害者以直接的权力。这样做部分是出于方便，它容易使错误者们承担法律责任”①。本书认为，其方便之处主要是案件信息容易被人获知。谁的利益受到了侵害，通常情况下其本人最容易察觉。此时，案件信息的发现成本很低，基本接近于零。不管是武力复仇，还是赔偿损害（即便是纠纷必须由头人处理的阶段），受害人都有提供案件信息的积极性。

随着国家法制在藏区的推行，由于国家现行法律制度规定的对被害人及其亲属的赔偿力度不如赔命价制度，导致很多被害人亲属宁可选择传统的赔命价制度来处理案件。在一些情况下，他们甚至合力来规避国家法律的制裁。这样的话，司法机关要及时获知案件信息的成本就加大了。在四川甘孜州白玉县就曾发生过这样一个案例，“案发一个月之后公安机关才接到报案，但这个时候双方已经达成赔偿协议，而且死者都已经按照天葬习俗进行

---

① ［美］霍贝尔著，严存生等译：《原始人的法》，法律出版社，2012 年，第 221 页。

火化了，现场已经完全被破坏”①。这种情况并不是绝无仅有。“2006年，青海某县夏多乡郭壬多村丹增之子杀害久谢之子。在该案中，司法机关没有介入。在活佛和村民委员会的调解下达成“赔命价”协议，双方家族永世和好，稳定社会秩序方面的效果很好。加害者家庭首笔支付受害人家属现金6.5万元，暂欠4.5万元限期1年内全部付清。”②

该类案件向我们提出的问题是：如果国家法律制度不能真正获得公民的认可，公民不会主动选择适用国家法律制度来处理纠纷，甚至会想方设法来规避国家法律。此时，国家法律获得案件信息的成本就会不断加大。这就要求我们在逐步推进国家法律实施的过程中，要始终注意受害人及其亲属的利益保护。即便要引导赔命价制度逐步变迁，也不能突然完全破坏被害人亲属在传统赔命价制度下可预期的物质赔偿利益。只有这样，才能更快速、更准确地获得案件信息，推进国家法律的实施。

虽然“赔命价”作为一项社会制度已经基本消失，但其仍然以巨大的历史惯性在当今社会中发挥作用（即便现代法律制度不予认可，它仍然在一定程度上客观存在）。对于这种作用，本章主要从三个方面来分析：一是当前藏民对“赔命价”习惯法的认识，这是法律意识问题；二是近期的“赔命价”个案特点，这是“赔命价”的实践问题；三是“赔命价”的社会成本问题。

第一节　藏族赔命价制度的认知现状

2012年7—8月，项目组分成4个组在分别在西藏拉萨市、

① 周世中、周守俊：《藏族习惯法司法适用的方式和程序研究——以四川省甘孜州地区的藏族习惯法为例》，《现代法学》2012年第6期。

② 南杰·隆英强：《中国刑事法治建设的本土化路径——以藏族“赔命价”习惯法之积极贡献为视角》，《政法论坛》2011年第6期。

山南、日喀则地区进行调研。2013 年 7—8 月，项目组分成 5 个组分别在西藏拉萨市、山南、日喀则地区和青海玉树地区进行调研。调研主要采取问卷调查的形式进行，收回了 600 多份问卷。由于两阶段的问卷有所差异，因此，并非所有的题目都有那么多的样本。一些仅在第一阶段中做了调查的题目，样本数量在 180 份左右。调查问卷中的两个主观题的答题情况不理想，只有 251 份有效样本。但是，这些样本仍然是从不同地区的问卷中来的，具有比较好的可靠性。

问卷回收之后，本人组织人员对问卷进行了数据录入，再通过 SPSS 系统做了一些分析。这在本人而言，是第一次做如此大规模的问卷调查，也是第一次使用 SPSS 系统进行数据分析。因此，有些问题未尽合理，有些分析也还有待于进一步深入。在此，先将一些基本情况做简要介绍。

项目根据调查对象的年龄将调查对象划分为三个年龄段，分别是：青年组，35 岁以下。这一年龄段是根据 1979 年《中华人民共和国刑法》的颁布时间为分界线的。截止到 2014 年，他们的年龄 35 周岁。老年组，60 岁以上。这一年龄段是根据 1956 年西藏和平解放的时间为界限的。截止到 2014 年，和他们的年龄最为接近的整数为 60 周岁。最后一组是中年组，35 ~ 60 周岁。即前两组的中间段。这种划分方法，是想在一定程度上了解各年龄段对赔命价制度认知情况的差异。当然，该方法仍有一定的缺陷，主要问题是不一定能很好地反映标志性事件对调查对象的影响。例如，1979 年《刑法》颁布，但青年组的人那时才刚出生，在当时会受到《刑法》规定影响的人应该是具备一定认知能力的人。这样的话，会导致划分标准无法确定。因此，最终还是确定以这样几个时间点为标准，来初步分析不同年龄段的调查对象对赔命价制度的认知情况。

一、赔命价制度的熟悉程度

在研究赔命价制度现状的时候，我们首先要面对的就是藏民对该制度的认识情况。我们总是说赔命价制度是藏民的传统法律文化，广为人知并普遍接受。但很难得到更具体的数据。

85%的被调查对象表示熟悉本民族传统。调查问卷数据显示，老年组更多的是在日常生活实践中学习掌握传统习惯，青年组更多的是依靠家中长辈的教育。基本上可以看到，在老年组—中年组—青年组中，依靠长辈教育的比例越来越高。在青年组中，这一比例达到 70%。调查问卷数据分析，调查对象中的 61%知道“赔命价”、赔血价制度，并听说过相关案例。

这一数据表明，藏民对赔命价制度是比较熟悉的。在调查过程中，有调查对象认为，目前在一些大一点的城市（比如拉萨），赔偿命价的案例已经很少了。这一方面说明，“赔命价”作为一项社会制度已经基本消灭；但另一方面，它又在一些个案中发挥作用。但是，“赔命价”习惯法已经通过一些看似“合法”的途径伪装了，特别是刑事和解政策下的刑事附带民事赔偿的伪装。因此，它不那么容易被人们认识和发现了。

二、行为模式选择

既然已经讲到藏民对包括“赔命价”习惯在内的传统习惯的认识非常普遍，那么，这种认识会不会影响人们的行为模式选择呢？

调查问卷显示，超过 60%的人在遇到日常纠纷的时候会选择请有威望的长辈、村干部、宗教人士进行调解。青年组的比例略低于平均数，随着年龄的增长，这一比例逐步升高。

调查问卷显示，藏民选择传统的纠纷解决方式主要是基于两方面的考虑，首先是因为熟悉规则、程序简便；其次是不用担心司法腐败问题。调查问卷提供的三个选项分别是：A. 熟悉规则、程序简便；B. 不用担心司法腐败；C. 诉讼费用太高（代理费、交通费、餐饮费）。该题可以选择两个选项。在 380 位选择用传统解决方式的调查对象中，选择 A 选项的占到接近 60%；选择 B 选项的略超过 40%；选择 C 选项的仅为 13%多一点。

此外，还有一个相关问题。即“通过诉讼来解决纠纷，是否会被周围的亲友所排斥”。在选择通过诉讼解决纠纷的调查对象中，有超过 70%的人表示不会。

三、命案的犯罪客体问题

犯罪客体，指的是犯罪行为所侵害的为刑法所保护的社会关系。德国著名刑法学家李斯特认为：“犯罪的本质在于对社会共同法益的侵害。”[①] 但是，很多藏民仍然深受传统法律文化的影响，并不如此认为。有关该问题，调查问卷设置了 3 个问题进行调查。

第一个问题是“您认为犯罪首先侵犯了被害人及其家庭的利益，还是社会利益？”对于该问题，超过 60%的调查对象选择了前者。第二个问题是“您认为‘赔命价’‘赔血价’是应该的吗？”对于该问题，将近 55%的调查对象认为是“应该的”。与之相关的第三个问题是“您认为故意杀人、故意伤害是家族私事，还是国家应该管理的公事？”对于该问题，超过 80%的人认为是“国家应该管理的公事”。

前两个问题和第三个问题又正好形成鲜明的对照：一方面很多人认为包括故意杀人、故意伤害等重罪在内的刑事犯罪首先侵害的是家族利益，应该赔偿命价、血价；另一方面又认为这些犯罪属于国家应该管理的公事。二者之间必然形成紧张关系。这实

① 转引自王作富主编：《刑法》，中国人民大学出版社，2009 年，第 36 页。

际上是《刑法》颁布实施以后，经过长时间的宣传与实践，让人们逐步认识到犯罪是国家法律管辖的范围。但人们仍然深受传统习惯的影响，这种认识还不能马上改变人们的行为模式。特别是在目前的法律实践中，很多地方司法机关对于赔偿命价的行为实际上是默认的态度。但加害人及其亲属也知道，即使赔偿了命价，仍要承担一定的刑事责任。尽管这种刑事责任相对于法定刑而言，已经大幅度地减轻了。这也就是说，当前的法律实践没有为藏民放弃“赔命价”提供制度激励。在这种情况下，要引导赔命价制度科学发展就会变得更加困难。这也是下文中要进一步论述的“赔命价”的社会成本问题。

四、“赔命价”的调解主体

在传统藏族社会，藏民出现纠纷总是会找部落首领、宗教人士进行调解。现在，他们会选择谁呢？统计结果显示，超过75%的调查对象选择“村干部”。其次是“部落首领及其后代”。一个相关的问题是“部落首领的后代担任村干部的多吗？”对于该问题，将近70%的调查对象表示“不多”。

实际上，在新世纪的“赔命价”案例当中，特别是重大的纠纷当中，我们仍然经常能够发现宗教人士的身影。但是，其具体作用也发生了一些变化。以前宗教人士所起的作用更大一些；现在则主要是讲道理、促和解。

五、“赔命价”的承担与分配

截至目前，大多数的研究对于赔命价制度的流转过程并没有给予适当的关注。从整体上而言，一般都认为部落间的纠纷由所有部落成员分担；部落内的纠纷由家庭承担。与“赔命价”的承担相应的，则是“赔命价”的分配问题。根据法人类学和法制史的研究，赔偿金的分配范围通常与赔偿金的承担范围是基本一致的。也就是说，赔偿义务的承担同时意味着赔偿权利的享有。当然，诚如第二章所说，分享赔偿金同时也意味着承担受害者家属在遇到困难时给予救助的义务。

调查问卷统计显示，目前的“赔命价”主要由加害者的父母、子女、兄弟承担。部分地区的调查问卷显示，家族、部落仍是赔命价制度的重要主体，特别是在西藏日喀则和青海玉树地区。

针对该主题，调查问卷的问题是三个题目，其中包括两个主观题。第一个题目是“在‘赔命价’中，一般由哪些亲属共同负担?”选项如下：A. 兄弟；B. 父母；C. 舅舅；D. 叔伯；E. 子女；F. 本家族、部落成员。调查对象根据自己的认识，按照先后顺序进行排列。该问题的回答效果不尽如人意，得到的有效样本相对较少。根据统计分析的技术需要，本人对选择排在前 3 位的主体进行统计。统计结果显示，排在前 3 位的分别是父母、兄弟、子女。但是，日喀则地区的很多调查对象将本家族、部落成员列入前 3 位的选择范围。日喀则地区的调查结果显示，选择本家族、部落成员的比例最高，是当地的首选项，之后依次是父母、舅舅。由于当地的调查问卷相对较少，其是否能够较好地反映当地的真实情况，还有待进一步的调查研究进行检验。

另一个问题是“获得‘赔命价’后，在亲属间如何分配?”选项有 A. 配偶；B. 子女；C. 父母；D. 兄弟；E. 叔伯；F. 本家族、部落成员。该题要求调查对象在各选项后面填写对应的大概百分比。和上一个主观题一样，该题得到的有效问卷相对较少，为 251 份。经过统计分析，现在基本上是在配偶、父母、子女、兄弟间进行分配。总体上，配偶、子女基本上约占 20%左右，父母一般占 30%左右，兄弟 10%左右。有两个地区数据需要说明一下：首先，在日喀则、玉树地区的调查问卷中，选择 F 选项的明显高于拉萨市和山南地区。在日喀则地区，很多人将本家族、部落成员列为首位的分配对象。但该地区的问卷中，基本上只做了排序，具体的比例数字基本上没有。这也是本项目调查的一个遗憾。在玉树地区，10%左右的人会选择该选项，分配比例在10%左右。其次，在山南地区的调查问卷中，配偶所占的比例明显高于其他地区，认为配偶应该占有40%~50%的人远远超过其他地区。对这两个数据的具体原因，还有待进一步研究。

第三个问题是“承担‘赔命价’，是否先用加害人家庭的所有财产进行赔偿?”对于该问题，超过60%的调查对象选择“是的”。这就初步表明，“赔命价”对于加害人家庭而言是一个较重的经济惩罚。当然，由于个体的心理承受能力不一样，这种赔偿是否是一种沉重的经济压力的感受不一样。对于该问题，将在其他问题中进一步分析。

六、“赔命价”中的宗教费用

“赔命价”中很重要的一个用途就是为死者念经超度。这一费用自古至今一直所用甚多。《十六法典》和《十三法典》中也鼓励死者亲属将命价及死者遗产都捐献寺庙，作为超度费用。

对此，调查问卷设置问题“获得‘赔命价’之后，家属大概会将其中的多大比例捐给寺庙?”A. 为20%左右；B. 为40%左右；C. 为50%左右；D. 为60%左右。

问卷调查统计结果显示，选择B选项的最多，占到50%多一点。选择A和C的比例相差不大，都超过20%，选择A的略多于选择C的。这就是说，在第五点所说的“赔命价”的分配问题上，亲属分配的是捐献给寺庙之后的剩余部分。在各地的统计数字中，山南地区选择A选项的比例明显高于其他地区，超过该地区调查对象的50%。山南地区是藏传佛教的发源地，当地的桑耶寺是西藏历史上第一个集佛、法、僧于一体的藏传佛教寺庙，至今香火旺盛。但该地的“赔命价”中捐献的比例为何却明显低于其他地区，这一问题有待于深入研究。

七、"赔命价"的实际效果

前文已述，"赔命价"在大多数情况先由加害人的家庭用其家庭财富进行赔付。赔偿命价会给其家庭带来多重的经济负担？这种经济惩罚能否起到威慑犯罪的社会效果呢？对此，问卷设计了5个问题。

第一个问题是"根据您的了解，近5年的"赔命价"大约在什么范围？"答案共设置4个选项：A. 10万~15万元；B. 15万~20万元；C. 20万~30万元；D. 30万元以上。统计结果显示，选择B选项的超过50%。这样一个绝对数字，在今天的中国来看，并不是一个很大的数字。但对当地藏民而言，其经济意义如何呢？

第二个问题是""赔命价"一般要用去家庭财富的百分之几十？"答案共有四个选项：A. 30%~40%；B. 50%~60%；C. 70%~80%；D. 90%以上。调查问卷统计结果显示，选择B选项的超过55%；选择C选项的超过20%。这是一个客观的事实描述。接下来的问题的主观色彩更浓厚一些。

第三个问题是""赔命价"对单个家庭而言，是否是一种沉重的负担？"对于该问题，超过70%的调查对象认为"是的"。

第四个问题是""赔命价"是否会让一个家庭的正常生活陷入较长时间的困境？"对于该问题，超过75%的调查对象认为"是的"。

第五个问题是"您认为赔偿命价能够有效地威慑潜在的犯罪吗？"对于该问题，超过64%的调查对象认为"能够"。进一步分析可以发现，认为"不能够有效威慑潜在犯罪"的比例（36%）超过认为"不是沉重的负担"的比例（29%）。这就是说，虽然"赔命价"对单个家庭而言是一个沉重的负担，但这种经济压力并不一定就能够成为威慑犯罪的强制力。特别是在经济高速增长的今天，经济惩罚带给人们的压力普遍下降。在这种情况下，我们看待赔命价制度的视角也应当做适当调整。

八、赔命价制度的变化趋势

对于该主题，调查问卷设置了 3 个问题。

第一个问题是“现在的纠纷处理方式与 20 年前是否大致相同?”对于该问题，超过 70%的人认为“变化很大”。

第二个问题是“您认为传统习惯是否应该随社会的变化进行调整?”对于该问题，将近 60%的人认为“不应该”。这就产生了一个问题：一方面认为传统习惯不应该随社会的变化而变化，另一方面却不得不面对社会的急剧变迁。二者之间不可避免地会产生一些矛盾。这是现在很多熟悉法律的人仍然选用赔命价制度的重要原因，也是更多人选用传统纠纷解决方式的原因。

第三个问题是“从长远（10~20 年）来看，您认为纠纷处理会以哪种规则为主?”对于该问题，超过 80%的人认为会以“国家法律”为主。从这一基本倾向来看，我们当前在面对“赔命价”习惯与国家法律的冲突的时候，应该多一些信心，也应该多一些耐心。毕竟，赔命价制度在藏区历经了超过千年的实践和传承，而从 1956 年西藏和平解放至今，仍不到 60 周年。从一个人的生命来看，60 年已经是一段非常漫长的时间了；而从一个民族的历史来看，60 年仅仅是历史中的一个小片段。因此，即便赔命价制度在今天看来有很多不合理的方面，甚至与《刑法》的规定直接冲突的方面，我们很难做到在短期内将它彻底革除。更何况，随着刑法理论的发展，特别是恢复性司法、刑事和解等政策理论的兴起，赔命价制度中也有很多有益成分值得我们今天的刑法制度和刑事政策借鉴吸收。

因此，更合理的态度应该是：在一个相对较长的时期内，逐步吸收、借鉴其中的合理因素，同时剔除其中的不合理因素，逐步引导赔命价制度做出适应现代人权观念、法治理念、法律制度的发展。

以上是对本项目调查问卷的一个初步分析。由于多方面的原因，调查数据还有待于进一步分析研究。需要说明的是，本次调查问卷的设计参考了吕志祥的《藏族习惯法：传统与转型》一书附录的调查问卷，有个别调查问题是相同的。因此，有些调查数据可以参考其书做对比研究。但是，调查完全是自主开展的，数字完全是真实客观的。因此，在调查结果没有检查出重大错误之前，调查结果是较为可信的。

第二节　新世纪"赔命价"习惯法的司法实践

赔命价制度长期受到来自司法机关、政法机关、政府部门及学界的广泛而坚决的反对与批评。新世纪以来，随着刑法理论的变化与发展，一些学者从法律的文化解释、罪刑法定的实质正义、恢复性司法、刑事和解等方面对赔命价制度进行重新诠释，希望挖掘出赔命价制度中的合理性因素。这些研究对引导赔命价制度实现扬弃式的发展是非常重要的。

诚如徐中起教授所言，现代化浪潮下，民族地区的社会变迁速度非常快。十年前调查中发现的具有显著民族特色、地方特色的案例，到今天再去原地调查已经完全不是当年的景象了。因此，我们搞民族法的研究，要立足于最新的社会调查，不要想当然地将若干年前的案例来当作今天对策研究的基本资料，它们很可能只具有史料价值了。由于各方面的限制，项目组在调研过程中并未收集到具体案例。为了弥补这方面的缺陷，本人从公开出版的专著和论文中收集到了一些近期，特别是 2000 年之后发生的"赔命价"案例，以它们为主要分析对象，希望能够略微弥补本项目调查的缺陷。但经过分析我们可以发现，一些十几年前学者已经提出的问题至今仍然没有解决。一些案件当中，我们仍然可以发现千年前的法律痕迹，甚至人类社会早期的复仇遗俗仍然存在。

一、命价未偿，复仇难防

本书开头部分就讲到，赔命价制度是人类为了克服强烈的复仇之风而发展出来的一项制度，它为人类走过复仇阶段发挥了重要作用。但是，在加害方不能或者拒绝支付命价的情况下，被害人的亲属通常会选择武力复仇。在前文中，已经对此进行了比较详细的论述。至今，这种作风仍然存在。

【案例 1】2008 年 11 月，四川甘孜州色达县亚龙乡邱国村与该县色柯镇约若村之间发生的一起由偷牛盗马所引发的命案，在该命案调解未果的情况下，双方发生械斗，造成 3 死 21 伤。此案通过巡回法庭以民间调解的方式结案，调解以双方部落的名义进行，在调解过程中双方互诉案件达 46 件之多，此案的调解书系藏文并加盖了法院印章。①

一方面，此类案件反映了人类复仇的欲望是何等强烈；另一方面，也说明赔命价制度在克服这种欲望方面发挥了重要作用。现在的问题是，有些受害人亲属仍然觉得命价非赔不可。他们的说法是“你判你的，我赔我的”，或者是“刑可以不判，命价一定要赔”。这种坚持的常见后果就是加害人承担国家法律制度与习惯法的双重责任，用藏族俗语来讲，就是“蛇脱两次皮”，或者说“一只羊剥下两张皮”。这对于加害人而言是非常不公平的。

① 杜文忠：《“赔命价”习惯的司法价值及其与现行法律的会通》，《法学》2012 年第 1 期。

诚如前文所说，国家法律制度既然要求加害人承担了责任，就应当保证他不受其他责任追究体系（如习惯法）的惩罚。这既是维护国家法律权威的必然要求，也是加害人的正当权利。如果政府部门、司法机关不能做到这一点，就应该适当减轻加害人的刑事责任。

二、出兵复仇，挡兵赔偿

前文已经详述，在发生命案后，被害人一方通常会召集亲属甚至族人，一起向加害人亲属要求赔偿。但是，赔偿通常不是由被害人亲属直接提出来的，他们通过出兵复仇的形式，迫使加害人亲属主动、最先提出赔偿命价，以求得纠纷的和平解决。

【案例2】 甲的女儿乙和丙原先有恋爱关系，但甲不同意这门婚事，不愿把女儿嫁给丙。曾经在丙与其女儿谈恋爱时，夺取了丙的摩托车、手电筒、狗棒等物品，并脱光了丙的衣服打了丙，事后经村里人调解，甲才返还了丙的摩托车，但其他物品没有还给丙。丙基于羞辱和怀恨，在2001年7月1日A乡举行的赛马会上丙与甲发生争吵，直到丧失理智杀死甲。案发后甲所在的村庄群众聚集起来，准备向丙方出兵。为避免流血事件，丙方向受害方赶去140只养、22头牛、1匹马稳定对方情绪。同时，延请在乡上有威信的老人和村、社干部迅即组织9个人，组成协调小组从中调解，处理善后。由于案件给死者家属造成了巨大的悲剧，死者妻子由此卧床不起、身后有6个孩子，其中16岁以下的有4个，基于对其家庭在精神和生活方面遭受到的不幸和困难，调解人员和加害方根据受害方家庭实际，就丧葬费、赡养费、抚养费，以及精神损失费和生活费以实物和现金作为赔偿。其中：牛22头（每头为500元）、羊140只（每只为200元）、马1匹、现金71000元，折合共计金额为11万元。以上调解处理结果，据加害方反映：他们是心甘情愿这样做的，不存在任何强制的赔偿方式，并希望给丙判刑轻一点。经调查，目前两村之间、两家之间相互关系比较团结、融洽。加害方认为，罪犯应该依法进行制裁，但受害方如果退还其家庭补偿费，我们也不能接受，一旦将补偿费退还我们，矛盾将更加激化，安定团结的局面也就不复存在。经调查，县政法委认为该案不带有“赔命价”性质。①

在该案例中，我们可以发现，被害人亲属出兵复仇，加害人亲属出面挡兵，然后再请有威信的老人、村社干部等人从中调解，最后赔偿命价。这一系列过程与《玉树调查记》和《渊源流近——藏族部落习惯法法规及案例辑录》中所记述的命价赔偿过程如出一辙。这是一个有力的证据，证明赔命价制度仍然在某些藏区有着很强的活力。案例当中还有一些信息值得关注，将结合下一个案例进行分析。

三、传统“冒算”，当前“低估”

在前文中讲到过，藏族传统习惯法中的“赔命价”，通常是先根据一定标准计算出“赔命价”的数额，再协商其中的多少用现金支付、多少用财物抵赔。这在藏族习惯法中叫“半实半虚”。在藏族的“赔命价”中，常有以铜器货物作抵金银的情况。通常情况，“值二元者，可折八九元，实数甚小也”②。这样的话，加害人的赔偿压力会稍微减轻一点。但现在的情况却似乎在发生一个反方向的变化，就是出现了“低估”的趋势。上引案例 2 中就有数字，“牛 22 头（每头为 500 元）、羊 140 只（每只为 200 元）、马 1 匹、现金 71000 元，折合共计金额为 11 万元”。可以从两方面来证明其中存在严重的价值低估问题。首先，从马牛羊

① 淡乐蓉：《藏族“赔命价”习惯法研究》，山东大学 2010 年博士学位论文，第 114 页。

② 任乃强著：《民国川边游踪之“西康札记”》，中国藏学出版社，2010 年，第 59 页。

的市场价格来分析。根据本人2013年在西藏的调研情况来看，现在一头产奶的牦牛市场价格一般在8000~10000元，一只羊的市场价格在700~800元。无论如何，我们都无法想象在2001年，一头牦牛只值500元。其次，从第三章中所分析的数字来看，该案中赔偿的马牛羊数量折算之后，就是一个中等牧户的全部牲畜，这绝对是一笔价值不菲的财物，折价却还不足4万元，这是明显不符合历史情况的。以上分析可以基本证明，当事人之间关于牲畜价值的合意，存在明显的"低估"行为。这种低估，很可能是双方为了降低赔偿的总额，通过相关部门的检查。也正是因为这种低估，才会有这样的结果，即"经调查，县政法委认为该案不带有'赔命价'性质"。这种情况并不是个例，下面还有一起这样的案例：

【案例3】2000年5月18日，青海果洛藏族自治州玛沁县牧民班措因婚姻琐事与丈夫周白（该乡三大队五社社员）发生争吵。下午4时许，班措怄气走回娘家。傍晚8时许，周白纠合其叔索南、表兄弟才肉、班闹及妹夫才旦等人一同骑马前往索旦（班措之父）家要人。双方发生争执，随即开始混战，造成2人死亡，多人受伤的惨剧。案发当日，犯罪嫌疑人索旦、跃合热父子主动向公安局投案自首。犯罪嫌疑人周白因伤在玛沁县治疗期间，趁值班人员不备脱逃，至今尚未抓获。案发后，为息事宁人，缓解矛盾，在当地有关人士的多方调解下，本案当事人双方亲属于2000年11月20日私下达成了赔偿命价协议。即加害人索旦、周白（在逃）分别向受害人索南、保合艾各赔偿牦牛120头，马10匹，以上总作价逾10万元，作为送给死者的"上路费"及死者遗孤的安葬费。

2001年4月29日，玛沁县人民法院开庭审理了此案。该案的判决书中写道："协议（指赔偿协议）内容系当事人双方亲属自愿达成，协议内容已执行完毕，根据《最高人民法院关于刑事附带民事诉讼范围的规定》，本院将对四被告人量刑时予以酌情考虑。”①

“牦牛 120 头，马 10 匹，以上总作价逾 10 万元”，平均价格尚不到 800 元。这比案例 2 中的作价略高一点，但仍然是远远低于其正常价值的。这种低估，前文已经分析，是为了避免政法机关的检查。因为部分藏区的政法机关已经有了一些清退“赔命价”的案例。

四、巨额命价，适当清退

近些年来，部分藏区的政法机关对一些赔偿巨额命价的案件，进行了适当的清退。

【案例 4】2000 年 8 月 16 日 16 时 30 时许，A 县牧民甲寻牛回家途中与邻县牧民乙相逢，二人因琐事发生争执，继而互殴，甲持刀捅向乙前胸，致对方左肺上叶贯通伤而失血性休克死亡。就在此时，离此不远的乙的姐姐丙发现二人厮打，立即赶往现场。见胞弟倒在血泊之中，即上前撕扯甲，甲复用刀砍伤丙后骑马逃离。事发当日，被害人乙的父亲丁带领众人到加害人甲的岳父戊处闹事，险些误伤人命。后经他人劝解，戊以 5 匹马为代价，将丁等人劝回。次日，丁纠集 30 余人，携持刀枪来到戊处，强行赶走戊的牛群（共 214 头）及马匹，并扬言要“出兵”复仇。当日下午，两乡干部闻讯赶到，制止了事态的进一步扩大。8 月 18 日，戊以“为使事态不再扩大，对方愿意要多少就给多少，”托人带话给被害方。随即，被害方按照当地习俗，向戊索要了“出兵费”“撤兵费”“送葬费”等共 12 匹马。戊当天就付

① 苏永生：《论罪刑法定原则与民族习惯法》，《法制与社会发展》2009 年第 5 期。

给对方。8月19日，丁一方按1岁以上的牛作价1000元，从8月17日赶走的牛群中精心挑选了100头大牛，14头牛犊。将挑剩的100头还给戊。此外还向戊索要乘马3匹，现金5万元。以上共计17万元，作为对死者“命价”的赔偿费用，戊应允。之后，丁还扬言“看在某寺院和某寺院活佛的面子”，确也退还戊牛6头，马1匹（作价10000元）。赔偿协议达成后，双方盟誓，无论凶手是否回家，对方不再追究。凶手是否被政府处理，双方均无怨言。

2000年9月25日，两县政法委联合组成工作组，对“8·16”案件私下索“赔命价”、血价情况做出处理决定：（1）丧葬费10000元；（2）死亡补偿费按全州上年度人均纯收入1347元的20倍计算，共计26940元；（3）误工补贴按照全州上年度人均纯收入计算，参加丧事共7人50日，每日3.7元，共1295元；（4）对伤者丙一次性给付医疗费、营养费、误工补贴、交通费等，共计15000元；（5）根据《中华人民共和国民法通则》之有关规定，给死者亲属适当的抚慰金，共3000元；（6）被害方向加害方无条件退还马匹16匹（原付出兵费、退兵费），牛84头，退还时间为2000年10月10日前；（7）落实工作按照双方当事人亲属协商的地点，由两县政法委指派专人监督，保证清退工作顺利进行。据悉，清退工作于2001年1月10日前顺利完成。①

在该案中，我们可以看到很丰富的“赔命价”习惯法的信息：一是从出兵复仇、赶走牲畜到协商命价的过程；二是牲畜价值的低估问题；但更重要的是第三个信息，该案的赔偿协议最终

① 淡乐蓉：《藏族“赔命价”习惯法研究》，山东大学2010年博士学位论文，第109页。根据信息对比分析，可以发现该案实际上就是2000年发生在青海果洛州久治县的“‘8·16’故意伤害（致人死亡）案”。该案调解赔偿命价时，加害人尚在逃。参见张济民主编：《渊源流近——藏族部落习惯法法规及案例辑要》，青海人民出版社，2002年，第214—216页。

未能通过政法机关的检查，并最终做了适当的清退。经过进一步分析，又可以从该清退工作中得出两个重要信息：一是部分藏区政法机关认识到了高额赔偿的危害，并逐渐采取一些限制措施。这与后文将要谈到的当前部分藏区“赔命价”数额巨大，造成严重社会后果的情况是相对应的。二是清退工作中，为被害人亲属认定的总费用为56235元。清退后，被害人亲属相当于留下了10头牦牛，即100-6-84=10。扣除现金5万元，即10头牛共计折价6235元。

该案例当中，还有一个信息是值得关注的，那就是双方约定：“赔偿协议达成后，双方盟誓，无论凶手是否回家，对方不再追究。凶手是否被政府处理，双方均无怨言。”这其实是对当前藏区普遍存在的刑事责任与赔偿命价二者并存的局面的一种无奈妥协。下面结合另一则案例对此进行分析。

五、预期改变，拒绝赔偿

“蛇脱两次皮”的情况让部分藏民感到难以接受，因为最后的结果可能是人财两空。下面就是一则这样的案例：

【案例5】1999年10月14日，被告与被害人发生口角并打斗，在此过程中，被告用刀刺伤被害人的左腋下部，导致被害人因左肺下叶受损，失血性休克死亡。被告随即逃往青海，2002年11月被告在青海被警方抓获，2003年5月经红原县人民检察院批捕。

被害人的父亲在得知被告被公安机关抓获的消息后，多次到被告的家中要求其家人按照藏族习惯法即“赔命价”对被害人赔偿12万元，并表示如果被告的家人进行了赔偿，被害人的家属可向检察院和法院要求减轻对被告的刑罚。而被告的家人认为，被告已被公安局抓获，后又经检察院逮捕，如果被害人的家属能让国家机关放人，可按“赔命价”进行赔偿，否则就依法处理。

在双方家属多次交涉未果的情况下，被害人的父亲多次奔走于县法院，并屡屡表示被告判刑不判刑不要紧，只要被告能按"赔命价"进行赔偿就可以。

县法院的法官向被害人的父亲表示，一定会依法办理，还专门告知他国家法律不支持"赔命价"，但可以刑事附带民事诉讼的方式要求被告对被害人进行赔偿。被害人父亲提出刑事附带民事诉讼，要求被告赔偿12万元，其中包括精神损害赔偿7万元。法院开庭审理后，法官对双方进行诉讼调解，但被害人父亲坚持要求赔偿12万元，被告方坚持认为不判刑就可赔偿，如果判刑就坚决不赔偿。因双方分歧太大，对该案的民事部分最终由法院审理结案。2004年5月做出刑事判决，认定被告犯故意伤害罪，判处有期徒刑十三年，并赔偿附带民事诉讼原告（被害人的父亲）丧葬费、误工费、死亡补偿费、小孩抚养费32980元（判决中并没有支持被害人方的精神赔偿要求）。

宣判后，附带民事诉讼原告（被害人的父亲）不服，上诉称，一审判决对被告定性不准，应改为故意杀人罪；赔偿费用过低。被告也不服，上诉称一审判决事实不清，定性不准。后经阿坝州中级人民法院二审审理认为，原判认定事实和适用法律正确、量刑适当、民事赔偿合理、审判程序合法，驳回上诉，维持原判。①

这是本节当中引用的唯一一起发生于2000年之前的案例。1989年的"赛日多故意伤害（致人死亡）案"，在被告人的父亲赔偿命价后，被告人仍被判处死刑（缓期2年执行）。被告人的父亲表示："原想"赔命价"后，争取对赛日多从轻处罚，到如

① 高晋康、何真著：《习惯与法制的冲突及整合——以西部地区的调查分析为进路》，法律出版社，2010年，第54—55页。根据行文需要，对个别字句进行了梳理。

今人财两空，全家生活困难，确实我走了一条冤枉路。”①

本案中有两个信息值得特别关注：一是加害人的亲属，也就是被告人的父亲的态度“被害人的家属能让国家机关放人，可按“赔命价”进行赔偿，否则就依法处理。”这种态度实际上就是对“蛇蜕两次皮”的回应，反映了藏民在新的社会条件下的态度转变，具有一定的典型性。第三章中分析过，赔命价制度不是一种简单的民事赔偿制度，而是一种严厉的刑罚制度。我们不能因为经济赔偿制度在今天通常被划归民事法律制度，就认为它从来就是如此。在这样一个过渡时期，加害人通常要承担两种法律制度的责任，这是明显不公平的。但加害人亲属通常都只能无奈地接受，因为一边是国法，一边是传统。哪一种都无力拒绝，或者说哪一个都得罪不起。案例 4 中双方约定“赔偿协议达成后，双方盟誓，无论凶手是否回家，对方不再追究。凶手是否被政府处理，双方均无怨言”。这实际上也是一种态度，但却显得更无奈一些。本案判决后，被害人的家属和加害人的家属都对判决结果表示不满并提出上诉，这在一定程度上反映了当前政法机关在处理相关案例时的压力。

第二个信息则是被害人家属在附带民事诉讼中提出“精神损害赔偿 7 万元”的诉讼请求。虽然在本案中，该诉讼请求并未得到支持，但这并不是个案。前引案例 2 的赔偿中也有“精神损失费”这一项。精神损失费并不在现有刑事附带民事诉讼的赔偿范围之列，但被害人亲属经常主张该部分赔偿。本书认为，这种主张主要有两方面的原因：一是基于传统的赔命价制度。因为传统的“赔命价”中，包含有寡妇“拭泪”款这样一些费用。如青海果洛地区的命价正额当中就包含弟兄“失膀”抚恤金、本家亲戚“失亲”款、孤儿“捶胸”款、寡妇“拭泪”款。这些款项，都

① 张济民主编：《渊源流近——藏族部落习惯法法规及案例辑录》，青海人民出版社，2002 年，第 205 页。

要通过各种面目纳入赔偿之中。二是精神损失费有很强的吸纳功能。虽然现有的刑事附带民事诉讼制度没有将精神损失费纳入赔偿范围，但有学者主张，刑事附带民事诉讼的本质仍是民事诉讼，附带仅仅是一种程序上的合并审理，其范围不应因此而受到限制。因此，精神损失赔偿应该纳入刑事附带民事诉讼的赔偿范围。换言之，精神损失费在现行法律制度中是一项重要的制度，将它放在赔偿协议中，就能起到很好的掩护作用。它具有很好的吸纳功能，可以将多种不方便以真实面目出现在赔偿协议中的内容以精神损失赔偿的面目出现，成为双方协议的重要组织部分。实际上，“精神损失费”已经成为众多赔偿协议中的常见部分，但又往往数额不具体，帮助当事人通过政法机关的检查。

六、赔偿失范，消极认可

有的案件发生后，司法机关消极对待，任由当事人以赔偿命价的方式解决。

【案例 6】 2007 年，青海某乡派出所执法人员致死人命案。案件发生后，司法党政机关处于消极状态。当地政府和政法系统无奈之下邀请活佛采用“赔命价”机制平息纠纷，社会效果好。加害者向受害人家属一次性支付现金 18 万元。①

这种不作为的方式，对于一个案件的双方当事人而言可能是获得最为满意的结果。但对于国家司法管辖权的统一性而言，却是巨大的损害。

虽然部分藏区政法机关开始对一些赔偿过高的案件进行了命价的清退，但更多的地方并未采取类似的措施，而是消极地对高

① 南杰·隆英强：《中国刑事法治建设的本土化路径——以藏族“赔命价”习惯法之积极贡献为视角》，《政法论坛》2011 年第 6 期。

额赔偿予以认可。

【案例7】2006年，四川省甘孜州丹巴县牧区的一个牧民举报了一个阿坝州的牧民偷了某家的牦牛，最后被举报的人不仅进行了赔偿还将牦牛返回了。被举报人每天跑到举报人家里去吵，举报人一家没有办法就躲出去了。司法机关没有接到报案就没管，乡政府也疏于管理这样的纠纷。举报人一家躲了几个月，但无论躲到哪里都被找到，于是无可奈何了，就在一天晚上带了一支运动步枪，用枪击毙了被举报人，并到司法机关去自首。但是死者的家属不同意，于是就将过去有身份的人请来进行调解。最后达成一致，赔偿若干现金，100头牦牛，100多只绵羊，还有一支运动步枪。

司法机关在介入调解的过程中看到调解协议上赫然写着运动步枪，这属于国家的违禁品，但是为了把矛盾解决了，当地的司法机关就让赔偿运动步枪出现在了调解书上，直到中级法院审理的时候才将其纠正，法院坚决反对将违禁品作为赔偿财物的这种做法。至于说赔偿数额是否合理，法院不干涉，这是当事人自愿达成的协议，但是赫然写着运动步枪，这是国家明令禁止的，法院就要干涉。①

案例中说到“至于说赔偿数额是否合理，法院不干涉，这是当事人自愿达成的协议”。这在当地并不是个案，我们可以先一起来看另一个相似的案例：

【案例8】2010年，四川省甘孜州理塘县，有三个犯罪嫌疑人致使两人死亡一人受重伤，犯罪嫌疑人的亲属出面与受害人一方谈判。达成了上百万元的赔偿协议，现金已经赔偿了一半，剩

① 周世中、周守俊：《藏族习惯法司法适用的方式和程序研究——以四川省甘孜州地区的藏族习惯法为例》，《现代法学》2012年第6期。

下的余额以赔偿牛、羊、马和其他财物等方式进行，分十年赔清。后来这件事情被县政法机关知道了，在当地政府承诺保证让他们得到从轻处罚的前提下，这三个犯罪嫌疑人就理直气壮地到公安机关自首，这算是有一点法制观念的。案件最后经甘孜州中级人民法院审理后，分别判处这三个犯罪嫌疑人6年、7年、8年的有期徒刑。①

原文作者认为：“这是考虑了赔偿协议后作出的酌情减轻处罚结果。在本案中，法官兼顾了‘赔命价’案件中习惯法规则与国家刑法的相应酌定从轻、减轻情节的有机统一，将两者有效结合起来。”本书不能认同这样的观点。诚如前述，既然国家机关要垄断司法管辖权，就要保证加害人不会再受到其他的惩罚。况且，这两则案例中，赔偿的金额巨大。迫于这种现状，法院只得无限度地减轻被告的刑罚刑期。这是明显的“向习惯法逃逸”，不能以“赔偿协议是双方当事人自愿达成的”为借口，而放任自流。这对于国家法律权威的树立，引导赔命价制度的扬弃式发展都是极为不利的。更有甚者，对于一些情节恶劣、后果严重的犯罪也因为高额赔偿得以免除死刑。

七、高额赔偿，免除死刑

在很多案例中，由于加害人亲属的尽力赔偿，让被害人亲属满意，最终双方达成谅解。很多被害人亲属也向法院求情，表示希望对被告人减轻处罚。法院为了安抚被害人亲属的情绪，默认了这种赔偿；为了体谅被告人亲属，减轻了处罚。但在个别案例中，对于一些情节恶劣，后果严重的犯罪也采取这样的处理方式，就是明显地丧失原则。

① 周世中、周守俊：《藏族习惯法司法适用的方式和程序研究——以四川省甘孜州地区的藏族习惯法为例》，《现代法学》2012年第6期。

【案例9】 才某故意杀人、故意伤害案中，被告人才某在同一天时间内故意杀害一人、故意伤害致人重伤1人轻伤1人。

在诉讼期间，在法院的调解下，以附带民事诉讼的名义，被告共赔偿三名受害人家属22.8万元，判决书认定：被告人“犯罪手段残忍，情节恶劣，后果严重，社会危害性极大，本应依法严惩，但念……案发后被告人家属能够积极赔偿被害人经济损失并取得被害人和被害人家属的充分谅解，故对被告人才让加在量刑时从轻处罚”。最后对被告人“数罪并罚，决定执行死刑，缓期两年执行”。①

原文作者指出：对于本案这类情况在具体处理时，司法机关显然将其技术化了。因为本案的判决书在“从轻”的名义下，在并不具备“减轻”情节的情况下，实际上是根据“赔偿”这一事实，对被告做了减轻处理。“赔偿”在传统意识与民间规则的价值判断中成了“法定”的减轻情节，对此有司法机关的评价认为：“本案要不是赔偿的数额大，罪犯肯定会判死刑。”

有学者在调研中发现，在甘孜地区，“法院在处理由故意伤害、故意杀人等犯罪行为引起的‘赔命价’案件时，一般的做法是参考双方达成的赔偿协议，对被告人酌情从轻处罚。但对于被告人犯罪情节特别严重、手段特别残忍、主观恶性比较大的情况，就不会考虑赔偿协议的作用。”② 虽然该案的赔偿金额并不是这些案件当中金额最大的，但赔偿对于最后判决结果确实产生了重要影响。对于本案，“有司法机关的评价认为：‘本案要不是赔偿的数额大，罪犯肯定会判死刑’”。该案即便放到刑事和解的政策下来看，也会面临严重质疑，那就是死刑案件刑事和解的问

① 王佐龙：《藏区习惯法的新解读——从“赔命价”问题的分析介入》，《原生态民族文化学刊》2009年第3期。

② 周世中、周守俊：《藏族习惯法司法适用的方式和程序研究——以四川省甘孜州地区的藏族习惯法为例》，《现代法学》2012年第6期。

题。有关该问题，将在后文中以专章的形式进行讨论。

八、群体纠纷，稳定优先

当前“赔命价”实践中的一个突出特点是对于群体纠纷的处理，往往是社会稳定优先。长期以来，当地官方“对属于因宗教、草原、山林、水利、土地等纠纷引起的群众性械斗而酿成的杀人、伤害案件，要采取冷处理的方法。一般由政府或统战部门出面，邀请当地有关领导及上层人士协商，联合调查处理，先做好思想工作，坚持打击少数、教育多数的原则，重点对为首分子、幕后策划者和直接致人重伤或死亡的凶手依法惩处，对其他参与人员分别情况作出不同处理”①。但我们在一些案例中却发现，部分地方政府和司法机关对于群体纠纷的处理中，甚至完全放弃了对为首分子、幕后策划者和直接致人重伤或死亡的凶手的处罚。

【案例10】2005年四川甘孜州德格县白玉乡因一起边界纠纷打死5人打伤5人，该案在进行有关司法处理后，最后仍然还是以赔偿命价的方式了解。②

因边界纠纷、草场纠纷引发的矛盾在藏区并不罕见，且往往是群体性事件。在面对这样的纠纷时，当前地方政府、司法机关往往采取调解的方式结案，处理方式较之以前更为宽松。从社会稳定来讲，这种处理方式确实不易激起不满情绪，避免群体性的社会不满。这在民族问题日益敏感的整体环境下，是可以理解的。但从法律的实施与进步来讲，这是一种倒退。这种处理方式

---

① 张济民主编：《诸说求真——藏族部落习惯法专论》，青海人民出版社，2002年，第12页。

② 杜文忠：《“赔命价”习惯的司法价值及其与现行法律的会通》，《法学》2012年第1期。

将导致社会成本的增加。有关该问题，将在第三节中详细分析。

九、政府民间，协商处理

在一些地方，甚至有当事人双方在达成协议后，与政府部门、司法机关协商判决结果的情况。

第三章第一节所引的2008年普某故意伤害致环某死亡一案就是典型案例。原文作者指出："义务人如不履约，他就是公然挑战他们千百年来一贯奉行的解纷传统，除了受到仇家的无休止的追究和报复外，还意味着他与整个生活空间中的集体民意在对抗，在一个依靠互助才能生存的自然经济的生活环境中，这种压力使义务人除了竭尽全力乃至倾家荡产赔偿外，别无选择。可见，这种拿不到法律理性层面上去理论的民间强制，却保证了民间协议的有效履行。"① 这段话道出了一个不容忽视的现状，就是法院判决，特别是刑事附带民事诉讼判决的执行难问题。在藏区，命案发生后，如果纯粹地通过刑事附带民事诉讼程序判决加害人承担赔偿责任，很难得到执行。法院的判决得不到执行，被害人亲属肯定不能满意，法院的权威、司法的权威、法律的权威自然也就难以建立。而由双方当事人亲属协商达成的命价协议，通常都能得到很好的执行。这也是当前藏区司法机关不得不面对的难题。

第三节 "赔命价"的社会成本

一、社会成本理论概述及两个典型案例

赔命价制度作为一项至今在藏区具有一定影响力的习惯法，

① 王佐龙：《藏区习惯法的新解读——从"赔命价"问题的分析介入》，《原生态民族文化学刊》2009年第3期。

在与国家法的长期博弈中，深刻地影响着当地人的行为选择模式。面对这样的现实情况，我们应该以更客观的态度来分析它。既不能简单地将其视为原始落后的部落制度的残余，也不能盲目地将其视为高度契合后现代法治思潮的珍贵明珠。赔命价制度确实与当前流行的后现代法治思潮，特别是恢复性司法理念、我国当前的刑事和解政策等有一定的相似性。这也造成了目前的很多研究中过度强调二者的共同点的问题。本书认为，只有同时关注到赔命价制度的优势与劣势，并结合法律制度发展的趋势与国家政策的导向，才可能寻求到二者结合的恰当节点。有关赔命价制度与恢复性司法的关系问题将在后文当中专门论述，本节要关注的是“赔命价”的社会成本问题。

（一）社会成本理论概述

社会成本问题最先由庇古提出。他在《福利经济学》中研究了社会净产品和私人净产品之间的差别，并指出这些差别的出现是因为“某甲在为某乙提供服务的过程中（这种服务是有报酬的），附带地也给其他人（不是同类服务的生产者）提供服务或带来损害，这种服务得不到受益方支付的报酬，也不能使受害方的利益得到补偿。”① 萨缪尔森在20世纪50年代提出“外部性”一词来表述相同内容。他将外部性定义为“企业或个人向市场之外的其他人所强加的成本或效益”②。在相关研究中，更引人关注的是给他人带来损害的情况。“按照庇古规范的要求，决策者应该将施加给外部未参与决策者身上的成本考虑进其活动之中，这些成本应该叠加在决策者本身就会加以考虑的自身内部成本之

① 转引自［美］罗纳德·哈里·科斯著，盛洪、陈郁译：《企业、市场与法律》，格致出版社、上海三联书店、上海人民出版社，2009年，第128页。

② ［美］保罗·萨缪尔森、威廉·诺德豪斯著，萧琛主译：《经济学》，人民邮电出版社，2008年，第31页。还可参见弗兰克·N. 马吉尔主编，吴易风主译：《经济学百科全书》，中国人民大学出版社，2009年，第537—541页。

上。按此思路，通常建议的政策工具便是对产生外部性的活动征税，其中税款等于每单位此活动所产生的外部成本。”[1][2] 科斯认为，“仅仅是‘外部性’的存在并不能成为政府干预提供任何理由。”[3] 在《社会成本问题》一文中，科斯提出这种“有害影响”应由双方当事人通过交易来加以解决，并提出“在设计和选择社会安排时，我们应考虑总的效果”[4]。不管是征税，还是交易，“各种思路的目的都是使决策者感知到的成本或影响决策者的成本等于实际的‘社会’成本”[5]。

尽管科斯在《社会成本问题》一文中多次引用侵权法上的案例，但并未关注过犯罪行为的外部性问题。在这一节当中，本书要关注的是“赔命价”的社会成本问题。首先要回答的问题便是“赔命价”的社会成本是什么？这就涉及犯罪客体问题。“犯罪客体是我国刑法所保护的，为犯罪行为所侵害的社会关系。”[6] 犯罪客体，又可以称为法益。[7] 就故意杀人罪而言，它的犯罪客体是他人的生命权利。故意伤害罪而言，它的犯罪客体是他人的健康权利。所谓他人的生命权利或者健康权利，自然是行为对象的生

---

① ［美］詹姆斯·布坎南著，刘志铭、李芳译：《成本与选择》，浙江大学出版社，2009年，第69页。

② ［美］罗纳德·哈里·科斯著，盛洪、陈郁译：《企业、市场与法律》，格致出版社、上海三联书店、上海人民出版社，2009年，第23页。

③ 科斯本人从不使用“外部性”一词，而称为“有害影响”。他认为对待这种“有害影响”可以像对待其他生产要素一样，有时消除它们是合适的，有时则不然，没有必要为了获得一个正确结论而在分析中使用“外部性”这样的概念。［美］罗纳德·哈里·科斯著，盛洪、陈郁译：《企业、市场与法律》，格致出版社、上海三联书店、上海人民出版社，2009年，第26页。

④ ［美］罗纳德·哈里·科斯著，盛洪、陈郁译：《企业、市场与法律》，格致出版社、上海三联书店、上海人民出版社，2009年，第147页。

⑤ ［美］詹姆斯·布坎南著，刘志铭、李芳译：《成本与选择》，浙江大学出版社，2009年，第69页。

⑥ 王作富主编：《刑法》，中国人民大学出版社，2009年，第43页。

⑦ 张明楷著：《刑法学》，法律出版社，2011年，第67页。

命权利或健康权利。需要注意的是，行为对象的生命权利或者健康权利，又不仅仅是其个人的权利，还是社会的权利。换言之，行为对象的生命健康权不仅是其个人权利，同时还是法律所保护的法益。这实际上就是行为对象与保护法益的关系。① 根据黑格尔的观点，犯罪“从法的角度上看，它不但触犯了某一特殊的法律规定，而且触犯了整个法律的尊严或普遍的法律”②。马克思也认为，“现实生活中的许多犯罪行为，虽然从表面上看是对‘个别人的权利’的侵犯，但实质上，任何犯罪行为所侵犯的都是社会的利益”③。

自从公权力机构开始介入刑事案件的处理，犯罪行为的社会危害性开始受到重视。在此之前，犯罪行为侵害的只是受害人的个人权利。即便有一定的社会危害性，也不为公权力机构所禁止。“关系的和谐化并不是一种权利无休止的容忍，毕竟公权力的边界需要维护，恢复性司法也是在公权力的框架下进行的，否则犯罪可能演变为一种私人之间的关系，这并非是现代司法的特征，也并非公权力所愿意看到的，也违背了权力不可推定性的初衷，违反了权力约定的原理。如果允许被害方与被告方的交易，看起来似乎维护了被害方的利益，实际上是以牺牲整个公平信念为代价的，是以牺牲法律的尊严和权威为代价，其最终的结果是法律可以被任意解释。”④ 不管是故意杀人，还是故意伤害致人死亡，都是对权益的严重侵害，必须由国家统一管辖。而赔命价制度要么是削弱了国家的司法管辖权，要么是从根本上规避了国家的司法管辖权。这种削弱和规避，严重损害了法律的尊严。赔命

---

① 参见张明楷著：《刑法学》，法律出版社，2011 年，第 165 页。

② 参见吕世伦著：《黑格尔法律思想研究》，中国人民公安大学出版社，1989 年，第 72—73 页。转引自陈兴良著：《刑法哲学》，中国政法大学出版社，2009 年，第 80 页。

③ 陈兴良著：《刑法哲学》，中国政法大学出版社，2009 年，第 81 页。

④ 孙万怀：《死刑案件可以并需要和解吗?》，《中国法学》2010 年第 1 期。

价制度只追究了加害人给被害人家庭造成的损失，而忽视了犯罪行为的社会危害性。这种社会危害性，恰恰就是犯罪行为的社会成本。这种社会成本虽然是无形的，但却是巨大的。换言之，在赔命价制度下，加害人并未承担其行为的全部成本。这时，不仅刑法的指示作用不能实现，还会形成不好的示范效应，或者说起到负面的激励作用，使得人们相信自己能够轻易逃避死刑的威慑。其严重的负面结果就是导致人们恣意伤人，严重破坏正常的社会生产生活秩序。由此导致的生命财产的损失、社会秩序的破坏，虽与此前的“赔命价”行为无直接的因果关系，但其间接影响却是不可否认的。这种成本就是布坎南所说的“选择影响的成本”①。再回过头来看，“赔命价”使得人们预期的犯罪成本降低了。这种预期的成本就是“影响选择的成本”，它在很大程度上影响了潜在犯罪人的行为倾向。一旦这种预期转化为现实，后一时期发生的人命案件就是前一时期“赔命价”的“选择影响的成本”。这种“选择影响的成本”是由社会承担的，且无法内化给某一个具体的加害人的。因此，要改变这一局面，就必须逐步改变人们的这种预期。而对赔命价制度社会成本的忽视，恰恰是当前很多研究过度强调赔命价制度相对优势的重要思想根源。

（二）两则典型案例

我们首先来看两则案例，这两则案例都是藏区常见的草场纠纷。案例中有很多内容值得关注，原文作者也都做了一些有价值的分析。本书想要关注的是一个更为宏观的问题，就是本章标题

---

① 布坎南认为，在选择理论的效用维度内，成本可以分为“影响选择的成本”和“选择影响的成本”。每个选择都包含成本的这两方面的内容：首先，选择面临着真正的障碍，即机会成本；其次，选择的结果通常会导致效用的损失，不论这种损失由选择者还是由第三方来承担，也不论是否有诸如支出这样的替代物可以对这些效用损失进行客观测度。这些损失是决策的结果，他们从来都不是决策的原因。参见［美］詹姆斯·布坎南著，刘志铭、李芳译：《成本与选择》，浙江大学出版社，2009年，第45页。

所说的赔命价制度的社会成本问题。

【案例 11】德村和吉村是 B 县两个村子，分属于该县雅乡、竹乡。两村相邻，在两村交界处的高山牧场——“吉垅”的归属问题上一直存有争议。1973 年，雅乡和竹乡就该牧场有争议地段的资源利用达成协议，主要内容为双方认可该草场为共有混牧地段，决定每年两村分期使用。达成上述协议后，两村平安共处近 30 年。

2000 年 12 月，由两乡牵头达成草场利用协议，强调双方都不得进入争议地区。但是，2001 年 5 月，据吉村村民反映，当该村村民到“吉垅”牧场采挖虫草时，发现德村的村民曾在该地搭过 4 顶帐篷，并垒有石堆。根据当地传统，垒石堆表示占有该地。此外，吉村村民还听到“德村部分村民声称，今年‘吉垅’草场的虫草可以让吉村挖，明年要将‘吉村’草场的虫草（采挖权）转包外地人。”作为报复，2001 年 7 月 6 日，吉村村民将牧户搬入争议地区。县里得知此情，要求两乡负责人迅速到场劝阻，并由县领导主持调解，责令吉村于 7 月 20 日 12 时前必须搬出牧户，双方不得进入争议区。但是，两村不仅未执行县里的调解，还互相写信挑衅，称如果是男子汉就约定时间到“吉垅”草场进行决斗。

武装械斗是当地历史上解决纠纷的常见方式。据了解，德村为了此次“战斗”做了精心的准备，事先召开各户代表会议。并根据传统，要求“出征”时每户必须有一名成年男子携带枪支参加“军队”，还秘密派人挖掘战壕，并集资 40 多万元，准备用于本村伤亡者的抚恤和支付对方伤亡者的“赔命价”“赔血价”。2001 年 7 月 30 日，双方发生大规模武装冲突。“战斗”共造成吉村 3 人死亡，4 人重伤，8 人轻伤，死伤牲畜 8 只。

案发后，“县四大班子及政法各部门高度重视”，组成庞大的队伍开赴案发现场和两个乡政府，疏散双方村民，处理死伤人员。

吉村提出的解决方案主要内容如下：(1) 刑事责任：要求抓捕凶手及幕后策划者，根据国家法律使杀人者偿命。(2) 民事赔偿责任：吉村提出了包括医疗费、误工费、财产损失费、精神损失费等项共计91.9652万元的经济赔偿要求。(3) 土地要求：认为划界存在违法的幕后交易行为，要求按分水岭重新划界。

德村解决方案的核心内容是主动提出通过经济赔偿方式来承担责任，方案指出"按历史习性（惯）以千元为赔偿基数，为考虑此案最终有个了结，德村以人头三万元进行赔偿"，同时表示愿意承担10%的伤者药费。

B县经过一系列调查，广泛听取双方村民对纠纷处理的意见后，决定采取调解方式解决纠纷。2002年4月22日以县委、县政府名义颁发了《关于竹乡吉村与雅乡德村"吉垅"草场资源利用及"7·30"事件补偿决定》。该决定包括两方面主要内容：(1) 草场使用权再次回到1973年的协议，而没有机械地坚持划界协议。(2) 通过经济赔偿这种传统的方式平息纠纷。德村承担包括对死亡人员的补偿（每人6万元）、伤者医疗费及村民财产损失等8项赔偿共计373624.54元，其中补偿现金30万元，实物折价补偿73624.54元。①

原文作者在事后的调查中获得了很多背景信息：熟悉当地传统的官员指出，吉村的方案"胃口很大"，他们既想让凶手抵命，又想获得高额的经济赔偿。但这种高昂的要价并非真实的诉求，而是为了维护村子的尊严，同时也是一种谈判的技巧。德村在解决方案中也指出吉村违背协议、过度放牧的责任，目的在于使政

① 扎洛：《社会转型期藏区草场纠纷调解机制研究——对川西、藏东两起草场纠纷的案例分析》，《民族研究》2007年第3期。引用中对原文案件信息进行了适当整合。

府注意到吉村的过失；并坚持原有划界协议不得更改，试图保住既得利益。关于惩治凶手，文件在次要位置申明要继续侦破，但事实上直到原文作者调研时凶手仍未归案伏法。原文作者在调研中获知这只是裁决文本制作上的技巧，而非实质性要求，对此双方早就心知肚明。当地官员和群众都认为这种经济赔偿其实与传统习惯法中的“赔命价”和“赔血价”名异实同。

原文作者在调研中采访了一位县领导。该领导一开始强调追究刑事责任所面临的调查取证困难，后来指出：“事实上，我们并没有在查找凶手的问题上费很多的功夫，因为凶手是不能查出来的。你知道，我们这个地方有‘打冤家’，也就是家族复仇的习俗，如果谁杀了自己的家人，他的家人或后代就必须为其报仇，即杀死凶手。如果凶手已死，就杀死他的家人。因此，我们如果查出凶手，就等于帮报仇者确定了目标。如果我们惩罚了凶手，他的家人照样会成为仇杀的目标。对于复仇者来说，重要的不是凶手的死活，而是他必须履行复仇的义务。因此，我们查出凶手并不能起到平息纠纷、维护社会安定的预期效果。”①

本书认为，案例当中讲到的几个信息特别值得关注：一是德村事先筹集了40万元准备用于本村伤亡者的抚恤和支付对方伤亡者的“赔命价”“赔血价”。二是在调解处理过程中，双方都以法律为“工具”争取对自己有利的处理结果。当地官员和群众都认为这种经济赔偿其实与传统习惯法中的“赔命价”和“赔血价”名异实同。三是当地的家族复仇的习俗。

【案例12】被告人关却××，男，藏族，青海省黄南州某县人。2004年6月24日，被告人关却××和同村牧民在兰采乡“尼干”地区巡山时，遭到青海省海南州贵德县（与同仁县相邻）刚察村牧民

---

① 扎洛：《社会转型期藏区草场纠纷调解机制研究——对川西、藏东两起草场纠纷的案例分析》，《民族研究》2007年第3期。

开枪挑衅与言语侮辱（被告人一方高喊在2000年5月被他们打死的被告人关却××的外甥女的名字，以此示威）。当日下午，被告人关却××持猎枪改装的半自动步枪，步行至贵德县常牧乡刚察村夏季牧场“杰龙沟”处，向刚察牧民达本××开枪射击，击中头部，致使达本××严重颅脑损伤死亡。黄南州中级人民法院判处被告人关却××死刑，缓期两年执行，剥夺政治权利终身。①

原文作者在调查中了解到，该案背后隐藏着两个村子之间的草山纠纷。兰采乡的尕日哇、麦藏、土房三村和刚察村有草山纠纷，该纠纷已经持续了14年之久。在此期间，尕日村打死了刚察村7人，刚察村打死了兰采乡8人。其中，尕日村打死刚察村的7人中有5人已经由同仁县和贵德的政府、活佛出面赔偿调解了。刚察村打死尕日村的8人中也有5人已经调解了。剩下的没调解成。关却××的外甥女（其妹妹的女儿，13岁）在2000年4—5月的时候在自己的草场上采虫草的时候被死者达本××的表叔普华××打死了。这些案件发生后，政府都没有抓人。据尕日村村长介绍，凶杀除了关却××外，都没有法办。尕日村将凶杀报知政府部门，但政府说抓不到，贵德县那边护着他们的人。关却××自首后，该县兰采乡尕日哇、麦藏、土房三村群众共计141户牧民联名请求对关却××从轻处罚。请求书内容如下：

各级领导：兰采乡牧业村与贵德县长茂乡刚察的边界草山纠纷已连续了十四年之久，双方在历年的打架斗殴中死伤惨重，经济损失特别巨大。这使我们过不上安宁的日子。为了安定团结，脱贫致富奔小康，两州两县在省政府的主持下进行了调解处理。然而因为当事人双方不在一个州、县治理下，加之贵德县在执法

① 王佐龙：《民间社会的“私了”——以西部民族地区为视域》，《青海民族研究》2008年第4期。根据引用需要，将原文中的案件信息进行了整合。

上的宽松，导致刚察村无视调解处理决定，一再对我村进行侵犯，在处理决定之后仍然有恃无恐地抢占我村草山，掠赶牛羊，采挖虫草，破坏草山植被等，更为严重恶劣的是我村全体牧民的生命财产无时无刻地受到危害。省上调解处理了以后，刚察村又射杀了我村的自家草场上玩耍的两个孩子：2004 年农历 7 月 16 日刚察凶手还卡本等闯入我村兽他加帐圈内开枪射杀了正在睡觉的他。在如此情况下，他们对我村的侵犯越来越为强横，愈演愈烈，对我村的生命财产造成极大的威胁和伤害。时至 2004 年初春开始，刚察村的侵犯从冬季草场到夏季草场，抢占草山，抢夺牛羊，不但吃了我草场的水草，而且采挖虫草，破坏草场，在将我村“逼上梁山”走投无路而忍无可忍的情况之下，我村 100 多名牧民群众自发地去巡视看护草场，在相互对峙中，对方达本才让（死者）站出来指名道姓地大声道：“你兰采的牲畜是我偷的，你们的孩子也是我杀的，有本事的话就上来！”接着向我方开枪射击。在对方如此逞雄和羞辱的情况下，我方群情激愤难耐，关却××才开了枪，死者中弹身亡。事发后关却××认识到自己的行为已构成犯罪，他主动到县公安局投案自首。各位领导：关却××的行为已构成刑事犯罪，但他的行为的实施是在对方开枪之后，是草山纠纷中引起的，是一群体对另一个群体侵犯行为的还击，毫无个人恩怨和犯罪的故意，也没有射击的目标，因此，我们请求在对他的定刑量刑上从草山纠纷突发性的械斗这一因素上加以考虑。纵观多年来双方的斗殴中死亡的人数虽然众多，但从未抓过凶杀，省上调解处理决定以前的不说，处理以后所发生刚察村枪击杀死我村的几个人，我们也指认了凶杀，但贵德县连一个人也没抓。对关却××来说，他的犯罪行为理应依法处罚，但他的行为完全是为了反击刚察村的非法侵害而实施的，是为了维护本村的权益而实施的，所以我尕日哇村民委员会携全体村民群众上书各位领导酌情对他给予从轻从宽的处罚为盼。如果刚察方面的凶手还卡本没有判刑，而我方一面的关却××一个人受到法律的严惩，这样会导致广大群众的不满，且在以后的群众生命财产得不到有力保障，所以我们广大群众请求上级对关却××从轻处理为盼！①

该案例中有几点信息值得特别关注：一是双方14年以来由于草场纠纷共死亡15人，其中的10人已经通过“赔命价”调解处理，其余的尚未调解成功。政府不仅没有抓过人，还参与了纠纷的调解处理。关却××在杀人后自首，被依法判处死刑，缓期两年执行。二是关却××是在受到对方的言语侮辱之后产生的复仇动机。三是当地群众的联名上书中讲到的生命财产安全威胁。

将两则案例中的相关信息结合起来，提出了以下几个问题：一是赔命价制度能否切实保护当地人民群众的生命财产安全。二是赔命价制度与国家法的互动博弈关系，特别是当地人民群众对国家法律的预期与信任。三是藏区的复仇习俗。其中，有些问题是新问题，如前两个问题。有的问题是赔命价制度的应有之义，如对复仇习俗的克服。这些问题又都指向一个共同的问题，就是赔命价制度的社会成本问题。

二、报复不止，破坏社会秩序

正常的社会生活秩序是人类生存发展的重要基础。“‘国民的安宁是最高的法律’‘公共安宁是最高的法律’‘国家安宁是最高的法律’都是有名的法律格言，充分说明了安宁对国家、对社会、对国民的至关重要性。所以，法律的制定是为了市民的安宁与国家的安全。”② 根据马斯诺的研究，人类的基本需求可以分为不同的层次。有的学者认为其所说的基本需求可以分为五个层

① 王佐龙：《民间社会的“私了”——以西部民族地区为视域》，《青海民族研究》2008年第4期。

② 张明楷著：《刑法格言的展开》，北京大学出版社，2013年，第46—47页。

次，即生理、安全、归属、自尊、自我实现需要。有的学者认为其所说的基本需求可以分为七个层次，即生理、安全、归属、自尊、自我实现、认知、审美需要。① 不管是五层次，还是七层次，安全都是第二层次的需要。马斯诺指出："如果生理需要相对充分地得到了满足，接着就会出现一整套新的需要，我们可以把它们大致归纳为安全类型的需要（安全、稳定、依赖保护、免受恐吓、焦躁和混乱的折磨、对体制的需要、对秩序的需要、对法律的需要、对界限的需要以及对保护者实力的要求等）。"② "在世界上寻求安全和稳定的努力还有一些范围更广的方面，这些方面见于一种极为常见的偏爱：偏爱熟悉的事物，而不是不熟悉的事物；或者偏爱已知的事物，而不是未知的事物。那种想用某一宗教或者世界观把宇宙和宇宙中的人组成某种令人满意的、和谐的、有意义的整体的倾向，多少也是出于对安全的寻求。"③ 从这些心理学研究的成果可以看到对于秩序、安全的需要是人类最为基本的需要之一。法律作为一种组织人类社会生活的重要工具，理应满足这种基本需要。

霍布斯曾指出："人民的安全乃是至高无上的法律。"④ 霍贝尔曾指出："法执行着维护除最简单的社会之外的所有社会的秩序的基本功能。"⑤ 博登海默也曾指出："自由、安全和平等诸价值，根植于人性的个人主义成分之中。""追求安全的欲望促使人

① ［美］亚伯拉罕·马斯诺著，许金声等译：《动机与人格》，中国人民大学出版社，2007 年，译者前言第 3 页。

② ［美］亚伯拉罕·马斯诺著，许金声等译：《动机与人格》，中国人民大学出版社，2007 年，第 21 页。

③ ［美］亚伯拉罕·马斯诺著，许金声等译：《动机与人格》，中国人民大学出版社，2007 年，第 24 页。

④ 转引自［美］E. 博登海默著，邓正来译：《法理学——法律哲学与法律方法》，中国政法大学出版社，1999 年，第 293 页。

⑤ ［美］霍贝尔著，严存生等译：《原始人的法》，法律出版社，2012 年，第 220 页。

类去寻求公共保护，以抵制对一个人的生命、肢体、名誉和财产所为的非法侵犯。”① 法的安全保障功能是它最基本的功能。在这两则案例当中，赔命价制度未能充分保障当地人民群众生活所需要的稳定秩序和生命财产的安全。在国家法与习惯法（民间法）的博弈过程中，“如果国家制定的法律不符合人们对‘秩序’的稳定偏好，人们仍会‘不由自主’地遵循旧的习惯，变相地抵制现行法律，直到现行法律做出某种让步或者变通的规定为止”②。

传统机制利用宗教力量来约束民众，“一般不采用同态暴力复仇的方式追究刑事责任以体现佛教不杀生的思想。”当地藏民都知道，长期以来，当地官方“对属于因宗教、草原、山林、水利、土地等纠纷引起的群众性械斗而酿成的杀人、伤害案件，要采取冷处理的方法。一般由政府或统战部门出面，邀请当地有关领导及上层人士协商，联合调查处理，先做好思想工作，坚持打击少数、教育多数的原则，重点对为首分子、幕后策划者和直接致人重伤或死亡的凶手依法惩处，对其他参与人员分别情况做出不同处理。”③ 在该案的处理中，没有追究任何人的刑事责任。本书认为，该案中的两个信息让人无法对这种处理方式表示支持：一是当地一位县领导在接受原文作者采访时说到的“事先德村就有人说要杀死吉村村民赤列，因为他‘闹’得最凶”。二是德村的村民事先筹集了 40 万元准备用于本村伤亡者的抚恤和支付对方伤亡者的“赔命价”“赔血价”。综合这两个信息来看，德村村民对于械斗中造成 3 人死亡、4 人重伤、8 人轻伤的后果的主观恶性较强。虽然传统上他们“认为草场纠纷是村落全体的行为，

---

① ［美］E. 博登海默著，邓正来译：《法理学——法律哲学与法律方法》，中国政法大学出版社，1999 年，作者致中文版前言第 6 页。

② 冯玉军著：《法经济学范式》，清华大学出版社，2009 年，第 386 页。

③ 张济民主编：《诸说求真——藏族部落习惯法专论》，青海人民出版社，2002 年，第 12 页。

而不应该追究个人责任”，但对于此类主观恶性较强的案例不应该简单的采用传统纠纷解决方式予以处理。这样做的结果就是最后大家都认为“这种经济赔偿其实与传统习惯法中的‘赔命价’和‘赔血价’名异实同”。这对于国家法律权威的逐渐确立是非常不利的。从短期来看，这种处理方式确实减少了因本次纠纷继续造成人命损失的危险（包括国家刑法制度下的死刑和家族复仇制度下的死亡）；但从长期来看，这种处理方式会激励人们继续采取械斗、复仇的方式去处理类似纠纷，没有改变传统行为方式的积极性。

“大量的违反行为都能够成功逃避惩罚，这又刺激着人们继续按旧有习惯生活。”① 我们可以看到，第二则案例所涉及的纠纷都持续了14年之久。在这14年中，双方共死亡16人，平均每年因该纠纷死亡超过1人。尽管由同仁县、贵德县政府及活佛出面进行了一系列的调解，对10人的赔偿达成了一致。但赔偿命价并不能阻止死亡的继续发生。在这一系列的死亡事件背后，我们无法想象该纠纷给当地人民群众的生产生活秩序带来多大的负面影响，包括经济损失和巨大的心理压力。更重要的是，双方不断为此纠纷付出生命的代价。虽然没有人因为国家刑罚而失去生命，但不可否认的是，完全没有人承担刑事责任是导致死亡不断发生的重要诱因。在某种程度上，我们可以说当地政府所采取的措施无法为当地人民群众的生命财产安全提供足够的保障。在这种情况下，当地群众严重缺乏安全感，并进而采取武力复仇的方式来保护己方的人身财产安全的做法是可以理解的。更何况，关却××是在受到对方的言语侮辱（根据部落习惯法，一个人被杀，他的亲属有义务替他复仇）的情况下做出的过激行为。从这个角度来看，正是因为司法机关、政府部门在相关事件的处理中的不

① 冯玉军著：《法经济学范式》，清华大学出版社，2009年，第390页。

当，激励了当地牧民持续采取武力争斗方式。如果第一例人命案件发生后，政府部门、司法机关就采取更有力的措施，适当追究相关责任人的刑事责任，也许之后就不会再有这么多人为此而丢掉性命。因此，以赔命价制度解决纠纷，虽然不用为本次纠纷而判处责任人死刑，但却可能有更多的人为此而失去生命。这就是赔命价制度的社会成本，它不仅包括受害者亲属复仇带来的人命损失，更重要的是社会中的其他人受到这种信息的影响而更易于采取暴力的方式处理问题，由此带来更多的人命损失。这是赔命价制度的固有缺陷造成的。

大卫·D. 弗里德曼曾指出：死刑“支付的罚金等于一条生命的价值。获得的罚金为零——如果执行死刑需要成本，那么获得的罚金就是负数。”[①] 所谓“支付的罚金是被判有罪的罪犯因刑罚而受到的损失。获得的罚金是由于被告受到刑罚而得到的直接收益。”[②] 因此，判处加害者死刑是没有经济效益的，复仇杀死加害者也是没有经济效益的。在这种前提下，如果有更有经济效益的惩罚方式，自然是可以接受的。以赔偿代替复仇就是一种人类曾广为采用的惩罚方式。

但问题并没有这么简单。“尽管法律的执行在事后，但制定法律的目的在事前，即法律的首要目的是通过一种激励机制，诱导当事人事前采取从社会角度看最优的行动。当事前的效率和事后的效率发生冲突时，事后标准就应该服从事前标准。”这一点可以用“杀人偿命”的规则来说明。假设 A 杀害了 B：从事后的角度讲，让 A 抵命是没有效率的，因为这只意味着多付出一条生命的代价。让 A 接受自由刑并继续劳动创造价值更有效率。“但这

① ［美］大卫·D. 弗里德曼著，杨欣欣译：《经济学语境下的法律规则》，法律出版社，2004 年，第 245 页。

② ［美］大卫·D. 弗里德曼著，杨欣欣译：《经济学语境下的法律规则》，法律出版社，2004 年，第 244 页。

样做的后果是，由于处罚对杀人犯没有足够的威慑，会诱使更多的人事前选择杀人，从而死的就不只是两个人，而是成千上万的无辜者。‘杀人偿命’是合理的，因为它提供了最有效的事前防范激励。”“即使B的家属愿意与A通过谈判私了（对双方而言，这可能是一个帕累托最优），或者愿意‘以德报怨’原谅A，法律也不能允许，因为杀人行为的社会成本远远低于对受害者家属的私人成本，受害者家属愿意接受的货币补偿不足以阻止从社会角度看不当的犯罪行为。”① 在第二则案例当中，我们就清楚地看到，正是因为加害者不用承担任何刑事责任，法律规则对他们而言不是一种有力的激励机制，他们才会不断制造新的死亡悲剧。

此外，“赔命价”还经常使加害人亲属受到牵连，甚至倾家荡产、失去基本生活保障。“如甘德县东扎伤害致死桑公一案，被告人东扎被判刑后，东扎家有6口人，壮劳力仅有其兄嫂二人，其余4人为年迈的父母和两个年幼的侄女。当时‘赔命价’数定为6万元，后经多方说情降为5万元。东扎家尽其全家财产（主要是牛羊）和其他亲戚的资助全部赔偿外，尚余1万余元无法付清。后又经说情，延期一年清偿。造成东扎家食不果腹，衣不蔽体，家无过夜之粮，其父吐血无钱医病。后在县、乡政府的关怀下才解决了吃饭和医病困难。”② “有一牧民伤害另一牧民死亡，按国法被告已被判处有期徒刑20年，后死者家属又私下提出‘赔命价’的要求，经原部落头人及寺院活佛调解，私下判定‘黑蛇蜕皮’（即交出全部财产），使被告家人除身上穿的外，所

① 张维迎：《作为激励机制的法律——评〈侵权损害赔偿的经济分析〉》，《中国人民大学学报》2003年第2期。

② 张济民主编：《诸说求真——藏族“赔命价”习惯法专论》，青海人民出版社，2002年，第190页。同系列的《渊源流近——藏族部落习惯法法规及案例辑录》中关于该案例的说法有出入，参见该书第202页。

有的家产被拿一空，连吃饭的碗都没有留一个。”① 前文引用过的“闹日吾故意伤害（致人死亡）案”，被告人之妻为“赔命价”将家产全部变卖，被迫带着两个孩子窜帐房乞讨过日子。这一类的案例在20世纪末不是个案，但新世纪以来是不是有所改观尚无明确信息。因为近期相关研究成果都比较关注“赔命价”的优点，较少涉及负面信息。

三、政府民间博弈，有损法律尊严

“博弈论所分析的是两个或两个以上的比赛者或参与者选择能够共同影响每一参加者的行动或策略的方式。”② “一旦你开始考虑他人会如何对自己的决策做出反应的时候，你便进入了博弈论的领域。”③ “博弈论的指导思想是：假设你的对手在研究你的策略，并采取追求自身最大利益的行动，这时你应该如何选择最有效的策略。”④ 在当前的“赔命价”案例中，特别是有政法机关介入的案例中，经常都有明显的双方博弈的痕迹。这种博弈，也可以称为互动，但博弈一词似乎能够更好地表达当时的紧张气氛。

法通过赋予个人以权利并保证权利的实现，以此使得公民之间的行为以及公民与国家之间的关系可以预期。“被有效地赋予和保障的权利使公民之间的行为以及公民与国家之间的关系可以预见，这样，法创造安定性。”⑤ 一旦人们对于法律的预期没有实

① 张济民主编：《诸说求真——藏族“赔命价”习惯法专论》，青海人民出版社，2002年，第208页。

② ［美］保罗·萨缪尔森、威廉·诺德豪斯著，萧琛主译：《经济学》，人民邮电出版社，2008年，第185页。

③ ［美］保罗·萨缪尔森、威廉·诺德豪斯著，萧琛主译：《经济学》，人民邮电出版社，2008年，第186页。

④ ［美］保罗·萨缪尔森、威廉·诺德豪斯著，萧琛主译：《经济学》，人民邮电出版社，2008年，第187页。

⑤ ［德］伯恩·魏德士著，丁晓春、吴越译：《法理学》，法律出版社，2013年，第41页。

现，人们就会怀疑法律的公正性，因为法律的行为模式脱离了人们的法律确信。

“国家制度和法律制度的存续和作用力也依赖于法是否实现，并且在多个程度上实现了法律共同体（公民）的正义观。”① 因为“通常，大多数市民对法律制度的遵守是基于共同的法律确信，而这种共同确信根据的是得到认可的社会道德的基本价值。”② “国家制定的法律必须得到人们的接受，才能获得完全的持久的效力。‘法的接受’是法律的一个重要标准。如果大多数的人认为国家立法是非正义的而予以拒绝，也即如果大多数人拒绝接受，那么法就会与法律共同体的法律确信相对立。国家的法律规范与法律文化就会相互脱离。”③ “相似情况，相似处理”是人类最朴素的正义观。在关却××的案例中，请求书中说到，“纵观多年来双方的斗殴中死亡的人数虽然众多，但从未抓过凶杀，省上调解处理决定以前的不说，处理以后所发生刚察村枪击杀死我村的几个人，我们也指认了凶杀，但贵德县连一个人也没抓”。而现在要对关却××判以重刑，这是与当地群众的预期明显不符的。因此，请求书中说“如果刚察方面的凶手还卡本没有判刑，而我方一面的关却××一个人受到法律的严惩，这样会导致广大群众的不满”。当地牧民并不会考虑国家机关在具体情况下的行为模式：正如第一则案例中所讲到的，虽然调解文书中写明案件要“继续侦破”，表明司法机关并不是有意“免除”犯罪嫌疑人的刑事责任；但这可能只是一种技术上的处理，司法机关在事实上并不会继续追究刑事责任。即便上级机关来调查案件，处理案件的

① ［德］伯恩·魏德士著，丁晓春、吴越译：《法理学》，法律出版社，2013年，第42页。

② ［德］伯恩·魏德士著，丁晓春、吴越译：《法理学》，法律出版社，2013年，第149页。

③ ［德］伯恩·魏德士著，丁晓春、吴越译：《法理学》，法律出版社，2013年，第151页。

司法机关也无须承担渎职的法律责任。而第二则案例中，被告人关却××是自首的，也就是说他已经进入了司法机关的控制范围。如果司法机关不追究其刑事责任，则可能构成私放在押人员罪。因此，即便司法机关能够同情关却××，但仍然肯定是要追究关却××的刑事责任的。尽管当地群众在请求书中表示“对关却××来说，他的犯罪行为理应依法处罚”，但马上又说，“他的行为完全是为了反击刚察村的非法侵害而实施的，是为了维护本村的权益而实施的，所以我尕日哇村民委员会携全体村民群众上书各位领导酌情对他给予从轻从宽的处罚为盼”。从这些言辞可以判断，尕日村的牧民对本案的判决结果肯定是不满意的，该案的判决结果明显超出了他们对司法机关的预期。在这种情况下，很难想象国家法能够获得他们的内心认同，使他们逐步形成法律确信。

然而，问题不仅在于法律的实施结果不能让当地群众逐步形成法律确信，更严重的是法律只是他们追求传统“赔命价”习惯法结果中加以利用的工具。在第一则案例当中，吉村的解决方案之所以被认为“胃口太大”，正是基于对国家法的利用。在他们的解决方案中，既要求按国家刑法规定对杀人者判处死刑，又要求按“赔命价”习惯法给予高额赔偿。原文作者认为“吉村的方案在形式上是完全按照国家法原则提出的，各种责任分类清楚，对于死、伤人员并没有按照传统习惯法提出‘赔命价’‘赔血价’要求”。[①] 本书认为，该作者的这种看法是不准确的。根据我国现行刑事诉讼法的规定，刑事附带民事诉讼的赔偿范围是“被害人由于被告人的犯罪行为而遭到的物质损失”，是不包括精神损害赔偿在内的。当前的赔命价制度实践中，很多案件都在刑事附带民事诉讼、刑事和解以及私下达成的赔偿协议中以“精神损害赔偿”的形式掩盖了“赔命价”现象。但若仔细分析，就会发现很

① 扎洛：《社会转型期藏区草场纠纷调解机制研究——对川西、藏东两起草场纠纷的案例分析》，《民族研究》2007 年第 3 期。

多的刑事附带民事赔偿实际上就是"赔命价"。

从吉村的角度来说，他们既根据国家法提出要求，又根据习惯法提出要求，完全是符合他们的利益最大化目标的。"在当代中国，已经不存在这样一个单一的文化结构系统，社会中总是存在着多元的法律规则体系，或者，即使是单一的规则也可能被人们选择性或竞争性的运用，即各个利益相关者会通过选择适用某些规则或选择适用某种规则来获得对自己最为有利的法律后果。"[①] 虽然看似"胃口太大"，但实际上已经在这场谈判中立于不败之地。假设依照刑法规定，可能有 3 人被判处刑罚，并附带民事赔偿 15 万元；依照"赔命价"习惯法可能会赔偿 91 万元。其关系可用简表示如下：

国家法	习惯法	
A　+3 人，+21 万元 −3 人，−21 万元	B　+91 万元 −21 万元	吉村 德村
C　+3 人，+91 万元 −3 人，−91 万元	D　+37 万元 −37 万元	吉村 德村

上表中，A 表示如果依照国家法处理，德村将有 3 人被判刑，附带民事赔偿 21 万元（该数字难以具体估算，但肯定会低于最终确定的 37 万赔偿金。计算依据：德村主张按每人命价 3 万元计算，则 3 人共计 9 万元；根据血价通常为命价的一半来计算，4 名重伤人员的血价共计 6 万元；8 名轻伤者再以重伤人员的一半计算，约为 6 万元。根据刑事附带民事诉讼的一般情况，每人 3 万元的死亡赔偿金是基本正常的；其余医疗费再根据责任比例进行分担。）；B 表示依照习惯法处理，吉村估算命价总额为 91 万

① 苏力：《中国当代法律中的习惯——从司法个案透视》，《中国社会科学》2000 年第 3 期。

元；德村大约将赔偿 21 万元（计算依据同于 A 项中的德村主张。)；C 表示吉村既要求将杀人者判刑，又要求高额赔偿；D 表示德村最后实际赔偿 37 万元。

从关系表中可以看出，吉村最初的要求明显超出了或者选用国家法，或者选用习惯法的行为模式。德村一开始提出的赔偿标准则是明显偏低的。诚如原文作者指出的，这种漫天要价只是一种谈判策略，因为他们知道这两种要求不可能同时得到满足。从更深层的来看，在这场谈判中，国家法只是他们制约政府部门和德村的工具。① 对政府部门而言，如果不在调解中尽量满足他们的赔偿要求，他们会要求政府依法对杀人者判刑；而政府部门在处理此类纠纷时通常是不愿意判刑的。对德村而言，如果不在调解中尽量满足他们的赔偿要求，他们会要求政府依法对杀人者判刑；而德村的群众是绝对不愿意为此付出生命的代价的。因此，吉村以国家刑法为谈判筹码，要求尽量多的命价赔偿。这对他们而言既是无奈之举，又是主动出击。“法官在选择性地允许习惯性规则进入司法，修改或置换制定法时，既不主要是由于他/她们没有正式的法律知识，也并非主要是出于某种文化的认同，或某种文化结构使然（文化认同仅仅在决定以什么规则来修改、置换制定法上起作用)，而同样是由于种种涉及他/她们自身一系列合法利益（其中包括对职务责任的考虑）的制约调解促成的。”② 法官在处理案件时如此，政府部门在调解纠纷时也是如此。对于当地政府而言，在民族问题无小事的思维下，做出这样的选择明显是基于实践理性的考虑。但这种处理方式，既无法克服复仇之

① 赵震江教授曾指出该点，认为即使在利用民间方式解决纠纷、规避国家法律时，国家法实际上也起着某种作用。主要是指国家法在私了过程中被当作一种要求对方让步、讨价还价的基础和依据。参见赵震江：《法律社会学》，北京大学出版社，1998 年，第 368—369 页。

② 苏力：《中国当代法律中的习惯——从司法个案透视》，《中国社会科学》2000 年第 3 期。

风，也无法改造赔命价制度之习，仅仅是一种维持暂时稳定的策略之举。其后果就是人们在事前没有足够的激励去避免死亡事件的发生，社会将要为此付出巨大的成本。在客观分析赔命价制度的时候，应该对这一视角给予充分关注。关于国家法与习惯法的博弈，我们可以用下表来表示其最初状态：

		政法机关	
		国家法	习惯法
受害人亲属	国家法	A 刑罚 （稳定）刑罚	B 稳定+风险 刑罚
	习惯法	C 刑罚 （不稳定）赔偿	D 稳定+风险 赔偿

在该表中，A 表示政法机关和受害人亲属都选择国家法，加害人受到刑罚制裁，政法机关得到了预期的社会稳定。C 表示政法机关选择国家法，受害人亲属选择习惯法。在这种情况下，受害人亲属要求赔偿，而政法机关法追求适当的刑罚；由于目标的冲突，导致社会的不稳定。社会不稳定意味着包括政法机关干部在内的地方党政领导可能都要承担政治风险。D 表示政法机关和受害人亲属都选择习惯法，受害人亲属得到赔偿，政法机关得到社会稳定。但在 D 选择下，政法机关还会多出一种风险，那就是渎职的法律风险。B 选项表示政法机关选择习惯法，受害人亲属选择国家法。加害人受到刑罚制裁，政法机关得到社会稳定。此时，政法机关还会多出一种风险，那就是渎职的法律风险。但该选项只是一种理论上的可能性，对政法机关和被害人亲属而言，都没有任何吸引力。

在该表中，我们可以看到，对受害人亲属而言，除非他极力追求加害人的刑事责任，习惯法是他的“占优策略”[①]。当然，这需要一个事实上的前提，即没有受害人亲属因为索要“赔命价”而承担刑事责任。但对政法机关而言，国家法却相当尴尬。因为他面临着两难选择，选择国家法可能要承担社会不稳定的政治风险，选择习惯法则可能要承担渎职的法律风险。因此，在这个表格中，无法形成“纳什均衡”[②]。因此，这也就意味着各方一定会想办法寻求新的平衡点。寻找新的平衡点，就是要改变现有的条件。当前的“赔命价”实践基本可以用下表来表示：

		政法机关	
		国家法	习惯法
受害人亲属	国家法	A　刑罚 （稳定）刑罚	B　稳定+风险 刑罚
	习惯法	C　减轻刑罚 （稳定）适当赔偿	D　稳定+（风险） 赔偿

在受害人亲属不会因为索要命价而受到刑事处罚的前提下[③]，政法机关和党政部门为了规避社会不稳定的政治风险，只得改变行为模式。改变的结果就是形成新的平衡：C 表示受害人亲属得到赔偿，政法机关适当减轻被告人的刑罚，以达到社会稳定的目的。D 表示受害人亲属得到赔偿，政法机关不追

① 占优策略，即无论其他博弈者采用何种战略，该博弈者的策略总是最好的。[美] 保罗·萨缪尔森、威廉·诺德豪斯著，萧琛主译：《经济学》，人民邮电出版社，2008 年，第 187 页。

② 纳什均衡是一个在其他博弈者的策略给定时，没有一方还能改善自己的获利的情况。[美] 保罗·萨缪尔森、威廉·诺德豪斯著，萧琛主译：《经济学》，人民邮电出版社，2008 年，第 188 页。

③ 虽然现在藏区政法机关都表示要严厉打击非法索要命价，但并无受害人亲属因为索要命价而承担法律责任的案例。作为对这一规定的回应，几乎所有的赔偿协议中都特别表示，协议是双方当事人自愿达成的协议，不存在强迫的情形。

究或很少追究加害人的刑事责任，并以适当形式规避渎职的法律风险，以达到社会稳定的目的。在新的 C、D 两个选项中，政法机关和受害人亲属皆大欢喜，终于达到了双方都可以接受的均衡状态。

在 C 中，这种新的平衡形成的代价就是加害人（被告）的双重责任。他既要受到国家法律的制裁，又要按照传统习惯法进行赔偿。虽然有时候两种责任都会适当减轻，但这对个人而言仍然是严重不公平的。但在政法机关追求社会稳定和受害人亲属追求赔偿的合意下，他成了“平衡”的受害者。但由于加害人无论在习惯法视野下，还是在国家法视野下，都是规则的违反者。即便他的权益受到一定的侵害，也很难有人来替他主持公道。D 项情形在目前来看主要适用于因边界纠纷、草场纠纷而发生的群体性纠纷的处理中。从上引案例中可以发现，政法机关实际上放弃了追究加害人的刑事责任。但这种放弃存在一定的法律风险，为了规避这种法律风险，政法机关通常都会在相关的调解协议中表示刑事部分要“继续侦破”。

只是如此一来，国家法就全面“向习惯法逃逸”了。上引吉村与德村的赔偿协议就是一个非常典型的滑向 D 选项的案例。在此类纠纷的处理中，国家法往往沦为习惯法的陪衬，只是受害者亲属索要更多赔偿的工具。在国家法与习惯法的博弈中，完全处于没有话语权的弱势地位。这与逐步强化国家司法管辖权的目标完全是背道而驰的。总体来看，当前的“赔命价”习惯法实践不仅让国家法律的地位被严重边缘化，而且让社会中的不特定人付出了更多的生命代价，其社会成本是高昂的。要改变这种暂时的均衡状态，突破口只能是被害人亲属要求赔偿愿望的改变。如果这种愿望不改变，政法机关出于政治风险的考虑，不会贸然选择强力推行国家法。这种改变，需要政法机关的积极推动。如一些地方自治法规规定的那样将强行索要命价的行为定罪处罚并不可行，实际上并无这类案例就是最好的证据。更切合实际的做法应该是逐步限制“赔命价”的金额，对巨额的“赔命价”要加大清退力度，引导赔命价制度做出适应时代发展要求的改变。

第五章　儒家文化视野下的赔命价制度

在我国历史上，复仇很早就被禁止。《左传·昭公十四年》，《夏书》曰："昏、墨、贼，杀。"① 所谓"贼"，荀子说"害良曰贼"，也就是侵害人身安全及危害社会秩序的行为。但是，造成何种危害结果才处以死刑，现有史料无详细记载。在李悝制定《法经》之时就指出："王者之政，莫急于盗贼"，因此将《盗法》《贼法》置于《法经》之首。汉刘邦起义时的政策"约法三章"中就有"杀人者死"之语。虽然国家法律已经对侵害人身安全的行为制定了刑罚，但诚如前文所述，当事人之间的协议赔偿对双方来讲在某种程度上都是有益的。因此，当事人间的私了一直在民间存在。

《唐律疏议》将当事人之间私自赔偿和解规定为私和罪加以处罚。《唐律疏议·贼盗》"父祖或夫及主为人杀私和"条规定："诸祖父母、父母及夫为人所杀，私和者，流二千里；期亲，徒二年半；大功以下，递减一等。受财重者，各准盗论。虽不私和，知杀期以上亲，经三十日不告者，各减二等。"② 这是私和罪第一次出现在我国古代法典中。清末著名律学家沈家本也指出，

① 转引自［清］沈家本：《历代刑法考》，邓经元、骈宇骞点校，中华书局，1985 年，第 133 页。

② 《唐律疏议》，刘俊文点校，法律出版社，1999 年，第 361 页。

“唐目首条曰‘祖父母父母夫为人杀’”①。其后的《宋刑统》《大明律》《大清律》中都有关于私和罪的规定，内容基本一致。有学者在研究中国古代的复仇问题时对私和罪进行了初步分析②，但关于私和罪的专门研究则尚未见到。

相对而言，其他很多国家和地区禁止赔偿则要晚得多。13世纪，英格兰国王亨利三世所颁布的《马尔伯勒法》就“禁止复仇，也禁止赔偿，若未经法院许可便进行复仇或要求赔偿之人，将会被罚以重金。这部法律的颁行，使得英国的私立制裁从此退出了历史舞台。”③“在19世纪初之前的土耳其，国家并不是通过公权来惩罚杀人者，而是由被害者的近亲来复仇，或者接受血价赔偿，赦免杀人者，但到了1824年，《穆罕默德统一法典》普遍禁止复仇，改为对杀人者进行判刑。然而，在某些特殊情况下还是允许杀人者向被害者遗属支付血价来免除刑罚。1840年的《刑罚典》第10条首次全面废除血价制，通过公权对杀人者处以死刑。正如彻里所言：‘在此刑法实施之前，土耳其没有称得上是刑法的法律。’”④ 这就是说，在很多国家和地区，复仇和赔偿都是直到近代才逐渐被禁止的。

---

① ［清］沈家本：《历代刑法考》，邓经元、骈宇骞点校，中华书局，1985年，第1871页。

② 关于中国古代的复仇制度，参见瞿同祖著：《中国法律与中国社会》，中华书局，2003年，第72页以下。霍存福著：《复仇 报复刑 报应刑——中国人法律观念的文化解说》，吉林人民出版社，2005年。以及我国台湾地区李隆献系列论文，《复仇观的省察与诠释——以〈春秋〉三传为重心》，《台大中文学报》第22期；《两汉复仇风气与〈公羊〉复仇理论关系重探》，《台大中文学报》第27期；《两汉魏晋南北朝复仇与法律互涉的省察与诠释》，《台大文史哲学报》第68期；《隋唐时期复仇与法律互涉的省察与诠释》，《成大中文学报》第20期；《宋代经生复仇观的省察与诠释》，《台大中文学报》第31期。

③ ［日］穗积陈重著，曾玉婷、魏磊杰译：《复仇与法律》，中国法制出版社，2013年，第77页。

④ ［日］穗积陈重著，曾玉婷、魏磊杰译：《复仇与法律》，中国法制出版社，2013年，第100页。

本书就私和罪拟提出以下几个问题：第一，私和罪的确立背景是怎样的？第二，私和罪制度经历了怎样的发展轨迹？第三，私和罪的实施情况如何？

第一节　私和罪的确立背景

从法的演进历史来看，个人在面对外来侵害的时候，经历了从自力救济向公力救济的发展过程。自力救济阶段又大致可分为血亲复仇与伤害赔偿两个阶段。从已有的法人类学研究成果来看，在欧洲、非洲、大洋洲、亚洲、美洲都发现了血亲复仇的史料记载。学者普遍认为，血亲复仇是人类为了保证族群存在而采取的行为模式。随着人类逐渐认识到血亲复仇的巨大负面作用和经济的发展，产生了伤害赔偿制度。到了后来，即使是最严重的伤害——故意杀人，也可以通过赔偿来解决。

中国古代也有复仇的习惯，《礼记·曲礼上》[①] 及《礼记·檀弓上》[②] 就有关于复仇的记载，且在中国古代复仇史中影响深远。中国古代的复仇范围，不仅包括亲属，还包括朋友。这是中国古代复仇制度与其他地区血亲复仇制度最显著的差异。随着时间的推移，复仇逐渐受到一些限制。《周礼》中就记载了复仇登

① 《礼记·曲礼上》：“父之仇，弗与共戴天。兄弟之仇，不反兵。交游之仇，不同国。”

② 《礼记·檀弓上》：子夏问于孔子曰：“居父母之仇如之何？”夫子曰：“寝苫，枕干，不仕，弗与共天下也；遇诸市朝，不反兵而斗。”曰：“请问居昆弟之仇如之何？”曰：“仕，弗与共国，衔君命而使，虽遇之不斗。”曰：“请问居从父昆弟之仇如之何？”曰：“不为魁。主人能，则执兵而陪其后。”

记制度[①]和避仇和解制度[②]。从西汉后期开始，中央王朝的法律便开始强调犯罪应该由国家制裁，禁止血亲复仇。以后各朝，多有颁布诏书禁止复仇者。曹操、魏文帝、北魏世祖、梁武帝都曾颁布过禁令。唐、宋、明、清的法律也都禁止复仇。虽然如此，各朝各代血亲复仇的案例仍不绝于书。为尊长、朋友复仇者，往往不但能免予刑罚，还多有受到统治者褒奖的案例；依律定罪的反倒成了少数。

"以赔偿代替血亲复仇，这在人类发展历史上无疑是一次巨大的进步。"[③] 其最重要的社会意义就是以一种财富转移的方式代替财富毁灭的方式来解决纠纷，保存了社会的总体财富。"复仇习俗朝向赔偿习俗的演变自然是制裁进化的通则。"[④] 有学者将之视为绝对的，如萨瑟兰认为"任何一个蛮族或多或少都存在着接受赔偿来避免族战的习俗。"有学者不赞同这种绝对化的观点，如穗积沉重认为中国和日本没有经历过赔偿时期。[⑤] 关于中国是

---

① 《周礼·秋官·司寇》："朝士掌建邦外朝之法。""凡报仇者，书于士，杀之无罪。"朝士为古代官名，掌外朝官次和刑狱等。孙希旦集解："愚谓外朝，治朝也。"

② 《周礼·地官·司徒》："调人掌司万民之难而谐和之。""凡和难、父之仇辟诸海外，兄弟之仇辟诸千里之外，从父兄弟之仇不同国。君之仇视父，师长之仇，视兄弟，主友之仇，视从父兄弟。弗辟，则与之瑞节而以执之。凡杀人有反杀者，使邦国交仇之。凡杀人而义者，不同国，令勿仇，仇之则死。凡有斗怒者，成之，不可成者，则书之。先动者，诛之。"郑玄注："难，相与为仇。谐犹调也。"

③ ［法］拉法格著，王子野译：《思想起源论》，生活·读书·新知三联书店，1963年，第71页。

④ ［日］穗积沉重著，曾玉婷、魏磊杰译：《复仇与法律》，中国法制出版社，2013年，第97页。

⑤ "在文化迅猛发展后，一方面盛行宗教或道德意义上的复仇义务，另一方面也通过宗教或德教奉行制欲的教义，为钱财出卖节操道义被视为可耻之事，因此不少民族通过与文化较早发达的民族或外族的接触，受到上述习俗的巨大影响，并未产生以财物代替复仇的习俗。""中国没有像其他民族那样将赔偿代替复仇作为定例，在刑法确立之后，甚至禁止受财私和。中国没有经历过赔偿时期，而是从复仇时期直接进入刑罚时期。"参见［日］穗积沉重著，曾玉婷、魏磊杰译：《复仇与法律》，中国法制出版社，2013年，第97—98页。

否经历过赔偿时期，国内学者有不同看法。有观点认为中国古代虽有私和罪，但民间往往受财私和。① 就制度发展史而言，随着私和罪的确定，中国确实从未经历过国家法认可的赔偿时期；但从现有资料来看，中国古代民间一直存在大量的私和事例。关于此点，后文将进一步分析。

"原始社会的真正有意义的转变不是个人关系上从身份到契约的孤立变化，尽管这种从身份到契约的转变是后来欧洲法律的一个显著特点，但倒不如说，这个转变是一个过程。作为对法律规范维护的各种权力和职能，它们是从个人和他的亲属团体的性质，上升到作为一种社会实体的国家的性质的。"② 从人类发展历史来看，赔偿制度的产生是一种巨大的社会进步。但具体到中国的文化环境中来，通过赔偿来解决亲属为人所杀的仇恨，这种完全以物质利益为出发点的思考方式，却是为传统儒家文化精英所不齿的。因为儒家文化是一种早熟的文化，是以伦理道德为出发点来考虑人与人之间的权利义务关系并以之作为社会治理的根基的。唐朝的这种立法选择与儒家伦理道德观念有密切联系，因为中国古代法律正是由这些儒家文化精英制定的。③ 清末著名律学家沈家本即认为，尊长为人所杀私和是"贪利忘仇"。这也可以看作是古代律学家的代表性观点。

后世评价唐律，以清代纪昀所称"一准乎礼"最为精当。所

① "对于故意杀伤，自唐至清，禁止祖父母以下的有服亲属与罪犯私和，如因私和而受财多的，准照贼盗论罪。但实际上民间往往受财私和。"参见中国大百科全书总编辑委员会《法学》编辑委员会：《中国大百科全书·法学》，中国大百科全书出版社，1984 年，第 16 页。

② ［美］霍贝尔著，严存生等译：《原始人的法》，法律出版社，2012 年，第 264—265 页。

③ 在中国古代，"法典的拟订并不出于法律家的手笔。读书人只要对前代和当代的法律有相当的涉猎，便有精通法学之誉，可负此责。历代的法典，除汉律外，都成于这些儒臣之手。"参见瞿同祖著：《中国法律与中国社会》，中华书局，2003 年，第 330 页。

谓“一准乎礼”，实际就是在涉及君臣、尊卑、长幼、良贱等上下名分攸关的各个方面充分地表达纲常礼教的政治、社会及家庭伦理观。该条“疏议”部分说：“祖父母、父母及夫为人所杀，在法不可同天。其有忘大痛之心，舍枕戈之义，或有窥求财利，便即私和者，流二千里。若杀期亲，私和者徒二年半。‘大功以下，递减一等’，谓大功，徒二年；小功，徒一年半；缌麻，徒一年。‘受财重者，各准盗论’，谓受仇家之财，重于私和之罪，假如缌麻私和，合徒一年；受财十匹，准盗徒一年半之类。”① 疏议开头所说的“祖父母、父母及夫为人所杀，在法不可同天”，显然受前引《礼记》之语的影响。在复仇时代，服制越远则复仇义务越轻；在私和罪制度下，服制越远则惩罚越轻。这种“准五服以制罪”的法定刑设置正是儒家差序格局思想的集中体现。

疏议接下来所说的“其有忘大痛之心，舍枕戈之义，或有窥求财利，便即私和者，流二千里”则体现了儒家义利之辨的思想。“受财者准盗论，更不分亲疏贵贱、尊长卑幼，以其意在得财也。”② 这句话明确指出了私和罪的核心所在。《论语·里仁篇》就说：“君子喻于义，小人喻于利。”③ 朱熹说：“义者，天理之所宜。利者，人情之所欲。”④《礼记·仲尼燕居》说：“子曰：‘礼也者，理也’。”忘记父祖及夫为人所杀之仇明显是违背儒家所说的“礼”的基本要求的，甚至可以说是“天理不容的”。这也说明，制度的设计与选择不能仅考虑经济成本因素，还要考

① 《唐律疏议》，刘俊文点校，法律出版社，1999 年，第 362 页。

② ［清］沈之奇：《大清律辑注》，怀效锋、李俊点校，法律出版社，2000 年，第 711 页。

③ 历史学家余英时认为，孔子本人是不排斥商业的，但汉代以后的儒者逐渐发展了“轻商”的偏见。一直到明、清之际，儒家伦理才再次进入商业世界。参见余英时：《近世中国儒教伦理与商人精神》，载余英时著：《中国文化史通释》，生活·读书·新知三联书店，2012 年，第 55—56 页。

④ （宋）朱熹：《四书章句集注》，中华书局，2011 年，第 72 页。

虑具体文化背景下受众的情感因素。

律文最后一句规定："虽不私和，知杀期以上亲，经三十日不告者，各减二等。"结合"疏议"，多种情况可以构成不告：一是知杀不告。律文特指"知杀期以上亲"不告，但疏议进一步明确五服内之亲属互相杀害当告而不告的同样构成不告。在此，可以做一个当然解释：即便是五服内之亲属互相杀害也应告诉，则其他人杀害五服内之亲属当然应该告诉。① 二是知遇赦仇人返乡不告。这里特指"杀祖父母、父母应偿死者"遇赦返乡，知而不告。

在此，有一细节仍需明确：不告与私和是相对独立的法律行为。两者之间有一个共同点，那就是忘仇。不管是否收受了财利，忘仇都是儒家思想主导下的封建法制所不能容忍的；但相对于私和，不告的责任较轻。"各减二等"这一法定刑的差别设置就是最好的证据。由此可知，私和罪不是直接针对不告而做的制度设计，它直接针对的是受财私和行为。

第二节　私和罪制度发展轨迹

私和罪确立以后，在制度发展方面主要经历了三次较大的变化：一是"疏议"通过立法解释扩大了律文的适用范围；二是《大明律》"尊长为人杀私和"条减轻法定刑并通过漏洞补充方法扩大适用范围；三是《大清例》再次加重刑罚。

---

① 从法律人类学的研究来看，不同种族、不同文化背景下的人都会对外来侵害做出积极反应，完全消极的隐忍（如不告）是不可想象的。这就是斯宾塞所说的"不宽容者生存"。参见［日］穗积沉重著，曾玉婷、魏磊杰译：《复仇与法律》，中国法制出版社，2013年，第41页。

一、“疏议”扩大适用范围

《唐律疏议》系以《永徽律》为蓝本，经长孙无忌等人主持，召集解律者对之进行疏解。所谓疏议，就是法律解释。但这种解释又不完全同于今日之法律解释。在本条的疏议中，既有前文所引用的对于立法目的的说明，又有接下来所引的对条文具体适用的说明。因此，可以说疏议中的部分内容为今日立法中的立法理由；部分内容为今日的法律解释，更具体地说，是立法解释。

（一）旁人私和

该条疏议部分规定：后发输财私和，依法合重其事。如旁亲为出财私和者，自合“行求”之法，依《杂律》“坐赃论减五等”，其赃亦合没官。这就是说，加害人在事发后亲自送财私和，依律应当以杀人罪和给赃罪两罪并罚；旁亲代为出财私和的，应当依“有事以财行求”罪以坐赃处置。所谓以坐赃处置，即按“坐赃”条之规定“给予财物的，减五等处罚”。不仅加害人本人的私和行为要受到刑事处罚，旁亲代为出财私和也要受到刑事处罚。《大明律》“尊长为人杀私和”条规定：“常人私和人命者，杖六十。”①《大清律例》“尊长为人杀私和”条规定：“常人私和人命者，杖六十。”② 该条还专门对“常人”做了说明“为他人”。《大明律》和《大清律例》中相应条文所说的“他人”应该就是《唐律疏议》中相应条文所说的“旁人”。唐朝法律制度对后世法律制度的影响也由此可见一斑。

律文中并没有对“旁亲代为出财私和”这一问题进行规定。疏议中的这一制度设计实际上就是加大私和的成本，使相关当事人（包括“旁人”）在做出决定前更慎重的考虑。它的目的很明

① 《大明律》，怀效锋点校，法律出版社，1999 年，第 157 页。
② 《大清律例》，田涛、郑秦点校，法律出版社，1999 年，第 442 页。

确，就是从多方面着手，坚决防止受财私和。输财私和一旦被发现，不仅不能免除国家的刑事处罚，还要没收赃款并承担相应的刑事责任。在这种制度下，每个具备理性的人都会更谨慎地选择。

(二) 奴婢、部曲私和

疏议中说："又问：主被人杀，部曲、奴婢私和受财，不告官府，合得何罪？答曰：奴婢、部曲，身系于主。主被人杀，侵害极深。其有受财私和，知杀不告，金科虽无节制，亦须比附论刑。岂为在律无条，遂使独为侥幸。然奴婢、部曲，法为主隐，其有私和不告，得罪并同子孙。"所谓比附，就是对无明文规定的某种犯罪行为在性质认定、情节轻重或刑罚幅度上以已有内容作为比照处置的制度。用今天的法律术语来说，就是类推适用。疏议中所说的奴婢、部曲私和不告，"得罪并同子孙"，就是将奴婢、部曲的身份比照子孙进行处理，因为他们在中国古代法律关于"亲亲相隐"的规定中也是比照子孙进行处理的。这种比附的基础是人身关系的拟制，而这种人身关系的拟制，是儒家文化直接影响的结果。这是儒家文化中"家"观念的一种扩大，不仅君臣关系可以拟制成父子关系，主仆关系也可以拟制为父子关系。唯有如此，才能将家庭关系中的"孝"文化扩展适用。在此基础上，奴婢、部曲和主人之间才有"相隐"的义务，才有告发遭受他人侵害的义务。这就是疏议进行比附的内在逻辑，也是疏议的内部证成。

疏议明显扩大了律文的适用范围，将原条文中未涉及的旁人私和，奴婢、部曲都纳入了私和罪的适用范围。这种适用范围的扩大，应当属于我们现在所说的法律解释中的扩大解释。

二、《大明律》降低法定刑并扩大适用范围

（一）《大明律》降低法定刑

《大明律》“尊长为人杀私和”条规定：“凡祖父母、父母及夫，若家长为人所杀，而子孙、妻妾、奴婢、雇工人私和者，杖一百，徒三年。期亲尊长被杀，而卑幼私和者，杖八十，徒二年。大功以下，各递减一等。其卑幼被杀，而尊长私和者，各减一等。若妻妾、子孙及子孙之妇、奴婢、雇工人被杀，而祖父母、父母、夫、家长私和者，杖八十。受财者，计赃，准盗窃论，从重科断。常人私和者人命者，杖六十。”[①] 对此，沈家本指出：“明俱依《唐律》减一等，似失重义轻财之道。”[②] 这是指“杖一百，徒三年”相对于“流二千里”而言，刑罚减轻了一等，并依次类推。为什么明朝对私和罪的处罚会减轻？沈家本没有进一步论述。薛允升在其所撰的《唐明律合编》“尊长为人杀私和”条的“按”中也指出该点，同样没有分析其原因。

必须将明朝的私和罪置于当时的法律体系去中理解，才能获得较为合理的解释。相对于唐朝而言，明律中多了一项制度——烧埋银。烧埋银制度起源于元朝，包括《元典章》在内的很多元朝典籍中都有关于烧埋银的记载。有观点认为“元朝的烧埋银脱胎自命价银”。[③] 本书赞同这种观点。朱元璋在起义之初也曾颁令承认烧埋银制度。元末颁行的《大明令》中规定：“凡杀人偿命

① 《大明律》，怀效锋点校，法律出版社，1999 年，第 157 页。

② ［清］沈家本：《历代刑法考》，邓经元、骈宇骞点校，中华书局，1985 年，第 1871 页。

③ 从赔偿数量来看，烧埋银的数量明显远远高于正常的丧葬费用。该制度既有人命赔偿和安慰苦主的意思，也有对杀人者加重惩罚的意思。参见张群：《烧埋银与中国古代生命权侵害赔偿制度》，载范忠信、陈景良主编：《中西法律传统》，中国政法大学出版社，2004 年，第 292—293 页。类似观点还可参见［日］岩村忍：《元代法制中的人命赔偿——试论烧埋银与私和钱》，《蒙古学资料与情报》1989 年第 1 期。

者，征烧埋银一十两。不偿者，征银二十两。应偿命而遇赦原者，亦追二十两。”[①] 但随着明朝统治的稳固，烧埋银的适用范围逐渐缩小至弓箭杀人、威逼致人死。这表明明朝统治者对烧埋银制度经历了一个从全面接受到反思限制的过程。薛允升就此提出疑问：“既科以流徙杖罪，是照本律科应得之咎，已足蔽辜，又追埋银，是何理也?”随即又自答，“埋葬银两，唐律所无，元代律文杀伤门内征烧埋银者不一而足，或征五十两，或倍之，或征半，殆即明律征烧埋银两之所由仿乎?”[②] 薛允升是说烧埋银制度系仿自元朝，但烧埋银与其他刑事责任并行却有违传统的“罚则不科，科则不罚”的刑罚思想。

正是在这种冲突下，我们才能理解明朝统治者为何减轻了私和罪的刑罚。唐朝的私和罪是针对“贪利忘仇”而制定的。元朝的烧埋银制度承认人身伤害（包括人命案）所造成的损害可以通过金钱来得到弥补。私和与烧埋银的区别仅仅在受财的过程是否得到了国家政权的认可，而不在于是否接受钱财。在烧埋银制度下，受财的道德罪恶已经被打破了。这两个互相冲突的制度都是明朝统治者必须面对的制度遗产。一方面，明朝统治者仍然受传统儒家思想的影响，不敢轻易废除私和罪；另一方面，前引《大明令》的规定也显示烧埋银制度在明初社会中是被广泛接受的。一个较为合理的解释就是：立法者正是看到了其中的冲突，才在《大明律》中继续保留了私和罪这一制度，同时降低了它的法定罚。清朝对私和罪的刑罚基本与明朝一致，也并未进一步深究其中的不合理之处。[③]

---

① 转引自张群：《烧埋银与中国古代生命权侵害赔偿制度》，载范忠信、陈景良主编：《中西法律传统》，中国政法大学出版社，2004 年，第 298 页。

② ［清］薛允升：《唐明律合编》，怀效锋、李鸣点校，法律出版社，1999 年，第 498 页。

③ 制度既经普遍固定之后，则制度的本身，就具有很大的威权，更不必要什么理由了。参见吕思勉著：《中国通史》，凤凰出版社，2011 年，第 9 页。

(二)《大明律》扩大适用范围

《大明律》“尊长为人杀私和”条除降低法定刑之外，还有一点值得注意，那就是进一步扩大私和罪的适用范围。该条规定：“若妻妾、子孙及子孙之妇、奴婢、雇工人被杀，而祖父母、父母、夫、家长私和者，杖八十。受财者，计赃，准窃盗论，从重科断。”本句为《唐律疏议 》《宋刑统》俱无之文。本句所规定的犯罪主体与《唐律疏议》中“疏议”扩大适用范围不同，属于原条文词义无法涵盖的部分。因此，此处的扩大适用范围属于漏洞补充，而非法律解释。

这种漏洞补充体现了法律即人情。虽然儒家经典中并未强调尊长为卑幼复仇的义务，但尊长因卑幼之死而从加害人处收受财物，仍不合于人之常情。① 这种补充使私和罪的制度体系更加完善。

三、清例再次加重刑罚

前已言及《大清律》对私和罪的规定与《大明律》基本相同。但“大清例”却加重了对私和罪的处罚。“凡尸亲人等私和人命，除未经得财者仍照律议拟外，如有受财者，俱计赃准枉法论，从重定罪。若祖父母、父母被杀，子孙受贿私和者，无论赃数多寡，俱拟杖一百，流三千里。”②

从“计赃准盗论”改为“计赃准枉法论”是加重了刑罚；“杖一百，流三千里”较《唐律》的规定也更重。清例为何突然加重私和罪的刑罚？也许和前述《大明律》中增加了烧埋银制度有关。烧埋银制度的确立，使得更多的人去追求较为经济的私

① 沈之奇认为“尊长止减一等，名分虽卑，而所仇同也”。参见［清］沈之奇：《大清律辑注》，怀效锋、李俊点校，法律出版社，2000 年，第 710 页。

② 转引自霍存福著：《复仇 报复刑 报应刑——中国人法律观念的文化解说》，吉林人民出版社，2005 年，第 118 页。

和。当统治者意识到私和情形增多的时候，自然就要加重刑罚。即便如此，清例加重刑罚更多的只是一种表态。[①]

总体而言，私和罪的制度发展可以归纳为两个方面：一是适用范围的不断扩大。通过《唐律疏议》和《大明律》的两次扩大适用范围，私和罪的制度体系更加符合儒家伦理道德的要求。二是法定刑的变化。《大明律》减轻法定刑显然受到了元朝法制的影响。《大清例》加重法定刑很可能是为了应对私和现象的增加，但却体现出少数民族统治者借此表达他们尊奉儒家伦理道德的意味。

第三节　私和罪的实施情况

一、社会、法律评价及法定刑对比分析

为亲属复仇，一直以来受到中国传统社会中大多数人（民间、官员、儒家思想家、统治者）的支持[②]，因为有儒家的各种经典教义提供道义上的支持。受财私和却从一开始就被严格禁止，即便有它内在的经济合理性。[③] 暂时抛开公力救济方法，仅从私力救济的两种基本方式来看，报复受到多大程度的支持就意味着私和会受到多大程度的反对。

① 后文将分析，从唐朝和后唐发生的私和案例来看，私和者都被处以死刑。因此，清朝统治者是否加重法定刑对实际量刑没有实际影响。因此，这种加重刑罚的行为看起来更像表态。

② 这可以从古代民间许多人不顾一切的复仇，官员为了释放复仇者甚至愿意放弃官位，儒家思想家反复争论复仇是否应当受到国法的制裁，皇帝枉顾限制复仇之法律而对复仇者予以嘉奖。如此种种，足见儒家思想在这一问题上的巨大影响。

③ 告官是一种非经济的处理方式。相对而言，私和是经济方式。参见霍存福著：《复仇 报复刑 报应刑——中国人法律观念的文化解说》，吉林人民出版社，2005 年，第 115 页。另参见拙著：《民族习惯法的经济分析》，中央民族大学出版社，2011 年，第 114 页。

“法律的发展有一种不断复杂和日益完善的趋势，在这一过程中，追究不法行为和实施法律制裁的权力逐渐地从个人和亲属集团向公共官方机构转向。不过，哪怕是在一切发展水平较高的原始社会里，亲属集团仍占据重要的地位。但不断扩大的法律领域，已不准许它们独自解决法律纠纷。官方的司法机构的作用在日益扩大。”① 擅自复仇是对国家司法管辖权的冲击；私和不究却是对封建社会伦理道德基础的严重破坏。因此，中国历代统治者对复仇者的态度就是努力在儒家的复仇思想与强化国家司法管辖权之间寻求平衡；相对而言，统治者对私和的态度就明确而坚定得多。“从私和的规定中，我们也可看出法律对复仇的看法和处置，一方面觉得国法所在，不能任子孙随意私自报复，另一方面却又受了礼记复仇不共戴天的影响，认为父母被人杀死，子孙不告官请求申冤而私自和解，实非人子之道。违法报仇，尚不失为孝子之心；从伦理上讲，也并不为非，私自和解便是忘仇不孝。所以前者还情有可原，常得社会上的叹许和法外宥减；后者则大悖孝道，将为社会所齿冷，法律所不容了，实受社会和法律两种制裁。”② 复仇、私和、告官各自受到的社会评价和法律评价关系可以用简表表示如下：

评价	告官	复仇	私和
社会评价	合	合	否
法律评价	合	否	否

以上是从定性的角度进行分析。接下来，从定量的角度，就唐宋明清对报复及私和的不同法定刑进行对比分析：

① ［美］霍贝尔著，严存生等译：《原始人的法》，法律出版社，2012 年，第 263 页。

② 瞿同祖著：《中国法律与中国社会》，中华书局，2003 年，第 93 页。

朝代	复仇	私和
唐	同谋故斗杀，绞、斩。事后再杀，遇赦除名①	流二千里
宋	同唐。另附规定，子孙复仇者由有司具案奏取敕裁②	流二千里
元	无罪。杀父者并需付烧埋银五十两③	无
明	登时杀死无罪；事后再杀，杖六十④	杖一百，徒三年
清	登时杀死无罪；事后再杀，杖六十。杀死在逃犯，杖一百⑤	杖一百，徒三年

非常明显，唐、宋、明、清的法律中关于私和罪的法定刑要高得多。关于私和与复仇两者法定刑的考量，沈之奇说得非常清

① 《唐律》中并没有关于父祖为人所杀而子孙擅杀行凶者的规定。因此，对于此种情况，该适用何种法条，有不同意见。瞿同祖认为，唐律无复仇规定，有犯同谋故斗杀。宋律亦然。参见瞿同祖著：《中国法律与中国社会》，中华书局，2003 年，第 80 页。薛允升认为，唐律所以并无其文，盖不肯以杀人之权付诸平民，正孟子所谓为士师则可以杀之之意也。且不独此也，捕网门内两言罪人本犯应死而擅杀者加役流，与此意正相同。参见［清］薛允升：《唐明律合编》，怀效锋、李鸣点校，法律出版社，1999 年，第 623 页。显然，瞿同祖先生认为法律既无特别规定，自应依一般规定处理。即应依《唐律疏议·斗讼》“父祖为人殴击子孙即殴至折伤以上”“斗殴杀人及故杀伤人”条，处以绞、斩。事后再杀，且遇赦除名。薛允升认为，应参照适用捕亡门“杀空手拒捍或已拘执之罪人及罪人拘捕”及“擅捕非殴人折伤以上若盗及强奸之罪犯”条“罪人本犯应死而杀者，加役流”之规定。从解释方法来看，薛允升之意见更为可取，因为他考虑到了被杀者的特殊身份。但从唐朝对复仇者的实际量刑来看，有处以死刑的，而未有处以加役流的。因此，表中仍采瞿同祖先生之意见。

② 《宋刑统·斗讼》“祖父母父母为人殴击子孙却殴击”条。

③ 《元史·刑法志》“杀伤”。

④ 《大明律·刑律·斗殴》“父祖被殴”条。

⑤ 《大清律·刑律·斗殴》“父祖被殴”条。

楚："父祖被杀，礼必复仇，故私和有罪。法当行乎上，不可操乎下，故擅杀有罪。私和重至满徒，擅杀止杖六十，而杀在即时并免其擅杀之罪，皆扶植人伦，纲维世道之精义也。"[①] 需注意的是，明清关于报复的刑罚规定仅限于"子孙"即时救助"父祖"，其他服制亲属、拟制亲属不在此列。关于杀遇赦免应死罪人，咸丰年间又有新例。

总体而言，"从复仇罪和私和罪的关系中，我们可以看出法律对复仇事件的态度是要求子孙依据法律程序告官请求申雪，私和不究或私行擅杀都是法律所不容许的"[②]。换言之，立法者的最终目标是强化国家的司法管辖权。但从儒家伦理道德出发，对复仇与私和的法定刑做了明显的区别对待。

二、实际量刑对比分析

前文已述，自西汉末年禁止复仇以来，不少朝代都对报复施以重刑。[③] 但总体而言，更多统治者对复仇者不仅不加处罚，甚至加以表彰。仅以史料中记载的唐朝复仇事例做一个简单的统计[④]：唐朝复仇事例共 19 例，剔除为主复仇和政治复仇者 4 例，共 15 例。这 15 例中，未伏法者 2 例（在逃、未立案各 1 例），免予处罚者（含免予处罚且嘉奖 2 例）5 例，伏法者（含伏法后表彰者 2 例）6 例，移乡 1 例，配流 1 例。将这些数据总体分为两类：第一类为未受国家处罚的，共 7 例；第二类为受到国家法

① ［清］沈之奇：《大清律辑注》，怀效锋、李俊点校，法律出版社，2000 年，第 785 页。

② 瞿同祖著：《中国法律与中国社会》，中华书局，2003 年，第 93 页。

③ 魏文帝时期对复仇的处罚重至诛族；北魏世祖时期不但报仇者诛及宗族，邻伍相助者亦同罪；北周对复仇者亦处死刑。参见瞿同祖著：《中国法律与中国社会》，中华书局，2003 年，第 79 页。

④ 此处统计数字参见李隆献：《隋唐时期复仇与法律互涉的省察与诠释》，《成大中文学报》第 20 期。

律制裁的，共8例。将数字联系前文所说复仇的法定刑来看，复仇事例中未承担刑事责任、减轻刑事责任的达到了9例。

相对而言，私和罪的处罚就严格得多了。目前，学者在史料中找到的私和事例仅有两例[①]：分别是穆宗时柏公成母为人所杀私和事例和明宗时闻威父为人所杀私和事例。穆宗时柏公成母为人所杀私和事例见于《旧唐书·裴潾传》：

(唐) 穆宗立……召潾，再迁刑部郎中。有前率府仓曹参军曲元衡者，杖民百姓柏公成母。法官以公成母死在辜外，元衡父任军使，使以父荫征铜；柏公成私受元衡资货，母死不闻公府，法寺以经恩免罪。潾议曰：“典刑者，公柄也。在官者得施于部属之内。若非在官，又非所部，虽有私罪，必告于官，官为之理，以明不得擅行鞭捶于齐人也。且元衡身非在官，公成母非部属，而擅凭威力，横此残虐，岂合据于常典？柏公成取货于仇，利母之死，悖逆天性，犯则必诛”。奏下，元衡杖六十配流，公成以法论至死。公议称之。

明宗时闻威父为人所杀私和事例见于《旧五代史·唐书·明宗纪五》：

(后唐) 天成三年……八月……襄邑县民闻威，父为人所杀，不雪父冤，有状和解，特敕处死。

柏公成事例按照《唐律疏议》，罪不至死。闻威事例按照后

① 参见霍存福著：《复仇 报复刑 报应刑——中国人法律观念的文化解说》，吉林人民出版社，2005年，第116—117页。另参见李隆献：《隋唐时期复仇与法律互涉的省察与诠释》，《成大中文学报》第20期。

唐之法律规定，也可能罪不至死。[①] 但是，两人都被处死了。裴潾作为司法者，说得很清楚："柏公成取货于仇，利母之死，悖逆天性，犯则必诛。"裴潾的这种说法，完全脱离了《唐律疏议》的基本规定，是典型的"原心制罪"。闻威事例则是记录在"本纪"中，由皇帝"特敕处死"。从法律现实主义的观点来看，在司法者心中尊长为人所杀私和罪的刑罚只有一种——死刑。柏公成被处死后，"公议称之"，则说明处理结果的社会效果很好，很多普通民众也是赞成这种处理结果的。因此，几乎可以说，社会各界是一致赞同对私和罪处以死刑的。这种处理结果与前述复仇事例的处理结果形成鲜明对照，充分表明司法者的价值取向。

在此，还必须注意一个相关的问题，就是历史记录的客观性与可靠性的问题。因为历史从来都是统治者的历史，尤其是在封建统治的王朝。如果真是"全民""一致赞同"对私和处以死刑，则唐、宋、明、清历朝根本没必要在法典中规定该罪名了，因为个别的案例根本无处藏身。接下来的问题就是，为什么唐、宋、明、清律都规定了私和罪呢？与其说是历朝统治者杞人忧天式的一种理论假设，不如说受财私和一直是一种真实的潜在的制度选择。在一个

① 五代时期科罚窃盗、强盗及奸非的罪犯，大多采用重刑。据《册府元龟》卷613卷记载："末帝清泰九年，大理寺奏：所用法书'窃盗'条建中年脏三疋以上，决杀；数不充，量情决杖。先朝以量情法不定，命御史中臣龙敏等议：脏满三疋，准旧法；一疋以上，决杖八十；一疋以下，量罪决杖。大理寺又以量罪之文不定，其定夺下寺，召集寺官议，议云：脏一疋，杖脊十八；不满一疋，杖十五；不得财，杖臀十五。'从之。"参见杨鸿烈著：《中国法律发达史》，中国政法大学出版社，2009年，第326页。引文"清泰九年"应为"清泰元年"，末帝在位仅三年。天成三年为公元929年，清泰元年即公元934年，相距仅5年时间，法律不致大变。《旧五代史·刑法志》仅记载庄宗同光元年"'敕定州节度使速写副本进纳，庶刑法令式，并合本朝旧制。'从之。未几，定州王都进纳唐朝格式律令，凡二百八十六卷。"大致可知，后唐对唐律的沿袭是较多的。杨鸿烈所言"五代刑名大体和隋唐相差不多"也可为证。进而推测后唐就私和罪采《唐律疏议》之规定，仅具体量刑有变化。闻威若受脏满三疋应处死刑。在《旧五代史·唐史·明宗纪五》这样的宏观叙述中，罪人的犯罪情节自然是不会详细记载的。因此，只能说闻威依后唐律可能罪不至死。

经济未能取得重大发展、生存仍是首要任务的时代，经济赔偿始终都是一项有诱惑力的选择。如果没有私和罪这种制度设计的话，很可能将出现更多的私和事例。正是通过私和罪这种制度设计，提高了私和的成本，这种成本既包括社会制裁，还包括国家制裁。在复仇、告官和私和三者之间，本来私和赔偿是一种更有经济效率的制度。由于私和罪的存在，私和成了最不经济的选择。正是这种压力的存在，统治者才将私和罪一直列入立法范畴。

既然一直存在赔偿的冲击，为什么在现有资料中又很少见到关于私和罪的案例呢?《宋刑统》中的规定可以给我们提供一种解释。《宋刑统·贼盗律》“亲属被杀私和”条就说道：“亲属被杀，受财私和，下民多不知法条，官吏或公然听许。”[1] 这句话为我们提供了一个重要的信息：法律的应然与实然的脱节。这种脱节表现在两个方面：一方面，民众应当知法而实际不知。法律一经颁布施行，我们就假定民众已经知晓其内容并有义务遵守法律。即使犯罪主体不知道法律条文的具体规定，但只要其违反了法律规定，仍然要承担法律责任。这在今天的法学理论中叫法律“认识错误”。“下民多不知法条”可能导致这样一种结果：即便有私和行为的发生，大家也不会认为那是犯罪行为。因此，根本不会进入司法管辖的视野，自然也不会被记录下来。另一方面，官吏应当执法而实际懈怠。从应然的角度来讲，官吏应该严格执行国家法律，对于私和行为加以处罚。但官吏竟然“公然听许”，放任这种行为的发生。即使私和行为进入司法管辖的视野，也常常能够被官吏睁一只眼闭一只眼地放过。因此，私和行为更加难以被记录下来。这就是犯罪学中所说的犯罪暗数。对此，当时的立法者也只能建议：“请今后有犯此者，本人准律处分。如官司出意，教令私和者，减二等；容许者，减三等。”[2] 通过对官员容许与教唆私和者加以刑事处罚，增

① 《宋刑统》，薛梅卿点校，法律出版社，1999 年，第 317 页。

② 《宋刑统》，薛梅卿点校，法律出版社，1999 年，第 317 页。

加他们的违法成本，使他们不敢轻易参与到私和罪当中去，从而起到加强对普通民众的教化作用。这一规定实际上是承认了民间私和行为的大量存在，至少是存在。

从仅有的案例来看，司法者对私和者都处以死刑，并获得较为广泛的社会认可。但从宏观层面而言，则民间又存在大量的私和事例。从此时的制度而言，私和是个体成本最大的选项。[①] 但受制于诸多社会因素，私和罪的设立仍然未能消除民间私和现象的大量存在。这一局面说明了私和罪与私和现象之间一直存在紧张关系，这背后则是统治集团所追求的儒家伦理道德要求和基层老百姓朴实的经济追求之间的冲突。

第四节　本章结语

私和罪初见于《唐律疏议》，其后的《宋刑统》《大明律》《大清律》中也都有相应的规定。私和罪的确立是统治者从制度上对儒家伦理道德要求做出的具体回应，反映了统治者维护作为统治理论基础的儒家伦理道德的坚决态度。私和罪的制度发展、具体实施情况也体现出了儒家文化的巨大影响力。私和罪的实施一直面临着私和现象的冲击，统治者通过完善制度以加重私和成本，使得告官成为最优制度选择，以尽量加强国家的司法管辖权。但限于诸多因素，私和现象在民间仍然大量存在。

---

① 在告官的情况下，统治者仅处罚加害人；在复仇的情况下，加害人已由复仇者杀害，统治者转而对复仇者给与较轻的处罚；在私和的情况下，统治者不仅要处罚加害人，同时要对私和者给予严重的处罚。

第六章　刑法变通实施的制度障碍及制度重构

我国现行的 1997 年《刑法》第 90 条（以下简称“第 90 条”）规定：“民族自治地方不能全部适用本法规定的，可以由自治区或者省的人民代表大会根据当地民族的政治、经济、文化的特点和本法规定的基本原则，制定变通或者补充的规定，报请全国人民代表大会常务委员会批准施行。”对于这一规定的重要意义，学者普遍持肯定态度。[①] 有学者指出，该条文“既坚持法制的统一，又照顾少数民族地区的特点，这是原则性和灵活性的结合”[②]。“刑法规定这一条，是坚决贯彻了宪法原则和民族政策的，其意义是不可低估的。”[③] 现有研究成果中，对该条文具体含义的理解上存在一些误读的情况。对条文进行规范分析，厘清条文的含义及其和相关条文的关系对刑法变通实施具有重要意义。在国务院办公厅 2012 年印发《少数民族事业“十二五”规划》提出要“支持和帮助民族自治地方制定或修订自治条例、单行条例”的背景下，具有重要的现实意义和时代价值。

---

① 参见高铭暄著：《中华人民共和国刑法的孕育和诞生》，群众出版社，1981 年，第 128 页。吴宗金：《新刑法的民族变通补充原则》，《民族论坛》1997 年第 3 期。

② 高铭暄著：《中华人民共和国刑法的孕育诞生和发展完善》，北京大学出版社，2012 年，第 8 页。

③ 高铭暄著：《中华人民共和国刑法的孕育诞生和发展完善》，北京大学出版社，2012 年，第 80 页。

第一节　问题：第90条与《立法法》第8条的条文冲突

该问题是本书研究的逻辑起点。如果该条可以与《立法法》第8条（以下简称“第8条”）兼容，那么后文的修改建议就完全没有意义，而且是错误的。

《宪法》第58条规定：“全国人民代表大会和全国人民代表大会常务委员会行使国家立法权。”但对于哪些事项应该由法律规定一直没有明确范围，直到2000年制定《立法法》时才予以明确。该法第8条明确规定了10项只能由法律规定的事项，其中就包括“犯罪与刑罚”。《宪法通释》认为该规定是“对国家立法权规定了最低范围标准”①。在此情况下，《刑法》第90条的授权规定是否和《立法法》第8条的规定相冲突呢？

这需要结合几个相关条文来判断。《立法法》第63条第1款规定：“省、自治区、直辖市的人民代表大会及其常务委员会根据本行政区域的具体情况和实际需要，在不同宪法、法律、行政法规相抵触的前提下，可以制定地方性法规。”该条文重申了《宪法》第100条的规定。《立法法》第66条第2款规定：“自治条例和单行条例可以依照当地民族的特点，对法律和行政法规的规定作出变通规定，但不得违背法律或者行政法规的基本原则，不得对宪法和民族区域自治法的规定以及其他有关法律、行政法规专门就民族自治地方所做的规定作出变通规定。”综合这两个条文来看，可以从两个方面对第90条进行理解：首先需要明确的是省的人民代表大会能否基于第90条的授权制定刑法变通、

① 中国人大网：《中华人民共和国宪法通释》，公布日期：2006-12-18，http：//www. npc. gov. cn/npc/flsyywd/xianfa/node_ 13475. htm，访问日期：2014-3-7。

补充规定?[①] 这涉及第90条授权的性质问题。其次可以明确的是自治区的人民代表大会可以制定自治条例和单行条例。但马上出现的问题是自治条例和单行条例能就犯罪与刑罚做出变通规定吗?

第二节 刑法变通实施权的本质是地方立法权

要理解刑法变通实施权的本质,应当充分考虑其立法背景和立法过程。不能因为今天大家都习惯将法律的变通实施权划分到立法自治权下,就认为它自始就是立法自治权的一部分。

一、刑法变通实施权的本质是地方立法权

关于第90条,有学者指出,“我国各个民族由于社会、历史上的原因,政治、经济、文化上的发展是不平衡的……决定了在刑法的适用上不能完全‘一刀切’,而必须尊重和照顾各少数民族的特点,这样才能促进各民族的团结,有利于祖国四化建设事业。”[②] 这段话明确了该条文的立法目的。但是,该条的授权到底是立法自治权,还是地方立法权?没有较为明确的意见。对照我国1979年《刑法》第80条可以发现,除将原第80条之“自治区或者省的国家权力机关”修订为“自治区或者省的人民代表大会”外,其余文字表述完全一样。

---

① 有学者认为,《刑法》第90条的授权并不违反《宪法》《民族区域自治法》的规定。其理由主要是法律变通实施权的授权不仅来源于部门法的规定,更主要的是基于《宪法》与《民族区域自治法》的规定。该意见的主要问题在于忽视了《刑法》第90条所规定的权利主体问题。因此,本书认为该意见不能成立。参见周亦峰、张波:《民族自治地方刑事立法权的新解说》,《河南政法管理干部学院学报》2007年第5期。

② 高铭暄著:《中华人民共和国刑法的孕育诞生和发展完善》,北京大学出版社,2012年,第80页。

有关该问题，需要注意的一个细节是该法条的起草时间。我国刑法于1954年开始由全国人大常委会办公厅法律室负责起草，到1957年6月已经草拟出第22稿。[①]“根据中央指示精神，全国人大常委会法律室自1962年5月开始，对刑法草案第22稿进行多次修改。除组织中央政法机关和政法院校的一些同志讨论修改外，还在1962年11月发给全国司法会议和公安会议进行讨论。中央政法小组对此稿也进行过几次审议修改。到1963年10月9日写出第33稿，由全国人大常委会办公厅付印，即《中华人民共和国刑法草案（修正稿）》，共206条。”[②] 这就说明，1979年《刑法》第80条的内容实际上最晚在1963年已经定型。有学者指出，“这条除个别标点外，完全维持了第33稿相应条文的内容。”[③] 1979年《刑法》第80条来源于1963年第33稿第87条，仅仅将“民族自治地方”后的逗号删除。但是，第33稿第87条和57年第22稿中的相应条文的内容有较大差异，甚至可以说是根本性的变化。第22稿第91条规定：“民族自治地方，不能全部适用本法规定的，可以由自治机关，根据当地民族的政治、经济、文化的特点和本法规定的基本原则，制定变通或者补充的规定，报请全国人民代表大会常务委员会批准施行。”[④] 由此可见，第33稿对第22条相应条文的修改是根本性的。主要修改之处在于受权主体的变化，由“民族自治地方的自治机关”修改为“自治区或省的人民代表大会”。其他个别标点的修改对条文的含义并无实质性影响。从现有资料来看，无从探究立法者的主观目

---

① 高铭暄著：《中华人民共和国刑法的孕育诞生和发展完善》，北京大学出版社，2012年，第1页。

② 高铭暄主编：《刑法学原理》，中国人民大学出版社，2005年，第79页以下。

③ 高铭暄著：《中华人民共和国刑法的孕育诞生和发展完善》，北京大学出版社，2012年，第80页。

④ 高铭暄、赵秉志编：《中国刑法立法文献资料精选》，法律出版社，2007年，第261页。

的。因此，只能就该修改之处进行分析，以探求该条文的客观目的。

受权主体变化是最主要的修改内容，这意味着立法者对于受权主体的修改是经过慎重考虑的决定。第22稿第91条的规定是符合1954年《宪法》第70条第4款规定的。该款规定：“自治区、自治州、自治县的自治机关可以依照当地民族的政治、经济和文化的特点，制定自治条例和单行条例，报请全国人民代表大会常务委员会批准”。在这之后，1978年《宪法》第39条第2款也做了相同规定。既然如此，第33稿为什么又做出这么重大的修改呢？进一步检索资料可以发现，与第33稿第87条的授权规定相类似的还有1950年通过的《婚姻法》（已失效）。该法第27条规定：“在少数民族聚居的地区，大行政区人民政府（或军政委员会）或省人民政府得依据当地少数民族婚姻问题的具体情况，对本法制定某些变通的或补充的规定，提请政务院批准施行。”该规定直到1980年才由全国人大常委会通过修正案进行修改。

在新中国成立之初，百废待兴。在宣布废除《六法全书》之后，新中国的法律制度也是一片空白。1954年《婚姻法》的授权规定是从解决问题的角度出发的，是一种问题导向的制度设计。中央立法不能解决的特殊问题，交由相关地方的人民代表大会和人民政府制定变通、补充规定是完全合情合理的。而且，正由于法律制度的空白，并没有其他法律规定的制约。1954年《宪法》和1954年通过的《地方各级人民代表大会和地方各级人民委员会组织法》（以下简称《地方组织法》）都未对地方人民代表大会的立法权限做出明确规定。因此，在起草《刑法草案》时授权自治区或省的人民代表大会制定变通、补充规定与当时的有效宪法都是相容的，不存在效力冲突的问题。这种制度设计是一种既合法，又便捷高效的思路。

在这种制度设计中，“自治区或省的人民代表大会”制定变通、补充规定的立法权是地方立法权的一部分，而不是立法自治权。也就是说，该条文中的“自治区”强调的是它作为一级地方行政区，而并不是强调它作为民族自治地方的特殊性。《刑法问答》中明确表示：“制定变通或者补充的规定，应由自治区或者省一级的人民代表大会制定。这类变通或者补充规定可以是适用于全自治区的，也可以是只适用某些或者某个自治州、自治县，无论适用于哪一级，都只能由自治区或者省一级的人民代表大会制定，其他任何机关都无权制定变通、补充的规定。”① 《中华人民共和国刑法条文说明、立法理由及相关规定》在第 90 条的说明中也明确表示：“制定变通或者补充规定，应由自治区或者省一级的人民代表大会制定，并报全国人大常委会批准后方可执行，其他任何机关都无权制定或批准变通、补充的规定。”② 这些材料都可以有力地证明前述观点。

二、地方立法权向立法自治权转变

但是，法制情况在 1979 年发生了变化。1979 年 7 月 1 日通过的《地方各级人民代表大会和地方各级人民政府组织法》(1980 年 1 月 1 日起开始生效) 第 6 条规定：“省、自治区、直辖市的人民代表大会根据本行政区域的具体情况和实际需要，在和国家宪法、法律、政策、法令、政令不抵触的前提下，可以制订和颁布地方性法规，并报全国人民代表大会常务委员会和国务院备案。”这就是说，此时的地方立法权的权限已经受到了一些限制。1979 年《刑法》的通过和生效日期与之完全相同。

---

① 中国人大网：《刑法问答》，公布日期：2002-4-18，http：//www. npc. gov. cn/npc/flsyywd/flwd/2002-04/18/content_ 292828. htm，访问日期：2014-3-7。

② 全国人大常委会法制工作委员会刑法室：《中华人民共和国刑法条文说明、立法理由及相关规定》，北京大学出版社，2009 年，第 115 页。

问题也就由此开始产生。前文已述，第 90 条源于 1979 年《刑法》第 80 条（以下简称“第 80 条”），而第 80 条来源于《刑法草案》第 33 稿。刑法草案第 33 稿的定稿时间是在 1963 年。1963 年授权自治区或省的人民代表大会制定法律变通、补充规定不存在制度冲突的问题，但随着《地方组织法》的出台，就出现了法条授权规定与相关法律规定的冲突。正是在这一背景下，1980 年通过的《婚姻法》第 36 条对 1954 年《婚姻法》第 27 条的规定做了修改。

现行的 1982 年《宪法》第 100 条规定：“省、直辖市的人民代表大会和它们的常务委员会，在不同宪法、法律、行政法规相抵触的前提下，可以制定地方性法规，报全国人民代表大会常务委员会备案。”此后通过的新法或修正案都将法律变通实施权调整到立法自治权的框架下来。因为根据《宪法》的规定，自治条例和单行条例可以对法律规定做出适当的变通。这一方向调整的结果就是现行法律基本上都是授权民族自治地方的人民代表大会做出变通、补充规定，只有 1997 年《刑法》第 90 条授权“省的人民代表大会”制定变通、补充规定。这就是说，立法者还是普遍认为应当将法律变通实施权规范到立法自治权的范围中来。

但是，本书认为，不能因为其他法律都做了修改，就否定第 90 条立法之初确立的是自治区或省的人民代表大会的地方立法权。强行将它纳入立法自治权的范围内，只会得出一些错误的结论。这就是说，随着《地方组织法》及《宪法》的颁布实施，各法律的法条授权的性质发生了变化，由此前的地方立法权转变为立法自治权。大多数法律的授权条款已经完成了这一转变过程，但是由于刑法所涉及事项的特殊性质，立法上一直未完成这种转变。

随着《立法法》的颁布实施，中央立法权与地方立法权的划分终于有了更清晰的界限。前文已述，该法第 8 条规定了 10 项必须由法律做出规定的事项。该法还在第 9 条特别限制了有关犯罪和刑罚、对公民政治权利的剥夺和限制人身自由的强制措施和处罚、司法制度的授权。除此之外，地方立法权还需受第 64 条规定的限制，不得就《立法法》第 8 条规定的事项制定地方性法规。即便是作为第 90 条特别授权的地方立法权，也需面临授权立法的效力等级制约。“授权立法是立法机关授予某某主体以立法权的立法，它的发生和存在，通常都是为了解决重大问题，或是为了协助立法机关做它难以独立为之的大事，其权力往往是立法机关立法权力的延伸，其规格不可小视。”[①] “受权主体所制定的规范性法律文件应当报授权机关批准，或应当报授权机关备案。”[②] 但是，严格的批准程序并不能作为确定该规范性法律文件效力等级的最终依据。[③] 换言之，省人民代表大会制定的变通、补充规定的法律属性是地方性法规，无权就犯罪与刑罚做出规定。

综上所述，《刑法》第 90 条的规定与《立法法》第 8 条的规定相冲突。

三、自治法规是特殊的地方性法规

根据《宪法》第 116 条之规定，自治机关享有立法自治权。广义的立法自治权还包括变通执行、停止执行权。变通执行、停止执行又分为两种情况：第一种是民族自治地方的权力机关根据法律的特别授权作出的。如《民法通则》《婚姻法》《继承法》《森林法》《刑法》等法律都有特别授权。第二种是民族自治地方的自治机关根据《民族区域自治法》第 20 条规定对上级国家

① 周旺生著：《立法学》，法律出版社，2009 年，第 307 页。

② 周旺生著：《立法学》，法律出版社，2009 年，第 304 页。

③ 相似观点可参见周亦峰、张波：《民族自治地方刑事立法权的新解说》，《河南政法管理干部学院学报》2007 年第 5 期。

机关的决议、决定、命令和指示的变通执行或者停止执行。[①]“省的人民代表大会”无权制定刑法变通、补充规定，那么自治条例和单行条例能否制定刑法变通、补充规定呢？这会影响第90条的修改方向。如果可以，则可以将该条修改为自治机关的立法自治权。这实际上是回到第22稿的规定思路。如果不可以，则需另辟蹊径。

这一思考实际上是围绕着自治法规的法律地位进行的。有学者认为该条所规定的“自治区或省的人民代表大会”有权制定变通、补充规定属于法律变通实施权，进而认为《刑法》的这种授权规定不适当地扩大了省级人大的地方立法权，与《宪法》《民族区域自治法》《立法法》的相关规定存在冲突之处。[②]该类观点的支持者都认为变通、补充规定属于地方性法规。还有一种观点，认为刑法的变通、补充规定从性质上来讲属于“特别刑法”“单行刑事法规”[③]。学者的这种争论，既有理论关注的成分，但更多的是现实的成分。如果刑法变通、补充规定确实属于单行法，就不存在第90条的授权和《立法法》第8条的冲突问题了。那么，究竟哪一种观点更可取呢？

---

① 吴宗金主编：《中国民族区域自治法学》，法律出版社，2004年，第92页以下。

② 参见王培英：《析刑法对民族区域自治地方立法变通权的规定》，《法学杂志》2001年第3期。竹怀军：《刑法在民族自治地方变通或者补充的几个基本关系》，《法学杂志》2005年第2期。李健、邵栋豪：《我国民族自治地区刑事立法权的追问、批判与重构》，《法学杂志》2005年第5期。王亚妮、姚俊开：《刑事法律在西藏变通实施的探析》，《第四届民间法、习惯法研讨会论文集》（2008年，武汉），第460页。

③ 吴大华：《论少数民族犯罪的立法控制》，《云南大学学报》（法学版）2005年第2期。相同相似观点还可参见苏永生：《正义的妥协》，法律出版社，2009年，第159页。周亦峰、张波：《民族自治地方刑事立法权的新解说》，《河南政法管理干部学院学报》2007年第5期。宣炳昭、江献军：《民族自治地方刑法变通或补充立法探究》，载赵秉志主编：《新千年刑法热点问题研究与适用》（上），中国检察出版社，2001年，第165页。

认为刑法的变通、补充规定属于“法律”范畴的，所持的论据主要有它们的权利来源、立法机关、所涉内容、批准程序、撤销程序与地方性法规相比具有特殊性。但是，此种论证的推理过程是存在逻辑错误的。从前提“自治法规不是地方性法规”推导出“自治法规是法律”的结论，其大前提只能是“自治法规不是地方性法规，就是法律”①。这个大前提是不相容选言判断，否定其中一个选言肢，就可以肯定另一个选言肢。已有研究成果都只能证明自治法规不同于他们所说的狭义的地方性法规，却忽视了自治法规和地方性法规的相同点。更重要的是，他们同时忽视了自治法规和法律的不同点。因此，该种推理过程存在逻辑缺陷。认为刑法的变通、补充规定为“地方性法规”范畴的，主要是从《立法法》关于自治条例和单行条例制定权相关条款的体系解释出发的。《立法法》第四章将地方性法规、自治条例和单行条例并列在第一节，就是要强调二者既有相同点，又有不同点这样一种特殊关系。正因为如此，持该种观点的学者又将地方性法规进一步区分为“一般地方性法规”和“自治条例、单行条例”。该观点就同时关注到了二者的相同点和不同点，并认为相同点是更重要的。因此，有学者认为：“自治条例和单行条例在中国法的形式体系中，是低于宪法、法律、行政法规的一种形式。由于它的特殊性，其效力等级与地方性法规的效力等级不适宜做级别或层次的划分，而应当做类别的区分。”②本书赞同这种观点。

在这种体系解释之外，我们必须重视的一点就是，作为自治法规立法主体的民族自治地方的人民代表大会本身，同时也是一级地方权力机关。从民族区域自治制度上看，“民族自治地方的自治机关”（《宪法》第三章第六节标题）是其法律地位最权威、

① 根据逻辑学三段论推理规则，前提中有否定命题，结论必然为否定命题。因此，不可能就该前提和结论构造三段论的演绎推理。

② 周旺生著：《立法学》，法律出版社，2009 年，第 294 页。

最准确的表述。对于民族自治地方，《宪法》及《民族区域自治法》强调的都是其作为"地方"的特殊性。因此，在自治法规的法律地位问题上，可以强调它不同于一般地方性法规，但却不能据此认为自治法规属于法律范畴。

综上所述，本书认为，包括自治区的自治条例和单行条例在内的所有自治法规都是特殊的地方性法规，无权就"犯罪与刑罚"问题做出规定。这就是说，第 90 条的修改无法通过回到第 22 稿的思路予以解决，因为在它之后颁布实施的法律制度已经限制了它的作用空间。因此，第 90 条的修改只能另寻他法了。

第三节　对刑法变通实施权的两点误读

近些年，很多学者开始关注民族法学相关问题的研究，为民族法学的发展提供了丰富的视角。这些研究中有不少新的见解，但也存在一些误读。本书仅对《刑法》第 90 条的理解中出现的两个突出问题进行规范分析，以期为该条文的正确理解适用与修改提供一些参考。

一、直辖市的刑法变通实施权问题

《刑法》第 90 条规定："自治区或者省的人民代表大会"可以制定变通或者补充规定，并未明确规定"直辖市的人民代表大会"也享有同等权力。1997 年 3 月，全国人民代表大会批准设立的重庆直辖市辖区内包括 4 个自治县，分别是秀山土家族苗族自治县、酉阳土家族苗族自治县、石柱土家族自治县、彭水苗族土家族自治县。因此，有学者提出疑问，"直辖市的人民代表大会"是否享有同等权力。因为重庆市辖区内的自治县也可能遇到"不能全部适用"刑法规定的情况。

有学者认为，答案是否定的。因为"《刑法》第 90 条并没有赋予直辖市人民代表大会刑法变通或补充规定的制定权，按照立法原意，不宜做扩大解释。不难看出，这事实上造成了不同民族自治地区在制定刑法变通或补充规定权力上的不平等”①。从法律解释的方法来看，该种意见的解释属于严格的“字面解释”，犯了机械主义错误。作者其实已经在一定程度上认识到了这种错误，因为纠正这一错误所要用到的方法，正是他提到的“立法原意”。

要回答“直辖市的人民代表大会”是否享有同等权力，我们需要探求该条文的立法原意。关于立法原意，历来有主观说、客观说的分歧。由于主观说所要求的探求立法者的立法原意经常是非常困难的，甚至是不可能完成的任务。因此，现在大多数学者主张客观说。“刑法是成文法，它通过语词表达立法精神和目的，因此，解释者应当通过立法者所使用的语词的客观意义来发现立法精神和目的。”② 在此，我们应该探求的是条文所规定的“自治区或者省的人民代表大会”客观意义。经查询发现，1997 年修订《刑法》与重庆直辖市批准设立是在同一天，都是 1997 年 3 月 14 日。这就是说，在 1997 年修订《刑法》的时候，重庆直辖市尚未正式设立。在 1979 年《刑法》和 1997 年《刑法》中，该条所规定的“自治区或者省的人民代表大会”实际涵盖了条文当时涉及的全部省级行政区，因为当时的北京、天津、上海三个直辖市辖区内都没有自治县，不涉及该问题。因此，该条文的表述完全涵盖了它当时涉及的省级行政区，在外延上是周延的。这就表明，立法时并无遗漏。

随着重庆市的设立，法律褶皱出现了。为抚平这一褶皱，我

① 李健、邵栋豪：《我国民族自治地区刑事立法权的追问、批判与重构》，《法学杂志》2005 年第 5 期。相同观点还可参见张殿军：《我国民族自治地方刑法变通的反思与重构》，《民族研究》2009 年第 1 期。

② 张明楷著：《刑法分则的解释原理》（上），中国人民大学出版社，2011 年，第 29 页。

们应采用适当的法律解释方法。根据通说，法律解释当以文义解释为首要方法。文义解释又可细分为限缩解释与扩张解释[①]。在该条文的理解中出现的问题是条文中所说的“自治区或省”是否可以涵盖“直辖市”。很明显，这里应该采用扩张解释的方法。如前所述，立法时条文所用之词是周延的。为了充分照顾少数民族的特殊性，也为了达至所涉范围的周延性，可以就条文中的“省”一词做扩大解释，解释为“省一级”。如此一来，就可以将“直辖市”纳入原条文的涵盖范围了。这完全在原条文用词的可能意义范围之内。《刑法条文说明、立法理由及相关规定》在第90条的说明中就明确表示“‘制定变通或者补充的规定’是指民族自治区或者省一级的人民代表大会根据当地民族的政治、经济、文化的特点和本法规定的基本原则，对刑法的有关规定作一些变通或者补充的规定”[②]。作为直辖市的重庆市明显属于该处所说的“省一级的人民代表大会”。

由此可见，在直辖市的人民代表大会是否有权制定变通、补充规定这一问题上，仅需做适当的法律解释，即可抚平这一法律皱褶。答案是明确的，该条的授权范围包括辖区内有民族自治地方的直辖市。但需进一步说明的是，该分析仅具有历史意义，因为随着《立法法》的颁布实施，该条文的合法性已经出现问题。相关问题将在下文中分析。

二、自治州、自治县的刑法变通实施权问题

《刑法》第90条中显然没有规定自治州、自治县的刑法变通实施权。

① 参见王泽鉴著：《民法概要》，中国政法大学出版社，2003年，第17页以下。杨仁寿著：《法学方法论》，中国政法大学出版社，1999年，第139页。

② 全国人大常委会法制工作委员会刑法室：《中华人民共和国刑法条文说明、立法理由及相关规定》，北京大学出版社，2009年，第115页。

有学者认为，是刑法漏掉了自治州、自治县，实际上是忽视、剥夺了自治州、自治县作为自治机关所享有的自治权。[①] 因为根据我国《宪法》《民族区域自治法》的规定，民族自治地方只有行政级别的差异，自治机关享有完整的自治权则是相同的。[②] 也就是说，不能因为自治区的行政级别高，就享有完整的自治权；自治州、自治县的行政级别较低，就不能享有完整的自治权。这是民族平等原则的基本要求。

有学者认为，第 90 条的立法意图是要适当提高刑法变通、补充实施规定的制定层级，保证相对的立法统一性和立法质量。[③] 《刑法问答》也明确表示："必须报全国人大常委会批准后才能施行，未经批准的不得实施。规定报全国人大常委会批准，主要是全国人大常委会有权修改刑法，经过其批准的民族自治地方的变通或者补充性规定即具备了较高的严肃性和权威性，同时，经过全国人大常委会在批准前的审查工作，也可以防止地方制定的规定与刑法基本原则相抵触。"[④] 在其他法律都先后修改授权规定，将变通、补充规定制定权授予各民族自治地方自治机关的情况

---

① 参见王培英：《析刑法对民族区域自治地方立法变通权的规定》，《法学杂志》2001 年第 3 期。竹怀军：《刑法在民族自治地方变通或者补充的几个基本关系》，《法学杂志》2005 年第 2 期。李健、邵栋豪：《我国民族自治地区刑事立法权的追问、批判与重构》，《法学杂志》2005 年第 5 期。

② 主要原因有二：一是既然都是民族自治地方，就要实行权利平等。二是有利于各民族自治地方掌握自己的命运。参见周旺生：《立法学》，法律出版社，2009 年，第 293 页。

③ 参见吴宗金：《新刑法的民族变通补充原则》，《民族论坛》1997 年第 3 期。向平生、成序：《民族自治地方刑法立法变通或补充探究》，《中山大学学报论丛》2006 年第 7 期。周亦峰、张波：《民族自治地方刑事立法权的新解说》，《河南政法管理干部学院学报》2007 年第 5 期。

④ 中国人大网：《刑法问答》，公布日期：2002-4-18，http：//www.npc.gov.cn/npc/flsyywd/flwd/2002-04/18/content_ 292828.htm，访问日期：2014-3-7。

下，《刑法》条文却始终没有对此进行修改。[①] 这表明《刑法》立法机构对这一问题的态度是明确而且坚定的。在无法改变《宪法》《民族区域自治法》关于民族自治地方立法自治权的权力结构的情况下，他们不愿放弃其基本立场而修改条文来做到形式上的相关法条之间逻辑融洽。即便有学者认为该条的规定违反上位法，《刑法》立法者仍不愿意做出妥协。《刑法》立法机构所持的这一立场是值得肯定的。这与刑法规定所涉及的事项的重要性是一致的。从相关事项的立法权威性来看，由自治州、自治县这样级别的人民代表大会来制定变通、补充规定，确实存在不足之处。

有学者针对自治州、自治县立法自治权在该问题上的缺失问题提出，可以考虑赋予自治州、自治县"非法定程序权"，"即可以通过工作程序，明确自治州和自治县的人大常委会向省人大常委会提出变通补充规定的草案意见。"[②] 这样既可以避免省人民代表大会"不了解情况"，又可以避免自治州和自治县"没有立法权"而影响工作。该建议较之其他很多修改建议更具有实际意义，但仍有值得探讨之处。有关内容，将在下一个部分详细分析。

至此，可以就本标题的问题做出否定回答：《刑法》第 90 条未授权自治州、自治县的人民代表大会制定相关变通、补充规定。这种立法态度是一贯的、坚定的。因此，在提出相关建议时必须考虑这一立场。

---

① 现行法律的授权规定仍有不统一之处，既有受权机关的不统一，也有批准登记机关的不统一。具体情况可参见《民法通则》第 151 条、《继承法》第 35 条、《森林法》第 41 条等相关法律规定。

② 吴宗金：《新刑法的民族变通补充原则》，《民族论坛》1997 年第 3 期。

第四节　《刑法》第90条之修改建议

一、已有修改建议分析

自1979年《刑法》确立刑法变通实施权，到1997年《刑法》第90条，再到之后的历次刑法修正案，都没有对该条文做实质性改动。已有研究成果也提出了很多建议，比较典型的意见有三种，我们就从分析已有建议出发，来探讨这一问题。

上一部分讲到，有学者提出“非法定程序权”来弥补自治州、自治县在刑法变通实施权上的不足。该建议的优点在于最大限度保持了《刑法》第90条的稳定性，而又在体制内为自治州、自治县寻找到了一定的制度空间。但该建议存在一个缺陷，就是作者所说的“自治州、自治县的人大常委会”提出草案意见。结合该学者的相关论文可知，他所说的“提出草案意见”就是“提出草案”①。

该建议与1997年《刑法》修正案将“自治区或者省的国家权力机关”修改为“自治区或者省的人民代表大会”的精神有不协调之处。因为该修改意味着“自治区或者省的人大常委会没有该项权力了。这种改动，说明了变通补充刑法是一种非常重大的事情，只能由自治区或者省的人民代表大会通过”②。因此，该建议与1997年《刑法》修正案相关条款的修改意见有不协调的地方。进一步思考可以发现，该修正实际上是适应了《民族区域自治法》关于自治机关的规定。因为根据相关法律规定，自治机关指的是民族自治地方的人民代表大会和政府，民族自治地方的人

① 参见吴宗金：《新刑法的民族自治地方变通补充原则及有关民族问题的罪名辨析》，《中央民族大学学报》（社会科学版）1997年第6期。

② 吴宗金：《新刑法的民族变通补充原则》，《民族论坛》1997年第3期。

大常委会不是自治机关。①

有学者认为《刑法》第 90 条可以修改为：“民族自治地方不能全部适用本法规定的，可以由民族自治地方的人民代表大会，根据当地民族的政治、经济、文化的特点和本法规定的基本原则，制定变通或者补充的规定。自治区的变通或者补充的规定，报全国人民代表大会常务委员会批准后生效；自治州、自治县的变通或者补充规定，报省或者自治区的人民代表大会常务委员会批准后生效，并报全国人民代表大会常务委员会备案。”② 该建议明显受到《宪法》《民族区域自治法》关于自治条例、单行条例制定程序的影响，也是该建议的优点。该建议的问题也很明显：一方面赋予了自治州、自治县刑法变通实施权；另一方面削弱了全国人大常委会批准生效的权力，而赋予了自治区或者省的人民代表大会常务委员会批准生效的权力。这与前文分析的《刑法》第 90 条重视受权主体级别的立法态度有较大的出入。与《立法法》第 8 条的精神也严重相背离。

有学者认为，可以在保持现行《刑法》第 90 条规定不变的情况下，“修改《立法法》的相关规定，对该法第 8 条、第 9 条规定的全国人民代表大会制定‘犯罪与刑罚’的专有权力做出例外规定，授权自治区以及辖有自治地方的省和直辖市的人民代表大会享有依照《刑法》第 90 条的规定，制定有关刑法变通单行

① 高铭暄教授也指出：“考虑到国家权力机关包括人民代表大会及其常设机关人大常委会，而根据宪法的规定，只有民族自治地方的人民代表大会才有权制定自治条例和单行条例，为使刑法用语更加准确，避免歧义”，故做此修改。参见高铭暄：《中华人民共和国刑法的孕育诞生和发展完善》，北京大学出版社，2012 年，第 285 页。

② 王培英：《析刑法对民族区域自治地方立法变通权的规定》，《法学杂志》2001 年第 3 期。相似观点还可参见竹怀军：《刑法在民族自治地方变通或者补充的几个基本关系》，《法学杂志》2005 年第 2 期。李健、邵栋豪：《我国民族自治地区刑事立法权的追问、批判与重构》，《法学杂志》2005 年第 5 期。

条例的权力。”[①] 该建议解决了《立法法》与《刑法》在刑法变通实施权主体方面的冲突，同时保持了《刑法》第 90 条的稳定性。该建议的不足之处在于无法证明其合理性。为何关于“犯罪与刑法”的立法权限条款要单独修改？举重以明轻，其他立法权限条款也基本都可以修改。这与《立法法》第 8 条的立法精神严重冲突。

二、本书拟提出之建议

错误不会因为坚持而变成正确，只能是坚持错误。前文已经分别论述，第 90 条授权自治区或省的人民代表大会制定变通、补充规定与《立法法》第 8 条的规定是相冲突的。因此，必须对第 90 条做出相应的修改。

立法应当注意单个的立法现象的前后左右联系以及它们在这个联系中的位置，“未能全面注意这种联系，未能积极注意把单个的立法现象置于整个立法活动过程中观察，未能积极注意把整个的立法活动过程看作是一个一个的立法现象的有机联系的整体。这样，立法理论研究落后和立法运作缺乏科学性，就不可避免”[②]。因此，任何立法建议都要考虑该条文在本法中的地位及其和相关法律中的规定的相容性。

首先应当考虑立法者的基本态度。前文已述，《刑法》第 90 条之规定已经明显与现行《立法法》存在冲突。但是，在这一冲突确立后，全国人大常委会共通过了 6 个《刑法》修正案，但这些修正案对该问题都采取了回避的方式，未对该冲突做出积极回应。在缺乏刑法修正案立法资料的情况下，我们无从了解其具体原因。但我们可以分析其行为逻辑：前文已经分析，立法者不愿

① 张殿军：《我国民族自治地方刑法变通的反思与重构》，《民族研究》2009 年第 1 期。

② 周旺生著：《立法学》，法律出版社，2009 年，第 158 页。

将刑法变通实施权赋予自治州、自治县，主要是出于立法层级、立法质量的考虑。在《立法法》颁布实施后，刑法的授权规定本身就面临着合法性问题。既然冲突很明显，为什么立法机构不做出相应的修改呢？分析可知，立法机构面临着两难选择。第一，在不赋予自治州、自治县刑法变通实施权的前提下，按照原有思路调整受权主体范围始终无法解决授权相关省级人民代表大会行使变通实施权的合法性问题。因此，改与不改的结果是一样的。不改是老问题，改了是新问题。用新问题招来批评，不如保留老问题。第二，删除该条可能会给人带来限制民族自治地方立法自治权的印象，并因此招来批评。虽然该种修改是与《立法法》的规定精神相一致的，但在民族问题无小事的指导思想下，回避是立法者的理性选择。

要提出该条文的修改方案就不能脱离以上背景，否则就是彻底的自说自话，甚至不能自圆其说。本书认为，要解决刑法在民族自治地区实施中的特殊问题，较为理想的方式是通过单行刑法来实现。即将《刑法》第 90 条修改为：“民族自治地方不能全部适用本法规定的，由全国人民代表大会常委会根据当地民族的政治、经济、文化的特点和本法规定的基本原则，制定单行法。”

采用刑事单行法来处理该问题，有如下几个优点：第一，可以解决原条文与《立法法》的冲突。由全国人大常委会制定单行法，符合《立法法》第 8 条关于立法权限的要求。第二，可以解决受权主体范围的问题。由全国人大常委会制定单行法，省级人民代表大会的变通实施权问题以及自治州、自治县的人民代表大会的变通实施权问题都不存在了。第三，有先例可循。我国在 1979 年《刑法》颁布实施后，为了应对经济社会发展中的新问题，制定了很多单行法。至今仍有少部分继续有效。这就表明，可以通过单行法来解决经济社会发展中的刑法问题。第四，不会影响现行《刑法》的基本结构。《刑法》变通实施中有很多具体问题需要加以规定，少数几个条文无法满足需要；条文太多则可能影响现有《刑法》的整体结构。单行法可以制定相对详细的规定，且不会影响现行《刑法》的基本结构。第五，可以最大限度地保留原有的立法精神。改用单行法来解决刑法在民族地区实施过程中可能出现的不适应问题在形式上看是缩小了立法自治权的变通范围，但实际上并非如此。根据《立法法》和《全国人民代表大会组织法》的规定，一个代表团或者三十名以上代表联名，可以提出法律案。这样的话，民族自治地方所在的选举单位（自治区、省、直辖市的代表团）可以提出法律案，与原条文所规定的由“自治区、省的人民代表大会制定变通、补充规定”的精神比较一致。自治州、自治县也可以通过法律提案的征集途径向所在的选举单位以及其他选举单位的代表提出建议。

第五节　本章结语

最后，需要明确的一点是本书是一种基于规范分析而提出的修改建议。该建议的首要意义在于使修改后的《刑法》第 90 条与《宪法》《民族区域自治法》《立法法》的相关条文做到逻辑融洽。

一个现实问题是自 1979 年《刑法》规定刑法变通实施权以来，各自治区、省的人民代表大会从来没有制定过刑法相关变通、补充规定。但很多民族自治地方却不同程度的存在“司法变通”的情况。从立法中心主义的视角来看，“司法变通”是与现行法律制度的规定相违背的。但这种情况的长期而广泛的存在，说明“司法变通”存在一定的合理性。民族自治地方的司法机关可以在司法政策允许的范围内，较好地解决少数民族刑事习惯法与国家法律的冲突与协调问题。但不可否认的是，很多民族自治地方的“司法变通”中存在“向习惯法逃逸”的情况。因此，相关部门仍然有必要制定一定的行为规范对"司法变通"进行规范。

可以期待，全国人大常委会将制定出适合少数民族地区政治、经济、文化发展需要的单行法，为规范民族自治地方的司法变通行为提供有力的制度支持。这也是该修改意见的第二点意义。

第七章　刑事和解和赔命价制度的契合与冲突

“所有的习俗，当作为起源的实际用途消失后，习俗便依靠着惯性存续，因此，在过去，其本身所具有的十分显著的效用就能长久地维持着该习俗，往往在刑法已经确立了之后依然留存，发挥着缓和刑罚的作用。”① 赔命价制度在历经漫长岁月后，至今仍在藏区发挥一定作用。赔命价制度的存在确实在一定程度上发挥着缓和刑罚的作用，特别是在减少死刑方面的作用。但如何在现行法律体系下获得适当认可，仍是一个没有完全解决的重要问题。

我国是一个统一的多民族国家。长期以来，各民族之间在政治、经济、文化等方面存在巨大差异。根据民族学、人类学的研究成果，新中国成立前有的民族仍处于原始社会，有的处于奴隶制社会，有的处于农奴制社会。为了解决多民族国家的统一问题，根据中国共产党成立以来解决民族问题的理论发展与实践经验，在新中国成立之初就确立了民族区域自治制度。现行《宪法》（1982 年）确定了民族自治地方自治机关的立法类自治权、财经类自治权、人才类自治权、科教类自治权、社管类自治权。《民族区域自治法》进一步强调和细化了相关规定。一些部门法，

---

① ［日］穗积陈重著，曾玉婷、魏磊杰译：《复仇与法律》，中国法制出版社，2013 年，第 70 页。

如《民法通则》《婚姻法》《森林法》《刑法》《继承法》等法律都授权自治机关制定变通、补充规定。截止到2003年，我国155个民族自治地方（5个自治区，30个自治州，120个自治县）共制定了自治条例133个、单行条例384个，民族自治地方根据本地的实际，对婚姻法、继承法、选举法、土地法、草原法等法律的变通和补充规定有68件。① 民族自治地方自治权的行使为保障各少数民族正当权益提供了有力保障。

立法自治权既是自治权的重要组成部分，又是保障其他自治权的重要方式。各少数民族在长期的生产生活中形成了内容丰富、形式多样的传统文化。民族习惯法是少数民族传统文化的重要组成部分。现有自治法规也在一定程度上体现了对民族习惯的肯定与吸纳②，但这种肯定与吸纳还远远不够，特别是对刑事习惯法的肯定与吸纳完全没有。

第一节 悖论：违法性与合理性

一、关于违法性的争论

改革开放初期，社会治安不断恶化。1983年，中共中央发出《关于严厉打击刑事犯罪活动的决定》。1984年初，彭真委员长指出："对于少数民族中的犯罪分子在处理上一般要从宽。"1984年中央5号文件指出："对少数民族中的犯罪分子要坚持'少杀少捕'，在处理上一般要从宽。"该政策一般被总结为"两少一

① 国务院新闻办公室：《中国的民族区域自治》白皮书，发布时间：2005-2-28，http://www.scio.gov.cn/zfbps/ndhf/2005/Document/307890/307890.htm，访问时间：2014-3-07。

② 高其才：《当代中国民族自治地方法规中的习惯》，《法学杂志》2012年第10期。

宽”[①] 政策。许多民族自治地方的司法机关在司法活动中通过该刑事政策的运用，在一定程度上消解了民族习惯法与刑法的紧张关系。对于这种司法实践中的变通行为，学者一般称其为“变通司法”[②]。对于这种司法变通行为，有两种截然不同的看法：

一种观点认为这种做法是“民族自治地方自治权的体现”，可以“更好地解决法律冲突问题，保证我国法律在民族自治地方的正确实施”。[③] “‘两少一宽’作为民族地区少数民族犯罪的基本刑事政策，经过数十年的检验，发挥了维护民族地区治安稳定和民族文化认同的功效。”[④] “依党的法律政策对刑法的规定变通适用，不但从效果上讲对维护少数民族地区的安定团结起了积极作用，而且从法学上并不悖依法司法的司法原则。”[⑤] 另一种观点认为：“这种做法于法无据，实质上是在刑法所确立的严格罪刑标准之外由司法人员另外树立了一套罪与非罪、罪轻与罪重的标准，其出发点虽是好的，但违反了罪刑法定这一刑法基本原则……在司法实践中对刑法的变通实施，并非是行使自治权的体现，而是滥用权力。”[⑥]

反对者的观点无疑是从严格的立法主义视角出发的。但在立

---

① 参见郑其猛著：《中国民族刑事政策研究》，民族出版社，2010 年。

② 姚本模：《办理少数民族地区的特殊案件要特别注重社会效果》，《人民检察》1987 年 8 月。相似观点还可以参见吴大华：《论我国刑法在少数民族地区的适用》，载中国法学会刑法学研究会：《全国刑法硕士论文荟萃》，中国人民公安大学出版社，1989 年，第 56 页。

③ 张晓辉主编：《中国法律在少数民族地区的实施》，云南大学出版社，1994 年，第 180 页。

④ 吴大华：《论少数民族犯罪的司法控制》，《云南大学学报》（法学版）2005 年第 1 期。

⑤ 胡启忠：《论民族地区的法律变通》，《西南民族学院学报》（哲学社会科学版）2002 年第 7 期。

⑥ 梁华仁、石玉春：《论刑法在少数民族地区的变通》，《政法论坛》2001 年第 2 期。

法变通缺失的情况下，司法变通有其合理性。司法变通是在相关刑事政策的指导下开展的，是符合社会主义法治精神的。即便如此，即使是支持司法变通的学者也注意到其运行过程中存在一些问题，特别是对待由“风俗习惯引起的刑事案件在量刑上不分案件具体情况而采取一律从轻或减轻处罚的倾向”① 大量存在。此外，“在少数民族自治地方的司法官员素质参差不一的现实情况下，难免会出现执法上的混乱”②。总体而言，目前的司法变通确实较好地维护了民族地区的社会稳定和社会秩序。但是，在司法变通过程中也出现了很多“向习惯法逃逸”的现象。

二、契合：内在合理性

（一）刑事和解、恢复性司法理念受到青睐

2006 年 10 月，中共中央通过的《关于构建社会主义和谐社会若干重大问题的决定》第六部分说到“实施宽严相济的刑事司法政策，改革未成年人司法制度，积极推行社区矫正”。2007 年 1 月，最高人民法院印发的《关于为构建社会主义和谐社会提供司法保障的若干意见》第五部分专门论述“坚持宽严相济，确保社会稳定”③。有学者指出，宽严相济是原中央政治局常委罗干首先提出的。④

---

① 张晓辉主编：《中国法律在少数民族地区的实施》，云南大学出版社，1994 年，第 184 页。

② 胡启忠：《论民族地区的法律变通》，《西南民族学院学报》（哲学社会科学版）2002 年第 7 期。

③ “决定”强调：当宽则宽，最大限度地减少社会对立面。重视依法适用非监禁刑罚，对轻微犯罪等，主观恶性、人身危险性不大，有悔改表现，被告人认罪悔罪取得被害人谅解的，尽可能地给他们改过自新的机会，依法从轻、减轻处罚，对具备条件的依法适用缓刑、管制、单处罚金等非监禁刑罚，并配合做好社区矫正工作。参见《关于为构建社会主义和谐社会提供司法保障的若干意见》。

④ 参见马克昌：《论宽严相济刑事政策的定位》，《中国法学》2007 年第 4 期。

当前关于刑事习惯法的研究中，很多学者都对刑事和解政策寄予厚望。有学者认为：“宽严相济刑事政策的提出，为在我国复兴刑事和解提供了刑事政策上的支撑。调解是我国少数民族刑事习惯法的重要组成部分，因而将少数民族犯罪作为刑事和解的适用对象，不仅为通过达成‘交易契约’终局性地解决纠纷提供了合法渠道，也为国家刑事制定法有效渗透与整合少数民族刑事习惯法提供了有效途径。”① 恢复性司法理念也得到一些学者的青睐。有学者认为“少数民族刑事法文化中就蕴含着恢复性司法的基本精神”，“在民族地区刑事法治建设中，关键问题在于如何实现国家刑事制定法对民族习惯法的有效渗透与整合……可行的做法只能是将少数民族地区具有恢复性司法之基本精神的刑事冲突解决机制纳入刑事诉讼”。这样是“国家刑事制定法对少数民族习惯法在一定程度上的认同，在很大程度上可以消解少数民族习惯法与国家刑事制定法之间的冲突与对抗，为少数民族习惯法与国家刑事制定法之间进行对话提供了平台”②。

（二）赔命价制度与刑事和解、恢复性司法的契合点

有学者认为，“传统的侵权纠纷解决方式在诸多方面与现代刑事和解制度高度契合”。“如果我们以恢复性司法理念和刑罚的

① 苏永生：《国家刑事制定法对少数民族刑事习惯法的渗透与整合——以藏族“赔命价”习惯法为视角》，《法学研究》2007 年第 6 期。还可参见苏永生：《“赔命价”习惯法：从差异到契合——一个文化社会学的考察》，《中国刑事法杂志》2010 年第 7 期。刘之雄：《我国民族自治地方变通施行刑法之机制研究——以刑事和解为视角的考察》，《法商研究》2012 年第 3 期。南杰·隆英强：《中国刑事法治建设的本土化路径——以藏族“赔命价”习惯法之积极贡献为视角》，《政法论坛》2011 年第 6 期。王海聪：《以刑事和解方式推进藏族习惯法与国家法的互动——以果洛藏族习惯法中的“赔命价”“赔血价”为例》，《青海师范大学学报》（哲学社会科学版）2011 年第 5 期。

② 马德：《恢复性司法在我国藏族地区刑事冲突解决中的特殊意义》，《青海民族研究》2011 年第 3 期。类似观点还可参见韩铁：《民族习惯法中损害赔偿规则探析》，《人民检察》2009 年第 10 期。

轻缓化、社会化、去刑化发展趋势为视角去看我国少数民族的法律文化，那么就会发现其不乏合理因素，其基本的价值取向和做法甚至与刑事法律制度的变革、发展方向高度一致”①。从功能上看，“赔命价”习惯法与现行刑法制度相比较确实有一些相对优势，如在被害人的补偿、促进犯罪人回归社会、减少死刑适用等问题上具有天然优势。这些相对优势又是我国司法界正在积极探索、大力推行的刑事和解制度的重要目标。从纠纷解决过程来看，“赔命价”习惯法重视被害人亲属、家族的参与，这与恢复性司法所倡导的社区参与理念也是比较一致的。这样一来，“赔命价”习惯法的继续存在不仅有基于传统法文化的惯性力量，还可能在新的刑事政策下获得了更符合时代精神的合理性支持。

在被害人补偿方面，“赔命价”制度有明显优势。在现行刑法制度中，刑事被害人只能通过刑事附带民事诉讼制度来要求犯罪人赔偿物质损失。赔偿范围狭窄、赔偿标准相对较低，被害人能够得到的赔偿数额很低。《侵权责任法》颁布实施后，法院判决的附带民事赔偿标准金额大幅提高，但是犯罪人在承担刑事责任后通常拒绝履行刑事附带民事诉讼的赔偿款。“按照刑事司法的基本规律，一旦被告人被定罪量刑，被害人要想获得高额的经济赔偿，就变得非常困难。”“法院在附带民事诉讼中的调解成功率往往很低，所作的民事赔偿判决也通常大大低于一般的民事赔偿标准，并且被害人的经济赔偿通常难以实现，一直在连续数年的时间里，附带民事判决的执行率都为零。”② 这样，被害人所遭受的损害经常不能得到起码的弥补。在“赔命价”制度中，被害人的补偿通常是较为充分的。根据现有案例来看，现在的“赔命

① 刘之雄：《我国民族自治地方变通施行刑法之机制研究——以刑事和解为视角的考察》，《法商研究》2012 年第 3 期。

② 陈瑞华：《刑事诉讼的私力合作模式——刑事和解在中国的兴起》，《中国法学》2006 年第 5 期。

价”少则几万元，多则几十万元，甚至有上百万元的。这种赔偿有不合法律规定的地方，但对被害人的物质和精神损害而言，确实是一种重要的弥补方式。这也是“赔命价”制度能够在各级政府、司法机关的严格控制之下能够顽强生存的重要原因。因为它既契合了被害人的利益补偿需要，又契合了犯罪人的减轻，甚至逃避刑事责任的需要。

在犯罪人回归社会方面，“赔命价”制度也有一定优势。现行刑法制度下，犯罪人的相关信息会被记入个人档案，跟随终身。在犯罪人接受完刑罚制裁之后的很长时间里，在工作生活中经常会受到犯罪记录的影响。这种记录对社会的整体秩序而言是非常重要的，但对犯罪人的不利影响也是客观存在的。被判处重刑的犯罪人则只能在监狱里度过人生中最有活力的年月。在“赔命价”制度下，很多被害人亲属与犯罪人在司法机关介入处理之前已经达成了赔偿协议。很多的犯罪人因此根本不会进入司法机关的视野，成为“犯罪暗数”。在司法机关介入处理后达成赔偿协议的，被害人亲属也经常向司法机关请求对犯罪人从宽处理，甚至要求不要处罚。从实际案例来看，绝大多数赔偿了命价的犯罪人都得以大幅减轻刑罚，对犯罪人早日回归社会起到了重要作用。

从减少死刑数量方面来看，“赔命价”制度在客观上也起到了一定作用。我国现行刑法中对大量的罪名规定了死刑的法定刑，特别是很多非暴力犯罪仍然保留了死刑。虽然在《刑法修正案（八）》中减少了最高法定刑为死刑的罪名数量，但整体比例仍然相当高。从实际执行情况来看，每年执行死刑的人数数量更是从未公布。这种立法与实际执行的现状是多方面的原因造成的。[①] 在“赔命价”制度下，“在藏族中部地区各部落中，除少

---

① 参见梁根林：《公众认同、政治抉择与死刑控制》，《法学研究》2004 年第 4 期。

数部落对谋杀、投毒、内部抢劫、杀害多人和影响很大的乱伦等案件执行死刑外，对一般触犯刑律的杀人、伤害案都慎用死刑，其替代方式有少量肉刑，而大量的则是采用命价血价赔偿制”①。这客观上起到了限制死刑适用的作用，且如前述，已知赔偿命价的案例中绝大多犯罪人都没有被判处死刑。

从被害人亲属的情感恢复来看，“赔命价”制度也有较明显的优势。在现行刑法制度下，被害人亲属的法律地位是诉讼参与人，在刑事案件审判中的发言机会很少，有的案件甚至根本没有通知被害人亲属参加旁听。被害人亲属的情感通常不是随着案件的审判而逐渐平稳，更多的是在法庭上宣泄自己的悲愤。有的案件中，被害人亲属为了让犯罪人受到他们所期望的重刑处罚，不惜放弃民事赔偿请求。在传统的刑事诉讼过程中，“无论是被告人还是被害人都难以左右诉讼的结果，只能按照法定程序完成诉讼，并且按照诉讼角色的安排继续保持一种对抗关系”②。案件审理完了，被害人亲属与犯罪人、犯罪人的亲属都没有直接的接触过，更谈不上情感的抚慰。在“赔命价”制度下，被害人亲属可以直接和犯罪人及其亲属直接接触、交流，不仅要求被害人赔偿命价，也在这一过程中得到了犯罪人及其亲属的真诚道歉，在一定程度上抚慰了被害人亲属的情感。很多“赔命价”的案例中，被害人亲属都能和犯罪人及其亲属在同一个村落中继续和平相处。这与现行刑法制度审判后，案件双方常常势同水火的情况有明显差异。

从以上这些方面来看，“赔命价”制度确实存在一些相对优势。这些相对优势正是该制度的生命力所在。这些相对优势又恰恰与当前国际上的刑法发展趋势、国内的刑事政策有着一定的契

---

① 张济民主编：《寻根理枝——藏族部落习惯法通论》，青海人民出版社，2002年，第77页。

② 陈光中、葛琳：《刑事和解初探》，《中国法学》2006年第5期。

合之处。因此，国内学界对“赔命价”习惯法的态度已经在悄然之间发生了重大转变，从20世纪八九十年代的严厉批评、根本否定转变为21世纪以来的文化理解、部分肯定。本书认为，虽然“赔命价”习惯法与当前理论界、司法界所倡导的宽严相济、刑事和解和恢复性司法在很多方面有一定的相通之处。但是，我们不能犯一叶障目的错误。在看到这些契合之处的同时，也要看到它们之间的差异。进一步而言，我们更应看到“赔命价”习惯法在实践中出现的一些较为严重的负面问题。

第二节　问题：向习惯法逃逸

近年来，很多学者在研究刑事习惯法的时候，特别是藏族、彝族的“赔命价”习惯法的时候，都选择将习惯法放在宽严相济、刑事和解、恢复性司法的背景下进行分析。这样做有一些内在的合理性，但同时也存在一些问题。其中，最突出的问题就是“向习惯法逃逸”。

“向习惯法逃逸”是本书借鉴“向一般条款逃逸”之说而提出的。所谓“向习惯法逃逸”，是指司法机关在处理涉及“赔命价”的案件过程中，表面上是按照“两少一宽”、刑事和解等刑事政策来进行的，但实际上很大程度甚至完全默认赔偿命价的协议，并在处理结果上给予超轻处罚的行为模式。“向习惯法逃逸”主要表现在两个方面：一是司法机关在判决结果上的“从轻处理”；二是赔偿数额巨大，经常造成严重的负面影响。

一、量刑超出从轻、减轻范围

根据学者调查，在四川省甘孜州法院“在处理由故意伤害、故意杀人等犯罪行为引起的‘赔命价’案件时，一般的做法是参考双方达成的赔偿协议，对被告人酌情从轻处罚。但对于被告人犯罪情节特别严重、手段十分残忍、主观恶性比较大的情况，就不会考虑赔偿协议的作用”①。从目前已知案例的判决结果来看，相关案件的量刑幅度远不是“从轻处理”可以涵盖的。《刑法》第234条第2款规定：故意伤害“致人重伤的，处三年以上十年以下有期徒刑；致人死亡或者以特别残忍手段致人重伤造成严重残疾的，处十年以上有期徒刑、无期徒刑或者死刑。本法另有规定的，依照规定。”但是，从赔偿命价之后具体刑罚的整体情况来看，刑罚是很轻的。

首先是基准刑的确定问题。最高人民法院2010年印发的《人民法院量刑指导意见》中未明确规定故意伤害致人死亡的基准刑，有学者提出“故意伤害致一人死亡的，可以在十年至十五年有期徒刑幅度内确定量刑起点”②。根据指导意见的规定“每增加一人重伤，可以增加一年至二年有期徒刑”。“持枪支、管制刀具或者其他凶器伤害他人的”可以增加基准刑的10%~20%。“因婚姻家庭、邻里纠纷等民间矛盾引发的”和“因激情、义愤故意伤害犯罪的”可以减少基准刑的30%以下。

其次是酌定量刑情节问题。2000年最高人民法院颁布的《关于刑事附带民事诉讼范围问题的规定》第4条明确规定：被告人已经赔偿被害人物质损失的，人民法院可以作为量刑情节予以考虑。此后，最高人民法院《关于为构建社会主义和谐社会提供司法保障的若干意见》、最高人民法院《关于贯彻宽严相济刑事政策的若干意见》中都有相同表述。最高人民法院于2010年颁布的《人民法院量刑指导意见（试行）》在“常见量刑情节的适用”部分第9条规定：对于积极赔偿被害人经济损失的，综合考

---

① 周世中、周守俊：《藏族习惯法司法适用的方式和程序研究——以四川省甘孜地区的藏族习惯法为例》，《现代法学》2012年第6期。

② 熊选国主编：《〈人民法院量刑指导意见〉与“两高三部”〈关于规范量刑程序若干问题的意见〉理解与适用》，法律出版社，2010年，第221页。

虑犯罪性质、赔偿数额、赔偿能力等情况，可以减少基准刑的30%以下。在具体考量中，有几点是司法部门特别强调的。在犯罪性质及罪行方面：一般而言，侵害人身权益案件中的赔偿，从宽幅度可以较大一些；但“对于某些罪行极其严重的，主观恶性极深，人身危险性极大的被告人，即使积极赔偿被害人全部经济损失，一般也不予从宽处理”。在赔偿能力方面强调“被告人是否竭尽其经济赔偿能力进行赔偿”①。

根据学者对169个故意杀人罪示范性案例②的实证分析，最终量刑平均数值约为死刑缓期执行，剥夺政治权利终身，并处没收个人全部财产③；对354个故意伤害罪示范性案例的分析显示，最终量刑平均数值约为12年有期徒刑。④ 该书中对故意伤害罪的研究中将行为结果（轻伤人数、重伤人数、致死人数）作为变量进行整体分析，并未单独给出故意伤害致人死亡一类案例的量刑平均值。根据一般规律可知，故意伤害致人死亡的量刑通常应当高于该罪名整体的平均量刑。由于第四章中引用的案例大多数描

---

① 有的被告人财力雄厚，赔偿能力强，不仅赔偿直接损失，还赔偿间接损失，甚至补偿了被害人的精神损失，可以适用最大的从轻幅度。有些被害人虽然赔偿数额不高，但已穷尽其所有甚至举债赔偿，也应视其为真诚悔罪、积极赔偿，可适用较高的从轻比例。一般而言，罪行较轻并积极赔偿全部经济损失的，可以减少基准刑的20%~30%；罪行一般并积极赔偿全部经济损失的，可以减少基准刑的15%~25%；罪行严重并积极赔偿全部经济损失的，可以减少基准刑的20%以下。如果是赔偿部分经济损失的，可根据赔偿绝对数额、赔偿比例酌情降低从轻比例；但被告人经济能力有限，穷尽办法甚至举债赔偿被害人经济损失的，可在相应幅度内适当调高从轻比例。熊选国主编：《〈人民法院量刑指导意见〉与“两高三部”〈关于规范量刑程序若干问题的意见〉理解与适用》，法律出版社，2010年，第162页。

② 所谓示范性案例就是指来自最高法院各业务厅、研究机构、出版单位、网站等权威机构公开发布、发表的全部真实审判案例。白建军著：《公正底线——刑事司法公正性实证研究》，北京大学出版社，2008年，第8页。

③ 白建军著：《公正底线——刑事司法公正性实证研究》，北京大学出版社，2008年，第113页。

④ 白建军著：《公正底线——刑事司法公正性实证研究》，北京大学出版社，2008年，第123页。

述较为简单，无法根据案件情节做细致分析。但仍能形成这样的直观印象，"赔命价"案件的量刑远远低于示范性案例中的量刑平均值。这就是说，"赔命价"案件的总体刑罚是非常轻的。从避免被告人承担双重责任的角度来看，这种妥协是必要的；但从国家法制统一实施的角度来看，这种妥协又明显超出了法律法规所允许的自由裁量范围。

二、赔偿金额高，负面影响大

"赔命价"的数额巨大是自该制度产生以来就存在的问题，这主要是因为在其产生之初就是一种严厉的惩罚措施。在其产生之初通常仅需赔偿命价就可以了，但现在就不同了，犯罪人在赔偿完命价之后通常还需要接受国家法的制裁。虽然相对而言刑罚已经大幅减轻，但这对当地藏民而言仍是他们所说的"蛇蜕两次皮"。这对于加害人而言，是一种过重的行为后果。更严重的是，"赔命价"的支付经常造成一系列后续的负面影响。这种负面影响，既有法律制度方面的负面影响，又有社会生活方面的负面影响。

就法律制度方面的负面影响而言，主要是与罪责自负原则相违背。在当事人无力赔偿的情况下，往往只能由其亲属代为赔偿。在有的案件中，被害人亲属甚至强抢加害人亲属的财产。加害人亲属为了避免复仇、求得减刑，也往往只得竭尽全力做出赔偿。由于"赔命价"的数额极大，在许多索"赔命价"的纠纷里，都是靠宗族活部落筹措赔付的。"玉树部落制度及法规"规定："部落之间出了命案，凶手没有能力赔偿命价，则本部落摊派赔偿；部落内部发生了命案，凶手无力赔偿命价，则亲属协助赔偿。"[①] "刚察部落制度及法规"规定："若凶手无力赔偿，由

① 张济民主编：《青海藏区部落习惯法资料集》，青海人民出版社，1993年，第51页。

亲戚帮助或家族摊派赔偿。”[①] “甘加思柔、仁青部落法规”规定：“部落内部发生命案，若凶手无力赔偿，则由亲属协助赔偿，然后将凶手逐出部落，三年内不能进入部落居住；三年期满，要返回居住时，需给部落头人交1匹马。”[②] “汪什代海部落制度及法规”规定：“打死部落头人及其家族成员，没收凶手的全部财产，凶手的亲戚朋友需交纳三分之一的财产，财产较多者须缴纳三分之二的财产。”[③] 其结果，不仅使致害人倾家荡产，而且也侵害其家族、部落无辜人的经济权益。“赔命价”不仅使致害人家属、部落的经济利益受到严重损害，也使他们的人身财产权利受到践踏。

就社会生活方面的负面影响而言，主要是给犯罪人赔偿之后的生活造成严重影响。经过“赔命价”之后，一个家庭的生活将受到严重影响。一个比较富裕的家庭将因此而陷入贫困，一个贫困的家庭将因此而陷入赤贫。“目前‘赔命价’的数额越来越大，在古老习惯的外衣下，人民对现实利益的追求已经超越了对生命的尊重……如果听任‘赔命价’任意发展，攀比之风势必愈演愈烈，必将对藏区社会的稳定造成极大的伤害。”[④] 很多学者都关注到了这一问题，表达了相似的观点。有学者表示：“‘赔命价’没有统一的赔偿标准……任由被害人漫天要价的结果往往使被告人家属倾家荡产，连基本的生活条件都不具备。”[⑤] 有学者表示：

---

① 张济民主编：《青海藏区部落习惯法资料集》，青海人民出版社，1993年，第96页。

② 张济民主编：《青海藏区部落习惯法资料集》，青海人民出版社，1993年，第171页。

③ 张济民主编：《青海藏区部落习惯法资料集》，青海人民出版社，1993年，第88页。

④ 杜文忠：《“赔命价”习惯的司法价值及其与现行法律的会通》，《法学》2012年第1期。

⑤ 周世中、周守俊：《藏族习惯法司法适用的方式和程序研究——以四川省甘孜地区的藏族习惯法为例》，《现代法学》2012年第6期。

"赔偿后，双方都将因此陷入生活困境，甚至家破人亡。"[①] 其实，早在20世纪末"赔命价"习惯法引起学界关注之处，就有学者指出了该问题。"巨额价款会使广大劳动人民倾家荡产，而无法实际享受这种权利。"[②] "按照藏族历代旧法，致害人致人死亡后，不仅要赔偿命价，而且要从原居的村庄、部落迁出，与致害人有亲戚的人也要迁居。否则，就得用钱来'赎居'（即用钱买居住的权利）。"[③]除了直接的经济赔偿之外，很多时候致害人一家必须迁出原来居住的村落，另外找地方重新生活。这样的变化将引发新的社会问题，比如产生一个破碎的家庭、一些流浪者。有些人不得不因此走向犯罪的道路，这将增加社会的不安定因素。

三、重要原因：司法机关消极认可

有学者提出，在一些民族自治地方，"民间权威人士往往比司法工作人员更熟悉当地的习惯法，更了解民众的心理预期，也更能得到基层民众的心理认同。因此，民间权威人士是我国民族自治地方推行刑事和解制度应当充分利用的本土资源"。[④] 实际

① 南杰·隆英强、孟繁智：《藏族习惯法如何适应社会主义法制建设的思考——从藏族习惯法中的"赔命价、赔血价"谈起》，《西藏民族学院学报》（哲学社会科学版）2008年第2期。

② 吴剑平：《对藏族地区"赔命价"案件的认识和处理》，《法律科学》1992年第4期。

③ 吴剑平：《对藏族地区"赔命价"案件的认识和处理》，《法律科学》1992年第4期。

④ 刘之雄教授提出了几种方案：（1）吸纳民间权威人士为陪审员，参与司法机关主导的刑事和解工作。（2）吸纳民间权威人士进入人民调解委员会，以人民调解委员会为依托参与刑事诉讼程序外的刑事和解工作，或者受司法机关的指定或委托，参与司法机关控制的刑事诉讼程序外的刑事和解工作。（3）通过清理、登记、培训等措施直接将民间解纷力量合法化。该学者还进一步提出："即使是命案，在藏族、四川凉山彝族等具有'赔命价'习惯法的地区，也可以纳入刑事和解制度的适用范围。"刘之雄：《我国民族自治地方变通施行刑法之机制研究——以刑事和解为视角的考察》，《法商研究》2012年第3期。

上，四川省的一些地方法院已经开始了这方面的探索。四川省昭觉县人民法院早就开始聘任“德古”作为特邀陪审员，尝试将“德古”调解与民商事审判工作相结合。[①] 命案刑事和解涉及重罪案件特别是死刑案件刑事和解的正当性问题，将在下文进一步分析。本书认为，民间权威人士在纠纷处理中确实有一些优势，可以让他们在相关案件处理中发挥作用。但是，不能借现行法律制度之名行“赔命价”之实。因此，必须对民事赔偿部分的赔偿协议加大审查力度，防止“向习惯法逃逸”现象的出现。

从实际运作情况来看，“法院对双方达成的赔偿协议的审查内容只限于是否存在国家法律规定的违禁品，如毒品、枪支、管制刀具等不允许流通的财物，也不允许用所承包的土地进行赔偿，如果发现存在以上情况则由法院直接没收。而法院不审查赔偿金额的多少以及是否合法、合情等，也就是说法院对于赔偿协议中的赔偿标准不予以审查，由当事人进行决定”[②]。有学者认为这反映了“法院对于‘赔命价’案件中的习惯法问题所采取的是不主张不鼓励的态度”。“主要原因是，国家虽然有法律规定，但依据国家法不能圆满地解决当地藏民特殊的纠纷，为了维护当地社会的稳定和谐，避免引发进一步冲突，追求法律效果与社会效果的统一，法院还是采取既不主张也不反对的态度。”[③] 本书认为，法院的这种态度并不能简单地说成是“既不主张也不反对”，其实质是“默许”。这种默许不仅体现在对赔偿协议的不做实质审查，更多的则是体现在法院的判决结果中。

这种默许对于加害人和被害人亲属而言是一种激励，即让他

---

① 参见刘之雄：《我国民族自治地方变通施行刑法之机制研究——以刑事和解为视角的考察》，《法商研究》2012 年第 3 期。

② 周世中、周守俊：《藏族习惯法司法适用的方式和程序研究——以四川省甘孜地区的藏族习惯法为例》，《现代法学》2012 年第 6 期。

③ 周世中、周守俊：《藏族习惯法司法适用的方式和程序研究——以四川省甘孜地区的藏族习惯法为例》，《现代法学》2012 年第 6 期。

们双方都有选择赔偿命价的积极性。对加害人而言，赔偿命价了就意味着基本上都可以得到大幅度的减轻处罚；不赔偿，被害人亲属不会轻易谅解，刑罚幅度自然会大幅提高。对被害人亲属而言，赔偿命价意味着获得了最后的经济安慰。接受高额赔偿也不会有风险，那么，为什么不接受呢？要消除其中的负面影响，就要通过加大相关行为成本逐步改变双方当事人的行为模式。有关该问题，将在后文中进一步分析。

近期的习惯法研究中，学者都刻意忽略，至少是尽量淡化赔命价制度中的上述种种负面问题。其中原因是多方面的，也超出了本书主题范围。

第三节　差异：前现代与后现代的貌合神离

刑事习惯法与刑事和解和恢复性司法的差异，总体而言可以说是前现代与后现代的距离，是貌合而神离。正因为如此，在有学者进行"恢复性司法本土资源探寻"① 的时候，也有学者提出"恢复性司法的本土性障碍"②。如果我们对该问题不加重视，就会犯方向性的错误。

一、刑事和解与恢复性司法的关系

（一）刑事和解与恢复性司法的含义

1. 我国学界目前引用较多的刑事和解的概念是由陈光中先生和葛琳提出的。"刑事和解是一种以协商合作形式恢复原有秩序的案件解决方式，它是指在刑事诉讼中，加害人以认罪、赔偿、道歉等形式与被害人达成和解后，国家专门机关对加害人不追究

① 苗梅华：《恢复性司法的中国化契机及本土资源检省》，《求是学刊》2011 年第 6 期。

② 李震：《恢复性司法应当缓行》，《政法论坛》2007 年第 4 期。

刑事责任、免除处罚或者从轻处罚的一种制度。”① 在现实生活中，“由于一些被害人重赔偿甚于报复，一些被告人也希望通过积极弥补自己行为所造成的伤害换取轻缓的惩罚”。因此，“刑事和解在司法实践中具有了天然的市场”。②

关于我国刑事和解的模式，有学者总结出三种基本模式，分别是加害方—被害方自行和解模式、司法调解模式和人民调解委员会调解模式。③ 需要注意的是，这里所说的“加害方—被害方自行和解模式”最终还是需要得到检察机关的认可，因此不同于民间的“私了”。随着实践的发展，有学者进行了补充，增加了联合调解模式和圆桌会议模式。④ 有学者认为：“我国刑事和解无论采取什么方式，最终都要进入正式刑事司法程序，它在我国本质上是以正规刑事程序为依托，并由司法机关实施的一种司法程序或案件处理方式的改革。”“与我国刑事和解属于与正式的刑事司法程序紧密结合的整体性司法举措不同，西方的刑事和解或恢复性司法采取的基本上是在正式刑事司法程序职位运行的平行性程序运作模式。”⑤ 但该意见的前提实际上不是那么准确的。从西方国家已有的恢复性司法实践情况来看，很少采用“平行轨道模式”。有学者已经指出，“平行轨道模式”和“平行且有联系的轨道模式”是不太可能的恢复性司法施行模式，可能的恢复性司法施行模式主要有三种，即“作为青少年犯罪之应对方式、作为轻

---

① 陈光中、葛琳：《刑事和解初探》，《中国法学》2006 年第 5 期。

② 陈光中、葛琳：《刑事和解初探》，《中国法学》2006 年第 5 期。

③ 参见陈瑞华：《刑事诉讼的私力合作模式——刑事和解在中国的兴起》，《中国法学》2006 年第 5 期。

④ 参见张朝霞、谢财能：《刑事和解：误读与澄清——以与恢复性司法比较为视角》，《法制与社会发展》2010 年第 1 期。

⑤ 张朝霞、谢财能：《刑事和解：误读与澄清——以与恢复性司法比较为视角》，《法制与社会发展》2010 年第 1 期。

微犯罪之应对方式和将恢复性司法观念和技术融入刑罚之中"①。

2. 联合国经济及社会理事会发布的《关于在刑事事项中使用恢复性司法方案的基本原则》中指出，恢复性程序是指犯罪人、受害人或犯罪案件的其他当事人在代理人的协助下共同参与解决由该犯罪所引发的事项。英国犯罪学家托尼·马歇尔认为"恢复性司法是一种过程，在这一过程中，所有与特定犯罪有关的当事人走到一起，共同商讨如何处理犯罪所造成的严重后果及其对未来的影响"②。加拿大学者苏珊·夏普提出了恢复性司法的五个要素，对上诉定义进行补充。这五个要素分别是"鼓励充分的参与和协商、寻求愈合因犯罪而造成的创伤、寻求充分和直接的责任、寻求整合以及造成的分裂和寻求强化社会建设以预防能够进一步的伤害"③。

（二）差异明显，实质相近

那么，刑事和解与恢复性司法到底是什么关系呢？主要有两种观点，一种观点认为两者是相互独立的。有学者认为："中国近年兴起的刑事和解制度尽管无论在理念上还是在制度设计上，都可以从'恢复性司法'中找到一些相类似的因素，但两者在本质上还属于不同的两种司法模式。"④ 但该学者在文中并未对两者的区别进行阐述，还多次引用恢复性司法的相关理论来论证刑事和解的必要性。这实际上反映了两者的共通性，而非差异性。有学者认为："在中国语境下，刑事和解起源于轻伤害案件的处理

---

① 参见［英］格里·约翰斯通著，郝方昉译：《恢复性司法：理念、价值与争议》，中国人民公安大学出版社，2011年，第198页以下。

② 转引自［英］格里·约翰斯通著，郝方昉译：《恢复性司法：理念、价值与争议》，中国人民公安大学出版社，2011年，总序第3页。

③ 参见［英］格里·约翰斯通著，郝方昉译：《恢复性司法：理念、价值与争议》，中国人民公安大学出版社，2011年，总序第3—5页。

④ 陈瑞华：《刑事诉讼的私力合作模式——刑事和解在中国的兴起》，《中国法学》2006年第5期。

方式改革。”“在西方，刑事和解伴随被害人学和犯罪人复归社会思想产生并兴起……我国刑事和解作为轻微刑事案件的一种处理模式，是在‘构建和谐社会’的时代背景下提出来，是贯彻宽严相济刑事司法政策的现实体现。”“西方的刑事和解与恢复性司法是建立对传统刑事司法制度的批判的基础上的，而我国的刑事和解一直和主流刑事纠纷解决方式并存着，并非建立在对传统司法的批判的基础上，不乏有其‘和合’文化的传统思想基础和刑事案件的和解实践。”①

关于二者之间的差异，有学者从制度发展史的角度做了分析。“恢复性司法源于对传统刑事司法制度和刑罚制度的反思，以及对犯罪性质的重新认识。因此，恢复性司法是一种后现代主义的法律思潮，是建立在对传统刑事法制度的批判基础之上的，并且十分强调社区的参与。”“被害人和加害人和解，其源头可以追溯到人类原始社会末期以赎金代替复仇的纠纷解决方式。”两者的交汇点在于“都关注被害人权利保护，都关注纠纷发生后人际关系和社会秩序的恢复。因此，在构建我国刑事和解制度时，可以吸收西方恢复性司法理论与实践的有益经验，但这并不能泯灭二者源头上的差异”②。该观点指出的“二者源头上的差异”是非常重要的，如果我们用进化论③的观点来看，可以将“以赎金代替复仇的纠纷解决方式”视为前现代的制度，将“传统刑事司法制度和刑罚制度”视为现代的，而“恢复性司法”则是后现

---

① 张朝霞、谢财能：《刑事和解：误读与澄清——以与恢复性司法比较为视角》，《法制与社会发展》2010 年第 1 期。

② 陈光中、葛琳：《刑事和解初探》，《中国法学》2006 年第 5 期。

③ 法律进化论（包括刑罚进化论）本质上是社会进化论在法律科学中的具体表现。但是，对于这种社会达尔文主义思想一直存在着质疑与反思。关于刑罚进化论的质疑，可以参见周光权：《刑罚进化论——从刑事政策角度的批判》，《法制与社会发展》2004 年第 3 期。

代的。实际上，恢复性司法的后现代特征是广为学界认同的。[①]这种源头上的差异，是我们看待刑事和解与恢复性司法的关系，特别是赔命价制度与恢复性司法的关系时必须注意的。

另一种观点认为二者之间的联系是非常紧密的。有学者指出：“虽然我们不妨努力从诸如传统和合文化、和谐社会治国方略、宽严相济刑事司法政策等本土资源中寻找刑事和解的正当性根据，但不能否认，刑事和解之所以在2000年以后成为中国学界与实务界热衷的话题，无疑首先是受到了世界范围内恢复性司法运动的直接影响。”[②] 也就是说，我们可以阐述我国刑事和解产生、发展中的一些特殊性，但要完全否认它和恢复性司法的关联性则不仅在理论上无法实现，也是对现实的否定。正因为如此，即便是努力说明二者差异的学者，也不得不承认：刑事和解“是我国正式刑事司法程序在自我完善过程中遭遇西方恢复性司法思潮，借以指代我国刑事司法在轻微案件处理方式改革探索上的实践。不可否认的是，在该改革探索中已经或不可避免地还将受到西方刑事和解或恢复性司法或多或少的影响，但由于两者在程序本质属性的归属、目的、参与主体等方面的差异，实践探索及指导实践的理论研究应立足本土”[③]。本书赞同这种观点。尽管刑事和解具体运行确实和恢复性司法实践有许多差异，但无法否认二者提出的时代背景和内在精神是高度一致的。

恢复性司法的支持者认为现代西方国家刑事司法制度的弊端可以概括为以下几个方面：行动迟缓、代价昂贵、效能低下和被

---

① 参见［英］格里·约翰斯通著，郝方昉译：《恢复性司法：理念、价值与争议》，中国人民公安大学出版社，2011年，总序第14页。

② 梁根林：《死刑案件被刑事和解的十大证伪》，《法学》2010年第4期。

③ 张朝霞、谢财能：《刑事和解：误读与澄清——以与恢复性司法比较为视角》，《法制与社会发展》2010年第1期。

害人的利益被忽视。[①] 我国提出刑事和解的背景与之有着很多的相似性。“在中国当前的社会转型过程中，犯罪总数有增无减，暴力犯罪增多，财产犯罪增多，疑难复杂案件增加，司法机关面临的压力逐步增大，被告人反复申诉的情形屡见不鲜，被害人‘涉诉上访’的情况没有减少的迹象，这些都说明，仍然坚持传统的刑法思维，一味保持对于犯罪处理的高压、强硬态度，在定罪量刑过程中较少地考虑犯罪人的悔罪、赔偿情况、被害人的期待，不考虑刑罚执行社会化的潮流，将无助于纠纷的最终解决。”[②] 实际上，很多学者在论述刑事和解制度的必要性的时候都是从这些具体问题的解决着手的。有学者认为：“由于刑事和解具有节省司法成本、提高刑罚效益、最大限度保护加害人与被害人的合法利益、有效地接受犯罪人回归社会等长处，各地司法机关基于贯彻宽严相济刑事政策和构建社会主义和谐社会的需要，结合本地区的实际情况开始就刑事和解制定了一些规则，尝试在特定刑事案件的处理中引入刑事和解的做法。”[③] 对照起来看，学者所总结的刑事和解所针对的问题与前述恢复性司法所针对的问题是高度一致的。这实际上反映了我国在现代化进程中的一些特殊问题：我国虽然整体上还未完成现代化任务，但一些西方国家现阶段出现的后现代问题已经在我国局部地区，特别是大中型城市开始显现。这一客观情况是我国提出刑事和解政策的时代背景。

---

① 参见［英］格里·约翰斯通著，郝方昉译：《恢复性司法：理念、价值与争议》，中国人民公安大学出版社，2011年，总序第12页。

② 周光权：《论刑事和解制度的价值》，《华东政法学院学报》2006年第5期。

③ 陈光中：《刑事和解再探》，《中国刑事法杂志》2010年第2期。

二、死刑案件能否刑事和解

(一) 刑事和解适用范围扩大趋势

虽然恢复性司法在国外的兴起与发展以及走过了几十年的路程，但学者仍然是众说纷纭。当然，也有一些基本的共识。"恢复性司法倡导者认为，在确认犯罪事实发生之后，我们首选的对策不应是惩罚犯罪人，而应是（1）满足被害人的需要；（2）一定要让犯罪人完全知悉：他对他人造成了伤害，并且他有责任修复该伤害。"① 从恢复性司法的实践情况来看，"迄今为止，恢复性司法还是在主流刑事司法的边缘运作，其最主要的立足点还是青少年司法体制。但是很多国家已经越来越有兴趣将它运用于成年犯罪人身上"②。

在我国的刑事和解实践中，刑事和解最初主要在轻伤害案件中适用。有学者提出："比较合适的和解范围是：对于罪犯可能判处的主刑为3年以下有期徒刑的案件（危害国家安全以及传统上认为，没有被害人的侵害社会善良风俗等妨害社会管理秩序罪除外），被害人申请或者同意进行刑事和解的，就可以启动刑事和解程序。如此限定刑事和解范围，既不会使刑法的权威和强制性受到太大冲击，又有助于刑法宽容的实现。"③ 研究成果显示，我国检察机关适用刑事和解的案件以轻伤害案件和交通肇事案件为主，两者之和占到刑事和解案件的67%；其他类型的案件主要有未成年人刑事案件、在校学生（成年人）的轻微刑事案件、盗

---

① ［英］格里·约翰斯通著，郝方昉译：《恢复性司法：理念、价值与争议》，中国人民公安大学出版社，2011年，第1页。

② ［英］格里·约翰斯通著，郝方昉译：《恢复性司法：理念、价值与争议》，中国人民公安大学出版社，2011年，第14页。相似观点还可参见徐阳：《我国适用刑事和解制度泛化倾向之检省与矫正》，《法商研究》2008年第6期。

③ 周光权：《论刑事和解制度的价值》，《华东政法学院学报》2006年第5期。

窃销赃等轻微的侵财案件、过失犯罪案件和其他具有可宽恕情节的刑事案件。[①]

“但随着一些检察机关对‘恢复性司法’理念的逐步接受，这种新型的刑事程序逐渐扩展到未成年人犯罪案件、过失犯罪案件以及在校大学生涉嫌犯罪的案件之中，所涉及的刑事案件类型也从最初的轻伤害扩展为交通肇事、盗窃、抢劫、重伤等案件。”“即使在那些可能判处极刑的最严重犯罪案件中，中国司法机关对于被害方与被告方达成和解的案件，也开始给予高度的尊重。”[②] 刑事和解的范围不断扩大，一方面体现了司法机关对这种刑事政策的高度认可，而另一方面也必须看到，这种扩张所呈现出的混乱无序。这种混乱无序与之前所说的我国的刑事和解的特色密切相关的。因为我国的刑事和解最初是司法机关在宽严相济的刑事政策指导下提出和发展起来的，刑法理论界基本上是在做跟踪研究。因此，当前的刑法理论对刑事和解的研究很难对司法机关的具体操作提供指导性意见。

（二）关于死刑案件刑事和解的争论

刑事和解适用范围不断扩大的过程中，争议最大的是包括死刑案件在内的重罪案件能否适用刑事和解。相关争论，有两种代表性观点：

一种可以称为有限肯定说。陈光中先生认为：“刑事和解不仅可以适用于轻罪案件，也可以有条件地适用于重罪乃至可能判处死刑的案件。”“尽管笔者主张轻罪重罪都可以适用刑事和解，但是并非主张任何案件都可以一律适用。”“死刑案件适用刑事和解的前提是存在可不杀因素。所谓可不杀因素是指案件是因婚姻

---

① 参见宋英辉等：《我国刑事和解实证分析》，《中国法学》2008 年第 5 期。

② 陈瑞华：《刑事诉讼的私力合作模式——刑事和解在中国的兴起》，《中国法学》2006 年第 5 期。相似观点还可参见陈光中、葛琳：《刑事和解初探》，《中国法学》2006 年第 5 期。

家庭、邻里纠纷等民间矛盾激化所引发的，被害人有过错，犯罪情节不特别严重，加害人在案发后真诚悔罪，主观恶性与人身危险性相对较小，并且积极赔偿被害人家属经济损失，取得被害人家属谅解的情况。"①

被害人亲属接受刑事和解赔偿在一定程度上是符合情理的。因为"死者已矣，金钱赔偿和判处安然②死刑都不能换回死者的生命，但赔偿金可以让被害人的父母解决今后的许多现实问题，从而在一定程度上起到精神抚慰的作用；而一旦判处死刑，由于种种复杂因素，赔偿金可能很难到位。因此，被害人家属可能面临的是坚持以命抵命的纯粹报复还是接受和解赔偿留安然一条生路的抉择。如果他们经过理智考虑能够接受和解的结果，公众就应当对他们的选择表示足够的理解。和解制度在实质上是在保护被害人利益又不妨碍公共利益的同时让被告人获得一些实惠，从而达成一种综合利益的平衡……从长远来看，类似处理方式也是我国贯彻慎杀、少杀政策的一种进路。"③ 该观点实际指出了被害人亲属获得附带民事赔偿的艰难，特别是刑事附带民事赔偿的标准低和执行难问题，还有就是国家刑事被害人救助制度的缺失问题。正是在这种情况下，我们更应该反思当前重罪刑事和解的正当性问题。有学者指出："任意的环境和自由的意志成为恢复性司法的基本要求。只有在意志真实的前提下，权力的主导作用才无须充分发挥，因为只有在意志真实的前提下，社会关系的修复方案的实施才是真实的，才具有效果。"④ 在前述尴尬的情况下，我们还能不能毫无疑问地说被害人亲属是"完全自愿"接受和解

① 陈光中：《刑事和解再探》，《中国刑事法杂志》2010 年第 2 期。

② 2005 年，北京大学 2002 级学生安然与同学崔培昭因同班一女生的感情纠纷发生争执，在实习医院将被害人杀害。2006 年 3 月，双方家长就民事赔偿部分达成和解，被告人赔偿死者父母 40 万元。随后，北京一中院判处被告人死刑缓期 2 年执行。

③ 陈光中、葛琳：《刑事和解初探》，《中国法学》2006 年第 5 期。

④ 孙万怀：《死刑案件可以并需要和解吗?》，《中国法学》2010 年第 1 期。

的呢？此外，从已有的死刑案件刑事和解的基本案情来看，并非都具有该学者所说的可不杀因素[①]。对于死刑案件的刑事和解，有学者提出了强有力的质疑。

另一种可以称为否定说。当前学者提出的反对死刑案件刑事和解的主要理由有以下几点：一是死刑案件刑事和解可能消解国家司法管辖权。“如果允许被害方与被告方的交易，看起来似乎维护了被害方的利益，实际上是以牺牲整个公平信念为代价的，是以牺牲法律的尊严和权威为代价，其最终的结果是法律可以被任意解释。”[②] 二是适用刑事和解泛化可能导致罪刑不均衡的现实结果。[③] 相关的问题就是被害人在没有任何物质回报前提下达成的谅解是否有同等作用；被告人愿意赔偿但无力赔偿是否有同等作用。[④] 三是刑事和解泛化可能伴生更多的司法腐败。刑事和解泛化为司法腐败提供了更多的机遇。[⑤] 有学者明确表示“无法赞同死刑案件的刑事和解的主张与探索，更担心死刑案件的刑事和解可能会异化成‘花钱买命’的赤裸裸交易”[⑥]。此外，还有其他担心和质疑，如适用刑事和解泛化可能导致被害人在刑事诉讼

---

① 死刑案件刑事和解的梳理，请参见孙万怀：《死刑案件可以并需要和解吗？》，《中国法学》2010 年第 1 期。梁根林：《死刑案件被刑事和解的十大证伪》，《法学》2010 年第 4 期。

② 孙万怀：《死刑案件可以并需要和解吗？》，《中国法学》2010 年第 1 期。

③ 徐阳：《我国适用刑事和解制度泛化倾向之检省与矫正》，《法商研究》2008 年第 6 期。

④ 孙万怀：《死刑案件可以并需要和解吗？》，《中国法学》2010 年第 1 期。修正后的《刑事诉讼法》第 278 条之立法理由就说到，公安机关、人民检察院、人民法院在听取当事人和有关人员意见的基础上对和解进行审查，审查内容就包括“有无过分索赔或赔偿不够”的情况。这说明前述质疑是合理的。参见全国人大常委会法制工作委员会刑法室编：《关于修改中华人民共和国刑事诉讼法的决定条文说明、立法理由及相关规定》，北京大学出版社，2012 年，第 342 页。

⑤ 徐阳：《我国适用刑事和解制度泛化倾向之检省与矫正》，《法商研究》2008 年第 6 期。

⑥ 梁根林：《死刑案件被刑事和解的十大证伪》，《法学》2010 年第 4 期。

中重新被边缘化。司法机关为了业绩考核，有强烈的促成和解的冲动。[①] 还需考虑的一个问题是，补偿真的能够抚平心灵的创伤吗？"在现有死刑案件和解案例中，一般都为一种物质与生命之间的交换，或者说都是和物质的补偿联系在一起的，因此我们很难说被害人的生命不是和解天平上的砝码。"因此，"控制死刑无须用和解来做注脚"[②]。

本书认为，前文所说的刑事和解与赔命价制度的各种优点，基本上是从当事人双方的个体利益的角度来进行分析的。这种分析框架在一定程度上忽略了不享有具体法律权利，但受其间接影响的社会公众。过于强调被害人的处罚权利和被告人的轻刑化，可能导致"刑法私法化走向极端"[③]。相应的后果就是刑法所保护的抽象法益被严重忽视。死刑案件的刑事和解一方面会消解国家的刑罚权，另一方面，也许是更重要的，在于它给每个公民个体带来一些严重的负面信息，比如加重司法腐败的可能性、"以钱买命"的客观印象、社会安全感的下降。这些负面印象会严重降低公民对国家法律制度的信任度，对于国家法制的统一是非常不利的。以上所述从一般层面对死刑案件刑事和解的可能问题进行了分析。

2012 年修正后的《刑事诉讼法》第 277 条规定，因民间纠纷引起的，涉嫌刑法分则第四章、第五章规定的犯罪案件，可能判处三年有期以下刑罚的；除渎职犯罪以外的可能判处七年有期徒刑以下刑罚的过失犯罪案件，犯罪嫌疑人、被告人真诚悔罪，通过向被害人赔偿损失、赔礼道歉等方式获得被害人谅解，被害人自愿和解的，双方当事人可以和解。该条立法理由就明确表示：

① 徐阳：《我国适用刑事和解制度泛化倾向之检省与矫正》，《法商研究》2008 年第 6 期。

② 孙万怀：《死刑案件可以并需要和解吗？》，《中国法学》2010 年第 1 期。

③ 参见梁根林：《死刑案件被刑事和解的十大证伪》，《法学》2010 年第 4 期。

“考虑到公诉案件的国家追诉性质和《刑法》的严肃性，防止出现以罚代刑或者放纵一些严重犯罪等新的不公正，对建立这一新的诉讼制度应审慎把握。”① 这说明死刑案件刑事和解在现行法律制度规定来看是不合法的。

（三）历史长河中的赔偿、和解、刑罚

前文已述，可以将赎金代替复仇归入前现代的刑罚措施，将现行刑法制度归入现代的刑罚措施，将恢复性司法归入后现代的刑罚措施。接下来，将要从另一个层面，即前文所说的刑事和解与恢复性司法的源头不一样来进行分析，即将死刑案件刑事和解置于法律发展、进化的视角下进行分析。

比安基教授认为：“我们的远祖并没有像我们今天这样，将犯罪行为和其他冲突行为截然分开。与我们不同，他们并不把‘犯罪’作为错误行为的一种特殊类型，一种值得谴责的、对于广为共享且近乎神圣之社会规范的冒犯。因此，他们并不认为对‘犯罪’需要特殊的程序和应对：起诉、国家惩罚、试图让犯罪人向社会偿还他们（抽象的）道德之债。相反，大多数我们今天所标定为‘犯罪’的行为被他们视作社区中成员间的冲突问题而处理。除非是对国家权威的直接冒犯，或者是宗教上的异端邪说，统治者都不会直接干涉。”② 该观点确实反映了人类社会早期直到世界进入近代化进程的犯罪观，以及关于刑罚权力的转移过程。但是，该观点无疑是一种静态的观点，而忽视了人类社会的发展进步过程。

在很多恢复性司法倡导者看来，恢复性司法是人类社会早期

① 全国人大常委会法制工作委员会刑法室编：《关于修改中华人民共和国刑事诉讼法的决定条文说明、立法理由及相关规定》，北京大学出版社，2012 年，第 340 页。

② ［英］格里·约翰斯通著，郝方昉译：《恢复性司法：理念、价值与争议》，中国人民公安大学出版社，2011 年，第 15 页。

处理“犯罪”问题的常规做法。“从12世纪开始，国家作为一种集权机制而兴起，从而垄断了控制犯罪和刑事司法之职权后，恢复性司法就开始受到压制。”“随着社会的进一步发展，特别是随着一个强大的集中权力的出现，赔偿退出了，取而代之的是国家惩罚。”“到20世纪，几乎在全球范围内都完成了从社区性的恢复性司法向国家惩罚性司法的转换，以后者作为对犯罪的常规回应。”①

从世界近代化进程开启以来，对法制统一的要求越来越高。伴随着各国的统一化进程，各国的主权控制力不断增强，司法管辖权不断扩大。“中世纪商人当时有自己的法庭，当时地中海一带都是一些小的诸侯国家，法律不统一，在其他国家做生意得不到法律保护。商人就自己成立一个法律机构。”② 在布丹看来，主权中最重要的权力就包括立法权、官吏任免权和最高裁判权。③格劳秀斯认为：“用惩罚的手段来保障人类社会利益，这最初是人人都有的，只是到了文明社会和法庭产生以后，这种权力才只归拥有最高权力的人享有。”④ 因此，我们必须要明白一点，法律制度的统一既是国家近现代化进程的产物，也是推进国家近现代化进程的重要工具。在这一背景下，我们就可以知道：比安基所说的状态几乎只能是“小国寡民”状态下的法律制度，如部落社会中。法律人类学的研究当中，没有发现哪个国家进入近现代化进程之后却不加强国家的司法管辖权。不管是大陆法系制定法典，还是英美法系设立普通法庭，其重要目的都是强化国家的司

---

① ［英］格里·约翰斯通著，郝方昉译：《恢复性司法：理念、价值与争议》，中国人民公安大学出版社，2011年，第44—46页。

② 张维迎：《法律：通过第三方实施的行为规范》，《读书》2000年第11期。

③ 参见徐爱国、李桂林、郭义桂著：《西方法律思想史》，北京大学出版社，2002年，第93页。

④ 参见徐爱国、李桂林、郭义桂著：《西方法律思想史》，北京大学出版社，2002年，第112页。

法管辖权、推进法律制度的统一进程。这种司法管辖权的加强、法律制度的统一为国民共同价值观念、共同行为规范的形成是必不可少的。当然，随着近现代化进程的完成，人们开始反思的时候，发现其中还是存在不少问题。其中就有传统刑事法律制度的缺陷引发的新思想，如被害人学、刑罚个别化、恢复性司法等。

在传统部落社会中，头人不断强化自己的司法管辖权。“利用部落、宗族、家族聚众（发兵）索要命价，在封建千百户制度下是比较少的，因为这种索要命价的形式是有阶级倾向的，保护哪些人的权益也是明确的。”[①] 部落之间发生命案，被害人所属部落的头人要在衡量被害人的身份地位、凶手所属部落的势力等多种因素之后，才决定是否发兵索要命价；更多的是派出使者协商处理。部落内的命案，“聚众索要命价也是少数，因为真正能聚众对被告人家进行打砸抢的是一些有权势的人家，一般老百姓是没有力量的，即使有力量也不敢到有权势的杀人凶手家打砸抢。在封建千百户制度下，广大劳动人民遭杀害，一般还是要找头人打官司来索要命价，或找人调解私了”[②]。但是，当前的“赔命价”实践却呈现出更多的“私了”色彩。这主要是两方面的原因造成的：一方面是传统部落社会结构的解体，头人的权威已经在当今社会中基本失去了合理性与合法性。另一方面是国家法制权威没有完全确立。在被害人亲属获得赔偿的希望与国家法律制度之间存在一定的紧张关系。国家法律制度并没有给赔命价制度留出适当的作用空间，国家法律对“赔命价”的官方态度一直是彻底否定；但出于社会稳定等因素的考虑，又在一定程度上放任了“赔命价”实践。这就使当前的“赔命价”实践既缺乏传统权威

① 张济民主编：《诸说求真——藏族部落习惯法专论》，青海人民出版社，2002年，第199页。

② 张济民主编：《诸说求真——藏族部落习惯法专论》，青海人民出版社，2002年，第199页。

的制约，又缺乏国家权威的制约，呈现出复杂的"私了"色彩。

根据学者研究，"据有关资料统计表明，近两年发生的刑事案件，其中有30%左右是'私了'的"①。根据山东创纪律师事务所2003年的一项调查显示："目前我国农村发生刑事案件后进行私了的占农村犯罪案件的25%以上。"② 该资料至少表明两个信息：一是我国当前的"私了"现象仍然在一定程度上存在，绝对不是个案。二是我国的法治整体上仍未实现现代化。这种未完成现代化的具体阶段有一些现实问题，比如人们对法律制度的认识了解还远远不足、对法律制度的执行还不够规范、对法律的信任更是远远没有建立。在这种情况下，过早强调刑罚个别化，如刑事和解之类的，在一定程度上会影响法治观念的确立。诚如学者已经指出的，"我们研究刑事和解的目的之一就是促使立法将一部分'私了'案件合法化，促使其从诉讼外和解转入诉讼中和解，从而进行法律规制，使纠纷当事人的权利得到法律的有效保护"③。这也是当前"赔命价"实践中最需要关注的问题。必须加强对"赔命价"实践的规范，将他们的运行纳入现行法律制度中来，不能让他们继续游离在现行法律体系之外。

有学者已经指出："后法治不是对法治的否定，而是对法治的超越"。"后法治时代对法治国家原则的超越，实质上就是法治国家追求卓越的过程。""没有法治原则与法治机制规制下的健全有效的传统刑事司法模式，同样也就不可能真正生成超越传统刑事司法的恢复性司法。否则，就可能产生导致破坏法治、侵犯人权、颠覆公义的灾难性后果。"④ 借用费孝通先生所说的"法治秩

① 陈玉范、屈广臣：《"私了"问题的法律思考》，《当代法学》1995年第1期。

② 转引自陈光中、葛琳：《刑事和解初探》，《中国法学》2006年第5期。

③ 陈光中、葛琳：《刑事和解初探》，《中国法学》2006年第5期。

④ 梁根林：《死刑案件被刑事和解的十大证伪》，《法学》2010年第4期。

序的好处未得，而破坏礼治秩序的弊病却已先发生了”①。我们可以说：“法治秩序的好处未得，而后法治时期的弊端已经开始显现。”

三、以刑事和解吸纳“赔命价”习惯法的困难

关于“赔命价”与刑事和解、恢复性司法的契合点在前文中已经做了分析，这里主要分析以刑事和解吸纳“赔命价”习惯法的障碍。苏永生教授主张以社会相当性理论来证明“赔命价”等习惯法属于刑法不当罚的范围。②“禁止处罚不当罚的行为也是罪刑法定原则实质侧面的重要内容。”“如何判断处罚的必要性与合理性？在笔者看来，只能依据社会相当性理论来判断处罚的必要性和合理性，即‘这种行为在绝大多数人看来是明显地对社会构成威胁的行为，并且为主要的社会阶层所不能容忍’”③。也就是说，故意伤害致人死亡和故意杀人在藏族的历史上属于当事人协商赔偿处理的纠纷范围之内，在当地不具有严重的社会危害性。因此，“赔命价”习惯法在当地可以作为“出罪”的理由。本书认为，习惯法在部分情况下确实可能成为排除犯罪的理由，但以社会相当性理论来论证“赔命价”属于刑法不当罚的行为存在两个方面的困难：一是该理论本身就面临诸多质疑；二是与实际情况不符。

社会相当性理论是行为无价值论的重要理论观点，“社会的相当性说认为，在历史地形成的社会伦理秩序的范围内，被这种秩序所允许的行为（社会的相当行为），就是正当的。由于超出

---

① 费孝通著：《乡土中国 生育制度》，北京大学出版社，1998年，第58页。

② 苏永生：《论罪刑法定原则与民族习惯法》，《法制与社会发展》2009年第5期。

③ 苏永生：《论罪刑法定原则与民族习惯法》，《法制与社会发展》2009年第5期。张明楷教授认为，“或许可以认为习惯法对于排除犯罪的成立仍然起着重要作用”。参见张明楷著：《刑法格言的展开》，北京大学出版社，2013年，第51页。

了社会的相当性的法益侵害才有违法性，理所当然社会的相当性是阻却违法性的一般原理"[①]。但是，学者对于何谓社会相当性的表述却相差巨大。团藤重光表述为"得到了作为法秩序基底的社会伦理规范的允许"[②]。更重要的是该理论还面临一些实际的困难，内藤谦指出："社会相当性说是以一般人为基准，判断该行为在日常生活中是否具有通常性。但是，这种判断属于概括性的、多义性的、直觉性的判断，根本无法称其为明确的判断标准"[③]。西田典之本人也指出："该说将判断过程置于黑匣子之中，而仅仅发布结论。"[④] 这是社会相当性理论的固有缺陷，目前尚未得到较好的完善。

本书认为，用社会相当性理论来证明"赔命价"的不当罚在理论方面存在几个问题：一是"绝大多数人"的标准问题。苏永生教授主张以"族群"为标准。该标准的重要缺陷在于它的静止性。仅从标准确立的角度而言，在封闭的社会结构中，以"族群"为标准尚可接受。但现在的社会是开放性的社会，人口流动日益频繁。"习惯法形成于社会生活简单、价值单一的时代，在社会复杂化、价值多元化的当下，习惯法作为刑法的法源已不可

---

① 张明楷著：《外国刑法纲要》，清华大学出版社，2007年，第151页。

② 大塚仁表述为"得到了现实的国家社会中形成的社会伦理秩序的允许"；大谷实表述为"对于现存的社会秩序的存续、发展来说被认为是相当的。"转引自张明楷著：《外国刑法纲要》，清华大学出版社，2007年，第152页。福田平表述为"处于历史性形成的社会生活秩序的框架之内的行为形态"；藤木英雄表述为"因健全的社会一般观念而具有日常性、通常性，为健全的社会一般观念所允许"。转引自［日］西田典之著，刘明祥、王昭武译：《日本刑法总论》，中国人民大学出版社，2007年，第103页。

③ 转引自［日］西田典之著，刘明祥、王昭武译：《日本刑法总论》，中国人民大学出版社，2007年，第103页。

④ ［日］西田典之著，刘明祥、王昭武译：《日本刑法总论》，中国人民大学出版社，2007年，第103页。

能”。[①] 二是行为主体的相对性问题。按此标准，藏族居民间的故意伤害等行为可以适用赔命价制度。但是，藏族居民伤害了其他民族的居民，或者其他民族的居民伤害了藏族居民的时候，能否适用赔命价制度呢？实际上，我们可以看到一些在藏区生活的汉族、蒙古族、回族居民发生故意伤害致人死亡或故意杀人行为后，也有采取赔偿命价的做法。这就忽视了当前藏区赔命价制度适用范围蔓延扩大趋势的事实。三是忽视了前文所说的法律制度发展进化的特点。在和平解放前，西藏整体处于封建农奴制下，其社会基础是部落制度。即便在藏区，各部落间的命价标准也是不一致的。“赔命价”习惯法是与分散的部落制度结合在一起的；而现在整个藏区都是统一的中华人民共和国的管辖范围，国家的立法权、司法权自然要及于整个藏区。在这种情况下，再以习惯法作为拒绝国家统一的司法管辖权的理由是很难为主权者接受的。四是忽视了“赔命价”的惩罚特点。“赔命价”绝不仅仅是单纯的民事赔偿，而是带有强烈的刑罚色彩的赔偿制度。这在前文中已经详细论述。而且，研究者也不应该刻意忽略该制度中的一些与现代法治精神相冲突之处。

其次，社会相当性理论与实际情况不符。从历史的角度来看，藏族传统法律观念并非认为杀人、故意伤害致人死亡不是犯罪，或者说不是严重的犯罪。第三章特别强调，“赔命价”就是一种特别严厉的惩罚措施。相关调查也表明，人们至今仍认为，“赔命价”能够在一定程度上威慑潜在的犯罪。这就是说，藏民一直认为杀人、故意伤害致人死亡是严重的犯罪，只是他们的传统法律文化中采取的惩罚措施与现代刑法中的措施不一样而已。从认识现状的角度来看，藏民同样认为杀人、故意伤害致人死亡是重罪。只是基于宗教信仰，他们通常认为既然人已经死了，无

① 张明楷著：《刑法格言的展开》，北京大学出版社，2013年，第50页。

论如何都无法复生。如果不是"谋杀"的话，也没有必要让加害人偿命。赔偿一点费用，超度死者的灵魂；再适当承担刑事责任就可以了。访谈对象向我们特别强调："我们要认识生命，尊重生命。"①

综上所述，社会相当性理论不能为当前的赔命价制度提供充分的支持。一方面，藏民们并非认为故意杀人、故意伤害不是严重的犯罪，只是他们选择了与现代刑法不同的惩罚方式。我们可以从轻刑化趋势去理解这一思想，但不能从社会相当性理论出发，认为藏民们认为那不是犯罪，或者说是较轻的罪。另一方面，即便我们可以用社会相当性理论为减轻甚至免除现代法制下的刑罚提供依据，但该理论却面临着严重的问题，如传统的赔命价制度体系基本解体的现状、"赔命价"中的连带责任及其负面影响等。这些问题是社会相当性理论无法解决的。

四、"赔命价"与现代法治精神的冲突

（一）关系修复，还是物质赔偿

我国当前的刑事和解是在恢复性司法的理念的影响下发展起来的。在实践过程中，我们需要注意恢复性司法所强调的"被害人的需要"指的到底是什么？"早期的恢复性司法倡导者坚持认为，恢复性司法的结果应当是补偿或者修复而非惩罚。然而在更为晚近的时候，倡导者更为强调象征性修复而非物质性修复。"②

在我国的刑事和解中，已经出现了过于强调物质赔偿的趋势。有学者指出："有没有足够的金钱与财富对被害方予以充分赔偿，既是加害人能否争取到被害方谅解与宽恕的关键所在，事实上也是左右死刑案件最终裁判结果的决定性因素。正因为如

① 2013年8月5日，笔者在西藏山南地区与藏民访谈内容。

② ［英］格里·约翰斯通著，郝方昉译：《恢复性司法：理念、价值与争议》，中国人民公安大学出版社，2011年，第26页。

此，看上去很美的死刑案件的刑事和解，可能掩盖的不过是‘花钱买命’的赤裸裸的交易而已。”[①] 针对花钱买刑的质疑，有实务部门的领导指出：“刑事和解与‘花钱买刑’最根本的界限就在于加害人是否真诚悔罪、赔礼道歉，获得被害人的谅解。经济赔偿是真诚悔罪的应有之义，但是如果当事人以降低刑罚标准作为赔偿数额的条件，那么就证明其赔偿之意在于‘买刑’，也就违背了刑事和解的前提条件，即使其达成了所谓的和解协议，也将不被允许。”[②] 从情理上看，该意见是合适的。但问题在于监督的困难，现实案例中被告人在其亲属支付高额赔偿金之后通常能获得从轻、减轻处罚就是对该意见的最大质疑。换言之，刑事和解的追求的应该是被告人的真诚悔罪，但表象上却给人强烈的“花钱买刑”“花钱买命”的印象。这一冲突的现实存在值得实务部门慎重反思。针对这一问题，有学者提出：“对于赔偿数额，公权力机关应当根据案件性质、犯罪后果和当事人的具体履行能力进行综合判断，注意引导和纠正和解过程中出现的漫天要价、显失公平的情形。”[③]

在“赔命价”案例中，也存在同样的问题，甚至更为严重。前文已对此做了分析。如有学者指出，“目前“赔命价”的数额越来越大，在古老习惯的外衣下，人民对现实利益的追求已经超越了对生命的尊重”[④]。这一问题的形成与我国刑事附带民事诉讼的赔偿标准相对较低有关。我国《刑事诉讼法》第 99 条规定：“被害人由于被告人的犯罪行为而遭受物质损失的，在刑事诉讼过程中，有权提起附带民事诉讼。被害人死亡或者丧失行为能力

---

① 梁根林：《死刑案件被刑事和解的十大证伪》，《法学》2010 年第 4 期。

② 最高人民检察院副检察长朱孝清的讲话，原载《法制日报》2008 年 12 月 8 日。转引自陈光中：《刑事和解再探》，《中国刑事法杂志》2010 年第 2 期。

③ 陈光中、葛琳：《刑事和解初探》，《中国法学》2006 年第 5 期。

④ 杜文忠：《“赔命价”习惯的司法价值及其与现行法律的会通》，《法学》2012 年第 1 期。

的，被害人的法定代理人、近亲属有权提起附带民事诉讼。”最高人民法院颁布的《关于刑事附带民事诉讼范围问题的规定》将该条所规定的“物质损失”解释为“被害人因犯罪行为已经遭受的实际损失和必然遭受的损失”。这就导致出现刑事附带民事诉讼赔偿范围狭窄、赔偿金额低的问题，而截然不同的则是刑事和解中的赔偿金额通常是较高的。这样来看的话，被害人家属在刑事和解中通常撤回刑事附带民事诉讼可以有另外一种解释：因为刑事和解中的赔偿金额远远超出了法院通常的认定标准，法院很难做出具体认定。因此，法院笼统地承认双方当事人对民事赔偿的意思自治，由被害人家属撤回刑事附带民事诉讼。这样既是符合法律规定的，又避免了上述的尴尬。但是，这只能是一种表面合乎规则要求，但实质上与刑事和解的精神相违背的做法。

（二）责任自负，还是集体责任

赔命价制度的背后是典型的前现代的集体责任。赔偿金额巨大是“赔命价”的重要特征之一。在藏族地区，被告人需要赔偿命价的时候，其亲属是有义务帮助其赔偿的。第二章中已经详细论述了“赔命价”的集体承担方式。

与集体责任相对应的就是“赔命价”的集体分配。“赔命价”中的很大一部分被用于宗教仪式，剩下的部分再由其亲属集体分配。有学者认为：“被害人及其家属得到赔偿后，所赔偿之钱物就成为其私有财产。私有财产所有权具有强烈的排他性，财产所有人如何处理，是他的权利。”此外，“藏族地区落后的生产力和单个人的力量在严酷的自然环境下显得不堪一击，一旦遇到大的自然灾害，首先寻求的就是亲友或者附件亲友的帮助。得罪他们，无疑得不偿失。刑事和解以被害人及其家属的利益为中心，增强了被害人及其家属解决刑事纠纷的主动权和决定权，最大限度上维护了他们的合法权益”[①]。这种说法实际上脱离了藏族赔命价制度的原生态文化，转而从现行法律制度中获得一定的合理性、合法性支撑。但是，财产的自由处分权是无法解释“赔命价”的集体分配的。因为在传统的赔命价制度中，集体承担与集体分配都是带有强制性的。

诚如第一章所述，“赔命价”是在克服复仇冲动的基础上产生的，其本质是以惩罚性的赔偿代替血亲复仇，是典型的前现代的纠纷解决方法。基于“赔命价”中的“赔偿”因素与刑事和解中的“赔偿”因素之间的相似性而将两者捆绑在一起，认为两者之间可以相通的看法是有问题的。这种类别推理严重忽视了两者本质上的差别，是生硬地将前现代与后现代拉郎配的做法。

第四节　对策：准确定性　规范运行

根据最高人民法院 2005 年颁布《关于审理人身损害赔偿案件适用法律若干问题的解释》第 17 条的规定，受害人死亡的，赔偿义务人应当赔偿受害人因就医治疗支出的各项费用以及因误工减少的收入，包括医疗费、误工费、护理费、交通费、住宿费、住院伙食补助费、必要的营养费，以及丧葬费、被扶养人生活费、死亡补偿费以及受害人亲属办理丧葬事宜支出的交通费、住宿费和误工损失等其他合理费用。相关条文还有几个：该解释第 18 条就受害人或者死者近亲属精神损害赔偿问题做了规定；第 27 条就丧葬费标准做了规定；第 28 条对被扶养人生活费标准做了规定；第 29 条就死亡赔偿金标准做了规定。

我国《刑事诉讼法》第 99 条规定：“被害人由于被告人的犯

① 王海聪：《以刑事和解方式推进藏族习惯法与国家法的互动——以果洛藏族习惯法中的“赔命价”“赔血价”为例》，《青海师范大学学报》（哲学社会科学版）2011 年第 5 期。

罪行为而遭受物质损失的，在刑事诉讼过程中，有权提起附带民事诉讼。被害人死亡或者丧失行为能力的，被害人的法定代理人、近亲属有权提起附带民事诉讼。”最高人民法院颁布的《关于刑事附带民事诉讼范围问题的规定》将该条所规定的“物质损失”解释为“被害人因犯罪行为已经遭受的实际损失和必然遭受的损失”。在《侵权责任法》实施之前，法院通常只允许被害人就人身伤害所带来的物质损失提出赔偿请求。在人身伤害赔偿标准方面，法院通常拒绝将“死亡赔偿金”“伤残赔偿金”和“精神损失费”列入赔偿范围，形成刑事附带民事诉讼中的“三不赔”问题。[①]不管被告人有无经济赔偿能力，基本情况相同。其中原因是多方面的，其中第一点就是法官普遍持有“打了不罚，罚了不打”的传统观念。刑事法官普遍认为：“法院已经对被告人判处刑罚并使其遭受了惩罚，如果继续追究其民事赔偿责任就属双重处罚，并使被告人陷入悲惨的境地，特别是在被告人被判处死刑的案件中，刑事法官更是对充当‘杀人又罚钱’的角色踌躇不决，这种观念往往造成法院在判决执行方面处于被动和应付的局面。”[②] 还有一点与本主题相关的，就是按照传统的“先刑后民”的理念，被告人在刑期已基本确定的情况下，不能因为赔偿而得到量刑的“优惠”，缺乏赔偿的动力。根据学者研究，我国

① 参见刘青峰：《何以刑事附带民事诉讼判决几乎不能执行》，《法制资讯》2008年2月29日。

② 陈瑞华：《刑事附带民事诉讼的三种模式》，《法学研究》2009年第1期。

刑事附带民事诉讼的执行成功率向来较低。①

因此，目前的刑事附带民事诉讼实践中，司法实务界逐渐转向采取“先民后刑”的思路。目前的轻伤害案件刑事和解实践中，被告人通常都能得到不起诉或者缓刑处理。这也是说，被告人不用实际在监狱服刑。这对被告人而言是非常重要的，也是他们愿意付出相对较高的赔偿金的根本原因。“根据北京市朝阳区检察院 2002 年所做的调查，法院对轻伤害案件所作的附带民事赔偿数额平均为 6000 余元；而被害人在与加害方达成和解协议后所获得的赔偿额平均都在两万元左右。”② 也就是说，轻伤害案件的刑事和解赔偿金基本相当于同期刑事附带民事赔偿数额的 3 倍左右。

2010 年，《侵权责任法》的颁布实施为刑事附带民事诉讼赔偿提供了更有力的法律依据。该法第 4 条第 1 款规定：“侵权人因同一行为应当承担行政责任或者刑事责任的，不影响依法承担侵权责任。”第 16 条第三句规定，侵害他人“造成死亡的，还应当赔偿丧葬费和死亡赔偿金”。这是侵权责任与行政责任、刑事责任的竞合问题，《侵权责任法》规定应当同时承担。下面结合《关于审理人身损害赔偿案件适用法律若干问题的解释》与《侵

① 胡锦武、郭久辉曾在文中指出，2007 年 1—5 月，河南洛阳中院的刑事附带民事诉讼的执行成功率为 0；此前几年的平均执行率不到 5%。参见胡锦武、郭久辉：《刑事附带民事赔偿，为何屡成空判?》，新华社每日电讯 2007 年 8 月 5 日。谈佳隆曾在文中指出，广州市两级法院在 2007 年前三年的刑事附带民事执行率仅为 13%，超过 80%的案件根本无法执行。参见谈佳隆：《刑事附带民事赔偿执行难，如何解决法学界看法不一》，《中国经济周刊》2007 年 12 月 3 日。梁建军曾在文中指出，2006 年至 2007 年上半年，湖南省醴陵县的 25 件刑事附带民事赔偿案件进入执行程序，无一件执行完毕，部分执行的也仅有几件，其执行率也不到 5%。参见梁建军：《刑事附带民事案件：四大“难点”亟待破解》，《湖南日报》2007 年 10 月 10 日。

② 崔丽：《北京朝阳检察院扩大轻伤害案件不起诉范围》，《中国青年报》2002 年 12 月 26 日。转引自陈瑞华：《刑事诉讼的私力合作模式——刑事和解在中国的兴起》，《中国法学》2006 年第 5 期。

权责任法》中的相关规定，估算一下各地的人身损害赔偿的理论数字。

一、人身损害赔偿标准

（一）现行法律制度的赔偿标准

根据《关于审理人身损害赔偿案件适用法律若干问题的解释》第27条规定：“丧葬费按照受诉法院所在地上一年度职工月平均工资标准，以六个月总额计算。”第28条第1款规定：“被扶养人生活费根据扶养人丧失劳动能力程度，按照受诉法院所在地上一年度城镇居民人均消费性支出和农村居民人均年生活消费支出标准计算。被扶养人为未成年人的，计算至十八周岁；被扶养人无劳动能力又无其他生活来源的，计算二十年。但六十周岁以上的，年龄每增加一岁减少一年；七十五周岁以上的，按五年计算。”第29条规定：“死亡赔偿金按照受诉法院所在地上一年度城镇居民人均可支配收入或者农村居民人均纯收入标准，按二十年计算。但六十周岁以上的，年龄每增加一岁减少一年；七十五周岁以上的，按五年计算。”其他损失暂且不论，仅这3项就是一个庞大的数字。

我们以一个30岁的男子被故意杀害或者故意伤害造成死亡为例，来粗略估算一下。由于丧葬费和被抚养人生活费标准都涉及受诉法院所在地的具体标准，我们再将这两项排除在外，仅计算死亡赔偿金一项。接下来，我们要将这个案例放置到三个具体的地方，分别是青海、西藏、四川三个省（自治区），来估算一下《侵权责任法》所能容纳的最大死亡赔偿金数字。由于各地的人身损害赔偿标准更新时间不完全一致，且不易搜索完整。因此，选择各地的农牧民人均纯收入和城镇居民人均可支配收入为计算依据。根据对比部分省份人身损害赔偿标准与前述数字可知，具体标准与根据当地政府工作报告中的数字相差不大。因为政府报告中的数据通常是初步统计结果，最后还需统计部门进一步核算公布。经过查询中央人民政府网站和相关省（自治区）人民政府和人大网站，从政府年度工作报告中采集数据，将三地各年度农村人均纯收入和城镇居民人均可支配收入整理成如下表所示：

表　四川、青海、西藏收入统计表　　（单位：元）

人群	地区	2003 年	2005 年	2007 年	2009 年	2011 年	2013 年
农牧民	四川	2107.6	2580.3	3013	4121	5140	7001
	青海	2499	2004	2358	3061	3863	5364.4
	西藏	1570	1861	2350	3170	4138.7	5645
城镇居民	四川	6640	7709.9	9350	12506	15461	20307
	青海	6498	7319.7	9000.4	11648.2	13855	17566.3
	西藏	7760	8200	8932	12300	14980	18056

根据《关于审理人身损害赔偿案件适用法律若干问题的解释》第 29 条规定的标准，本案例中受害人的死亡赔偿金为相应年收入的 20 倍。计算结果如下：

表　四川、青海、西藏死亡赔偿金简表　　（单位：万元）

人群	地区	2003 年	2005 年	2007 年	2009 年	2011 年	2013 年
农牧民	四川	4.21	5.16	6.03	8.24	10.3	14.00
	青海	5.00	4.01	4.72	6.12	7.73	10.73
	西藏	3.14	3.72	4.70	6.34	8.28	11.29
城镇居民	四川	13.28	15.42	18.70	25.01	30.92	40.61
	青海	13.00	14.64	18.00	23.30	27.71	35.12
	西藏	15.52	16.40	16.78	24.60	29.96	36.11

从上表可以看出，仅死亡赔偿金一项就是一个很大的数字。

当然，这有一个前提，就是被告人有足够的赔偿能力。换言之，如果被告有足够的赔偿能力，在法律规定的标准下，死亡赔偿金最高可达到以上数字。此外，还需计算医疗费、交通费、丧葬费、扶养费等其他费用。但这种以城乡差异为区分标准的，曾经引发过激烈的“同命不同价”的社会争议。《侵权责任法》第17条已经就该问题做了新的规定。

《侵权责任法》第16条第三句规定，侵害他人“造成死亡的，还应赔偿丧葬费和死亡赔偿金”。在该法的立法过程，立法者曾就赔偿标准进行过很多讨论。从境外的情况来看，主要有两种做法，即定额赔偿法和个体赔偿法。定额赔偿法实际是一种单一赔偿标准，不考虑具体受害人的个人收入状况、职业、受教育程度等方面的差异，原则上按照平均数乘以一定年限计算赔偿数额，从而以抽象化、定型化的方式确定死者未来收入损失。个体赔偿法原则上根据死者近期收入乘以一定年限计算赔偿数额。[①] 在《侵权责任法》实施后，法院通常根据各省（自治区）每年更新的人身损害赔偿标准进行计算。

这就是说，根据现行法律法规的规定，赔偿标准还是比较高的。在处理相关案件的时候，就不能仅仅以赔偿金额为标准来判断是否属于“赔命价”。在双方当事人自愿达成赔偿协议的前提下，只要赔偿金额不大幅超过《关于审理人身损害赔偿案件适用法律若干问题的解释》与《侵权责任法》的规定，都是可以认可的。

① 最终考虑到实践中的人身损害赔偿案件千差万别，我国各地的经济情况差异较大，个体间的实际情况也不完全相同，情况非常复杂，法律规定的任何赔偿标准都有可能无法照顾到这些差异，都有可能引起较大争议……因此，目前由法律对死亡赔偿金的标准作统一、具体的规定较为困难，《侵权责任法》暂不规定为好，宜由法官在司法实践中，根据案件的具体情况，综合考虑多种因素后，确定死亡赔偿金的数额。全国人大常委会法制工作委员会民法室编：《侵权责任法条文说明、立法理由及相关规定》，北京大学出版社，2010年，第62—63页。

（二）当代“赔命价”标准问题的不同意见

在20世纪末，也曾有关于“赔命价”标准问题的争论。原青海省人大常委会副主任格桑多杰曾指出：“赔偿命价、血价，必须确定一个合理合法的数额，被告方既能承受，又能体现惩罚必严的原则。避免人为的混乱以致随心所欲，漫天要价。”① 但究竟如何确定，始终没有比较一致的意见。张济民先生曾在文中指出：“目前有的地区提出：按照‘两少一宽’政策的精神，在依法处理命案的同时，由法院或政府部门牵头，会同统战人士、宗教上层人士、当地基层干部，共同组成调解小组，予以调处。对被害人所造成的损失，以当地中等生活水平户的一半财产的价值为最高限额，采取相似于赔‘命价’的形式进行赔偿，许多群众认为这种做法较妥。”但张济民先生并未就此表达明确的态度，仅表示“在当前，‘赔命价’还一时难以在实际上废除。”② 可以做一个合理的推测，张济民先生是不赞成这种提法的，因为这仍然是“一只羊扒两张皮”；但限于现实情况，又不得不默认这种做法。张济民先生的这种引用，实际上也是在提供一种可供参考的做法。

“以当地中等生活水平户的一半财产的价值为最高限额”的做法与定额赔偿法有一定的相通之处，有助于消除个体之间赔偿上的巨大差异。但又有所不同，“赔命价”中的标准是“当地中等生活水平户的一半财产的价值”。这种标准有两面性：一方面是上述的优点，即有助于排除过高的赔偿标准。另一方面则是它的缺点，给赔偿能力较差的加害人造成很大的赔偿压力。在20

① 格桑多杰：《部落习惯法生成轨迹及调解社会职能历史作用浅析》，载张济民主编：《诸说求真——藏族部落习惯法专论》，青海人民出版社，2002年，第82页。

② 张济民、张竹萍、孙明轩：《对少数民族中的犯罪分子要认真实行“两少一宽”政策》，载张济民主编：《诸说求真——藏族部落习惯法专论》，青海人民出版社，2002年，第11页。

世纪末的"赔命价"实践中，甚至出现贷款赔偿命价的情况。因此，该标准也还需进一步修正，主要指应对赔偿能力较低的加害人做出特殊考虑。就此而言，应限定赔偿金额最高不得超过其本人家庭财产的一半。这样的话，可以避免加害人的近亲属因为民事赔偿而倾家荡产，甚至被迫贷款赔偿，失去基本的生活保障。这与现代法治的责任自负原则以及人权保护原则都是不相符的。

二、"赔命价"与刑事附带民事赔偿的区分标准

在上一部分，特别分析了赔偿金额的测算问题，并指出，即使赔偿金额比较高，只要不超过法律规定的最高标准，都是符合的。即使稍微超过一点，也是可以予以认可的。这实际上也是区分"赔命价"与刑事附带民事赔偿的第一个标准。

第二个标准，就是自愿赔偿标准。也就是说，双方当事人之间的赔偿协议，必须是在自愿的情况下达成的。这里强调"自愿"，就是说出于强索命价而被迫达成的协议应该认定为"赔命价"。

根据相关研究，20 世纪末青海果洛地区的"赔命价"案例中，被害方强索命价的占绝大多数。从果洛州调查的 21 起案件情况来看，"被害方强索，约占 91%。"① 从第四章所引的新世纪的"赔命价"案例情况来，被害方强索命价的仍然不少，但更多的赔偿协议书中都特别写明"双方当事人协商达成赔偿协议"等字样，这种标注实际上起到了规避法律的作用。对于强索命价的，虽然各地都有相关规定，但并未得到有效实施。如青海黄南州委《关于严格依法办事，坚决禁止赔偿"命价"的决定》中就表示："公安机关对赔'命价'事件中非法侵入公民住宅，侵犯他人人身安全，故意毁坏公民财物，实施打砸抢烧的违法犯罪分

① 牟义：《青海省法学界人士呼吁，通过立法禁止"赔命价"》，载张济民主编：《诸说求真——藏族部落习惯法专论》，青海人民出版社，2002 年，第 349 页。

子要按刑事案件立案侦查，并按从重从快的原则，坚决依法惩处。”“对那些在各种纠纷中蓄意扩大矛盾，幕后指挥、策划、煽动受害者亲属和不明真相的群众参与‘出兵’，索赔‘命价’‘血价’，聚众闹事的首要骨干分子和强行扣押人质、扣押财物的违法行为，公安机关要依法查处，对构成犯罪的依法从严惩处。”① 西藏自治区人大常委会 2002 年通过的《关于严厉打击“赔命金”违法犯罪行为的决定》表示：“具有非法占有财物的目的，采取威胁、要挟等手段强行索要‘赔命金’的，依照《中华人民共和国刑法》第 274 条敲诈勒索罪，追究刑事责任。”“对参与‘赔命金’违法活动，尚不构成犯罪的，依照《中华人民共和国治安管理处罚条例》有关规定处罚。”但从第四章所引的案例来看，并没有人因为强索命价而被追究法律责任。特别是在一些群体纠纷中的首要分子甚至都没有积极查处，这是与规定的表态严重不一致的。这样一来，强索命价的被害人亲属未能得到有效的法律规制，完全没有改变习惯性行为方式的动力。有关该问题，将在下文中进一步分析。

第三个标准，即赔偿时间标准。此前的很多案例有一个共同的特点，即双方当事人在政法机关介入案件的调查处理之前，或刚刚介入案件的侦测尚未移交检察院起诉，就已经达成了赔偿协议。在案件的审理过程中，部分被害人亲属甚至配合被告人亲属向政法机关施压，要求释放被告人。因此，赔偿时间也是认定“赔命价”的一个重要标准。双方当事人在案件进入审查起诉阶段之前达成的赔偿协议，特别是该阶段达成的高额赔偿协议，可以认定为“赔命价”。

第四个标准，即后期行为标准。如果在达成赔偿协议后，双方当事人合伙帮助加害人逃避刑事责任，可以认定为“赔命价”。

---

① 张济民主编：《诸说求真——藏族部落习惯法专论》，青海人民出版社，2002 年，第 346 页。

相关案例表明，部分当事人在达成赔偿协议之后，共同帮助加害人逃避刑事责任。因此，对于有类似行为的协议，可以认定为“赔命价”。

三、竞合责任的反思

尽管《侵权责任法》规定了责任竞合，但这并不意味着责任竞合就完全没有理论瑕疵。现在仍要回到如何避免“一只羊扒两张皮”的问题，这与前文所说的刑事法官普遍认可的“打了不罚，罚了不打”的理念实际上是同一问题。

在人类社会的早期，赔偿作为应对今日所说的“犯罪”行为的处罚方式，是一种单独的责任形式。在承担赔偿责任后，就无须承担其他形式的刑事责任。在国家垄断了刑事处罚权之后，被告人不仅要承担刑事责任，还要承担一定的民事赔偿责任。这对于被告人而言，实际上是一种很重的处罚。但是，刑事附带民事诉讼的赔偿范围受到了严格限制，这在一定程度上降低了被告人的刑罚严苛程度。如果现在又要被告人承担精神损失的赔偿，即便被告人能够得到法定刑的减轻处罚，仍然是非常沉重的责任形式。不能将被害人的所有损失都要求被告人来承担，由此推卸国家救助刑事案件被害人的责任。有学者指出：“在这种‘不赔钱就要命’的被害人诉求与国家刑罚威胁的双重压力之下，依法本不应承担赔偿义务而又深陷经济困境的加害人亲属唯一的选择只能是倾家荡产、四处举债、筹钱保命，承受其不堪承受的精神压力与经济重负，这不仅直接违反了刑法面前人人平等原则、罪刑相适应原则以及罪责自负原则，而且实际上是借口被告人未能对被害方赔偿而转移了国家作为法秩序维护者本应对犯罪的发生承担的社会集体罪责，懈怠了建立刑事被害人国家补偿制度的必要性与紧迫性要求。”① 本书认为，这一观点在现阶段是非常值得重视的。

从法律发展历程来看，对于故意伤害致人死亡、故意杀人等严重的犯罪行为，人类已经经历了武力复仇—经济赔偿—刑事责任三个阶段。当前《侵权责任法》的规定可以算作第四个阶段——经济赔偿与刑事责任共同组成的竞合责任。但这种竞合责任并不是那么完美的，这有可能造成与赔命价制度中相同的“蛇蜕两次皮”问题。根据现行法律规定对部分藏区的刑事附带民事诉讼的理论赔偿标准进行了初步估算，这一赔偿标准还是很高的。本书反对严重的刑罚措施和死亡赔偿金的竞合，认为有必要就该责任形式进行反思。

现行《侵权责任法》所规定的“死亡赔偿金”标准与“赔命价”的赔偿标准已经比较接近，这对加害人亲属而言，通常来讲是一个沉重的经济负担。这在前文的分析中已经做了详细的分析，调研结果也证实了这一点。在这种情况下，还要求加害人(被告人）承担严重的刑事责任确实是过于严苛了。这种做法既与很多人（包括很多刑事法官）的法律情感不合，也与藏族的传统法律文化不合。

此外，我们应将这一竞合责任放到当前更广阔的法律发展趋势中去看，特别是结合当前世界范围内影响广泛的“轻刑化运动”来看。虽然此前的传统刑法理论与司法实践确实忽视了被害人的诉讼地位和损害赔偿，但是，现在这种“又打又罚”的做法却有点矫枉过正的嫌疑了。如果加害人既要承担刑事责任，又要承担民事责任，那么，两方面的责任都要相对减轻一点，使得这两种责任综合起来不至于过于沉重。特别是不能让加害人在承担比如无期徒刑、死刑的情况下，同时承担那么重的民事赔偿。当

① 梁根林：《死刑案件被刑事和解的十大证伪》，《法学》2010 年第 4 期。

然，被扶养人的生活费应当尽量赔偿，但被害人的预期收入损失则显然超出了必要限度。被害人近亲属因此遭受生活困难的，应该通过逐步建立刑事被害人国家救助/补偿制度来获得帮助，而不能将所有的损失赔偿责任都算到加害人头上，即便这种损失是由他的行为导致的。

四、准确定性，规范运行

“赔命价”实践必须得到有效规范。当前藏区司法实践中，主要采取给予被害人近亲属相对较高的赔偿，同时对加害人给予从轻甚至减轻刑事处罚的做法。本书认为，以刑事和解吸纳“赔命价”的相关研究，不应该仅仅关注二者之间有哪些相似点，为“赔命价”寻找新的漂亮外衣。相反，应该更多地分析两者的差异，真正为规范“赔命价”的实践提供一些参考意见。

（一）具体规范措施

虽然现行法律规定已经可以容纳较高的赔偿标准，但问题在于这种赔偿协议是如何达成的，又是何种力量在保障它们得到很好的执行？我们不能仅仅因为赔偿金额已经不是最重要的问题，或者因为“赔命价”与刑事和解存在一些方面的相似性，就认为私自赔偿也是可以的。甚至对其中存在的明显违反现代法治精神、法律规定的传统做法都不加区分地全盘认可。

第一，不可否认的是很多案件的赔偿协议不是双方当事人自愿达成的，但强索命价的情况仍然比较普遍。这实际上是藏区刑事附带民事赔偿执行率高的一个重要因素。这就需要当地政法机关加大审查力度，对其中的违法行为适当追究法律责任。这是逐步改变传统行为模式的重要方法。强索命价，不仅表现在出兵威胁，还体现在强行拿走加害人及其亲属的财物，甚至毁坏财物。对于此类明显违法的行为，必须给予相应的处罚。

第二，“赔命价”案件多发地区的刑事附带民事赔偿协议必须加大规范力度。刑事附带民事赔偿协议应该尽量采用司法调解模式，规范调解过程、限制赔偿标准。对于当事人之间私自达成的数额特别巨大的赔偿协议，应当进行清退，不能无原则地消极认可。这样只能是逐步消解国家法制的权威性，无法真正促进国家法制化进程。对于明显超出加害人赔偿能力的，应特别注意强索命价的情况，防止出现加害人亲属的基本生活失去保障的情况。

第三，在双方当事人之间自愿达成合理的赔偿协议并实际履行之后，司法机关可以对加害人（被告）给予适当的从轻、减轻处罚。但究竟哪些类型的案件可以从轻、减轻处罚，以及在何种程度上从轻、减轻，则需要政法机关和各方一道加强研究，取得共识，并共同推进该问题的解决进程。

（二）澄清两个认识问题

首先，不能将所有的赔偿都归结为“赔命价”。当前的很多关于“赔命价”的研究中都存在一个认识误区，就是将所有的赔偿都称为“赔命价”。这实际上是混淆了正常的刑事附带民事赔偿和“赔命价”，使得对“赔命价”的研究陷入误区，无法看清真相。只有将正常的民事赔偿与“赔命价”区分开来，才能有针对性地做出引导、规范。

其次，如何认识当地司法机关的量刑明显偏轻。诚如前述，死刑案件刑事和解面临合理性质疑。尽管实务部门做出了一些回应，但这种回应并不能从根本上消除这种质疑。从具体量刑来看，当前“赔命价”实践中的量刑偏轻通常超过正常的从轻、减轻处罚标准。因此，必须为这种量刑明显偏轻做更充分的论证。

第一，综合考虑多种因素，注重法的社会效果。我们要从兼顾多种因素的角度来看待这种现象，既要兼顾社会稳定与法律进步之间的关系，又要兼顾民事赔偿与宗教情感的关系，还要兼顾法制的统一与法制进步必要时间的关系。此外，我们还可以结合竞合责任的严厉性来看。这样的话，就不会完全否定当地司法机关判决的合理性了。但是，注重法的社会效果不能成为消极认可“赔命价”的借口，司法机关仍需加强规范“赔命价”实践。

第二，被害人谅解作为酌定从轻情节。《量刑指导意见（试行）》中规定：对于取得被害人或其家属谅解的，综合考虑犯罪的性质、罪行轻重、谅解的原因以及认罪悔罪的程度等情况，可以减少基准刑的20%以下。从相关案例中我们可以发现，“赔命价”案例中被害人亲属的谅解是自愿的。在部分案件中，甚至有被害人亲属亲自向司法机关请求从轻判决的情况。这与其他地区被害人谅解书的形式是显著不同的。这种差异很大程度上是由于文化差异而造成的。当然，对于同一事实不能重复评价。该“意见”特别指出：对于同一事实涉及不同量刑情节时，不重复评价。但该情节对于理解偏轻的量刑是有一定积极作用的。

第三，符合当前轻刑化趋势。在我国当前的刑法修正案中，不断表现出轻刑化趋势。因为轻刑化不仅仅是针对死刑案件、也不仅仅是针对少数民族而言的，而是一种全面覆盖的刑事政策。进一步推进轻刑化进程，公众对“赔命价”案件中的量刑偏轻可能会表现出更多的宽容性。

综上所述，就是要在准确界定“赔命价”与正常民事赔偿的基础上，对“赔命价”实际中的不当做法加以规范，由此引导赔命价制度实现扬弃式发展。实现这种扬弃式发展之后，它实际上已经进入了“刑事附带民事赔偿”的制度框架。该建议实际上是要回到第四章所提的问题，通过改变相关各方的预期，进而改变博弈的结果。用下表来表示：

<table>
<tr><td colspan="2" rowspan="2"></td><td colspan="2">政法机关</td></tr>
<tr><td>国家法</td><td>习惯法</td></tr>
<tr><td rowspan="2">受害人亲属</td><td>国家法</td><td>A　减轻刑罚
（稳定）适当赔偿</td><td>B　稳定+风险
刑罚</td></tr>
<tr><td>习惯法</td><td>C　刑罚
（不稳定）赔偿+（惩罚）</td><td>D　稳定+风险
赔偿</td></tr>
</table>

诚如在第四章中所言，在上表的 C 和 D 选项中，实际上是以习惯法为主导，国家法只是习惯法的背书。上表所要表示的，就是要将政法机关和受害人亲属引导向 A 选项转变。具体而言，就是要加强两方面的工作：一是适当提高被害人亲属的赔偿和补偿标准。二是要认真执行各地关于打击强行索要命价的规定，加大巨额赔偿的清退力度。提高被害人亲属的赔偿和补偿标准是正面激励措施，鼓励他们选择适用国家法律。打击强行索要命价和清退巨额赔偿是反面激励措施，使相关行为受罚适当的惩罚。在 D 选项中，就是要适当加大政法机关选择适用习惯法的违法成本，使得政府部门不能轻易选择习惯法。通过改变激励机制，使被害人亲属和政法机关都更主动地向国家法靠拢。

需要注意的是，在 C 选项向 A 选项滑动的过程中，可能会出现一些社会情绪，甚至形成一些不稳定的因素。这就需要政府提前做好相关预案，尽量做到平稳过渡。不能因为政法机关坚持实施国家法律而追求其政治责任，使相关部门的领导人没有推进国家法实施的积极性。另一个相关问题是，如果这种转变不能得到当地藏民的普遍认可，则有可能导致他们产生消极情绪。也就是说，在出现了命案以后，更加倾向于隐蔽的私了，拒绝向政府部门、政法机关报案，使得严重刑事案件的处理脱离国家法律的视野。这就是会进一步加大本书第四章开头所说的信息成本，为国家法的实施造成不利影响。

在这一博弈过程中，国家法律地位的提高有待于加强以下几个方面的工作：一是加大国家法律宣传力度。这种宣传不能是泛化的宣传，而应根据当地藏民生活中发生的典型案例出发，做到有针对性的宣传。这种宣传的首要目的是让藏民熟悉相关国家法律规定。二是加大国家法律的引导力度。就是要通过典型案例的处理，让藏民们相信选择国家法律也可以得到自己相对满意的处理结果。对于选用习惯法解决纠纷过程中存在的明显违法行为要适当处罚，让藏民清楚法律的底线在哪里。其中，还应重视制度信任问题。如前文所述，当前藏民普遍对司法公正性持有怀疑态度，对司法腐败的担心比较普遍。三是加大国家法律制度供给、降低诉讼成本的问题。① 本项目调查显示，当前藏民普遍对诉讼费用的认识相当模糊。当前加大农牧区法律制度供给更多地应当依靠人民调解组织来实施，首先做到人民调解依法进行；加大城市法律供给应加大法律援助力度，要特别重视被害人权益保护。只有在熟悉的基础上加强信任，并有较为便利的基层纠纷解决机制可供选择，国家法才能逐渐成为当事人的优先选择。

最后想说的是，西藏直到和平解放，仍然处于政教合一的封建农奴制统治之下，藏族赔命价制度长期在其生产生活中发挥作用。随着西藏的和平解放，整个藏区发生了巨大的社会变化。“赔命价”现象曾经一度趋于消失，但随着改革开放以来社会形势的变化，该现象又重新出现了。这也就是说，藏区的现代化进程，包括法制的现代化进程比我国中东部地区，甚至很多西部地区都相对缓慢一些。就我们目前的整体状况而言，仍远未完成法治现代化进程。虽然我们的社会主义法制体系已经基本完备，但

① 参见牛绿花：《藏族农牧民厌诉的经济分析——基于对甘肃省舟曲县拱坝乡先锋村的调查》，《西北第二民族学院学报》2006 年第 2 期；衣家奇：《法治不适与民间自治》，《山东大学学报》（哲学社会科学版）2009 年第 3 期。

离真正实现法治国家还有很大距离。在这种情况下，我们也就不能对藏区的赔命价制度过于苛求。虽然它与现代法治精神、人权保障有一些冲突之处，但它确实是由封建农奴制一步跨入了社会主义社会形态，这种社会发展阶段的巨大跨越必然需要一个相对较长的过渡阶段。因此，我们可以对藏族赔命价制度持相对宽容的态度。

当然，我们在尊重少数民族传统文化、传统风俗习惯的基础上，也应加强引导使其传统制度在新时代更好地发挥作用。赔命价制度的实践和引导，将是一个国家法和习惯法在具体社会环境中的长期博弈过程。在这一过程当中，我们要有两方面的认识：一是随着现代人权观念、法治观念的加强，越来越多的年轻人选择国家法律。二是当前出现的习惯法经过法律语言的修饰之后，仍然具有较大的影响力。这就要求我们，一方面不能急躁，想毕其功于一役；另一方面不能懈怠，让国家法成了习惯法的注脚。

参 考 文 献

一、专著类

1. ［德］弗里德里希·恩格斯著：《家庭、私有制和国家的起源》，人民出版社，2003 年。

2. ［德］马克斯·韦伯著，康乐等译：《韦伯作品集——经济与历史支配的类型》（第二卷），广西师范大学出版社，2004 年。

3. ［法］孟德斯鸠著，张雁深译：《论法的精神》，商务印书馆，1982 年。

4. ［法］卢梭著，何兆武译：《社会契约论》，商务印书馆，2003 年。

5. ［意］贝卡利亚著，黄风译：《论犯罪与刑罚》，中国大百科全书出版社，1993 年。

6. ［英］梅因著，沈景一译：《古代法》，商务印书馆，1959 年第 1 版，1996 年印/2011 年印。

7. ［德］拉德布鲁赫著，王朴译：《法哲学》，法律出版社，2005 年。

8. ［美］罗斯科·庞德著，邓正来译：《法律史解释》，中国法制出版社，2002 年。

9. ［美］哈德罗·J. 伯尔曼著，贺卫方等译：《法律与革命》，中国大百科全书出版社，1993 年。

10. ［美］保罗·萨缪尔森、威廉·诺德豪斯著，萧琛主译：《经济学》（第 18 版），人民邮电出版社，2008 年。

11. ［美］曼昆著，梁小民译：《经济学原理》，机械工业出版社，2003 年。

12. ［美］斯坦利·L. 布鲁著，焦国华、韩红译：《经济思想史》，机械工业出版社，2005 年。

13. ［美］科斯著，盛洪、陈郁译校：《企业、市场与法律》，格致出版社、上海三联书店、上海人民出版社，2009 年。

14. ［美］加里·S. 贝克尔著，王业宇、陈琪译：《人类行为的经济分析》，格致出版社、上海三联书店、上海人民出版社，2008 年。

15. ［美］道格拉斯·C. 诺斯著，杭行译：《制度、制度变迁与经济绩效》，格致出版社、上海三联书店、上海人民出版社，2008 年。

16. ［美］詹姆斯·布坎南著，刘志铭、李芳译：《成本与选择》，浙江大学出版社，2009 年。

17. ［美］理查德·A. 波斯纳著，蒋兆康译：《法律的经济分析》，中国大百科全书出版社，1997 年。

18. ［美］理查德·A. 波斯纳著，苏力译：《正义：司法的经济学》，中国政法大学出版社，2002 年。

19. ［美］罗伯特·考特、托马斯·尤伦著，张军等译：《法和经济学》，生活·读书·新知三联书店，1994 年。

20.（冰岛）思拉恩·埃格特森著，吴经邦等译：《经济行为与制度》，商务印书馆，2004 年。

21. ［美］斯蒂文·萨维尔著，柯华庆译：《法律的经济分析》，中国政法大学出版社，2009 年。

22. ［美］A. 米切尔·波林斯基著，郑戈译：《法和经济学导论》，法律出版社，2009 年。

23. ［美］尼古拉斯·麦考罗、斯蒂文·G. 曼德姆著，朱慧、吴晓露译：《经济学与法律——从波斯纳到后现代主义》，法律出版社，2005 年。

24. ［美］A. 爱伦·斯密德著，黄祖辉等译：《财产、权力和公共选择——对法和经济学的进一步思考》，上海三联书店、上海人民出版社，1999 年。

25. ［美］大卫·D. 弗里德曼著，杨欣欣译：《经济学语境下的法律规则》，法律出版社，2004 年。

26. ［英］朱利安·勒·格兰德、卡洛尔·普罗佩尔、雷·罗宾逊著，苗正民译：《社会问题经济学》，商务印书馆，2006 年。

27. ［美］奥利弗·E. 威廉姆森著，段毅才、王伟译：《资本主义经济制度》，商务印书馆，2004 年。

28. ［美］唐纳德·A. 威特曼主编，苏力等译：《法律经济学文献精选》，法律出版社，2006 年。

29. ［美］弗农·L. 史密斯著，李克强译：《经济学中的理性》，中国人民大学出版社，2013 年。

30. ［英］A. R. 拉德克利夫—布朗著，潘蛟、王贤梅、刘文远、知寒译：《原始社会的结构与功能》，中央民族大学出版社，1999 年。

31. ［美］罗维著，吕叔湘译：《初民社会》，凤凰出版传媒集团 2006 年。

32. ［英］J. G. 弗雷泽著，徐育新、汪培基、张泽石译：《金枝》，新世界出版社，2006 年。

33. ［英］弗思著，费孝通译：《人文类型》，华夏出版社，2002 年。

34. ［美］克利福德·格尔兹著，韩莉译：《文化的解释》，译林出版社，2008 年。

35. ［法］拉法格著，王子野译：《思想起源论》，生活·读书·新知三联书店，1963 年。

36. ［美］霍贝尔著，严存生等译：《原始人的法》，法律出版社，2012 年。

37. ［英］马林诺夫斯基著，原江译：《原始人的犯罪与习俗》，法律出版社，2007 年。

38. ［美］亚伯拉罕·马斯诺著，许金声等译：《动机与人格》，中国人民大学出版社，2007 年。

39. ［日］棚濑孝雄著，王亚新译：《纠纷的解决与审判制度》，中国政法大学出版社，2004 年。

40. ［美］罗伯特·C. 埃里克森著，苏力译：《无需法律的秩序——邻人如何解决纠纷》，中国政法大学出版社，2003 年。

41. ［日］川岛武宜著，王志安等译：《现代化与法》，中国政法大学出版社，2004 年。

42. ［美］P. 诺内特，P. 塞尔兹尼克著，张志铭译：《转变中的法律与社会》，中国政法大学出版社，2004 年。

43. ［日］穗积陈重著，曾玉婷、魏磊杰译：《复仇与法律》，中国法制出版社，2013 年。

44. ［美］小奥利弗·温德尔·霍姆斯著，冉昊、姚中秋译：《普通法》，中国政法大学出版社，2006 年。

45. ［美］E. 博登海默著，邓正来译：《法理学——法律哲学与法律方法》，中国政法大学出版社，1999 年。

46. ［美］孟罗·斯密著，姚梅镇译：《欧陆法律发达史》，中国政法大学出版社，2003 年。

47. ［美］昂格尔著，吴玉章、周汉华译：《现代社会中的法律》，译林出版社，2008 年。

48. ［英］格里·约翰斯通著，郝方昉译：《恢复性司法：理念、价值与争议》，中国人民公安大学出版社，2011 年。

49. ［日］西田典之著，刘明祥、王昭武译：《日本刑法总论》，中国人民大学出版社，2007 年。

50. ［德］伯恩·魏德士著，丁晓春、吴越译：《法理学》，法律出版社，2013 年。

51. ［意］图齐著，耿昇译：《西藏宗教之旅》，中国藏学出版社，2012 年。

52. ［印］萨拉特·钱德拉·达斯著，［美］W. W. 罗克希尔编，陈观胜、李荣培译：《拉萨及西藏中部旅行记》，中国藏学出版社，2006 年。

53. ［清］薛允升：《唐明律合编》，怀效锋、李鸣点校，法律出版社，1999 年。

54. ［清］沈之奇：《大清律辑注》，怀效锋、李俊点校，法律出版社，2000 年。

55. ［清］沈家本：《历代刑法考》，邓经元、骈宇骞点校，中华书局，1985 年。

56. 刘俊文点校：《唐律疏议》，法律出版社，1999 年。

57. 薛梅卿点校：《宋刑统》，法律出版社，1999 年。

58. 怀校锋点校：《大明律》，法律出版社，1999 年。

59. 田涛、郑秦点校：《大清律例》，法律出版社，1999 年。

60. 国家民委五套丛书之一：《社会历史调查》系列。

61. 国家民委五套丛书之一：《民族简史》系列。

62. 国务院新闻办公室：《中国的民族区域自治》白皮书，发布时间：2005-2-28。

63. 张济民主编：《青海藏区部落习惯法资料集》，青海人民出版社，1993 年。

64. 张济民主编：《渊源流近——藏族部落习惯法法规及案例辑录》，青海人民出版社，2002 年。

65. 张济民主编：《寻根理枝——藏族部落习惯法通论》，青海人民出版社，2002 年。

66. 张济民主编：《诸说求真——藏族部落习惯法专论》，青海人民出版社，2002 年。

67. 于式玉著：《于式玉藏区考察文集》，中国藏学出版社，1990 年。

68. 任乃强著：《民国川边游踪之“西康札记”》，中国藏学出版社，2010 年。

69. 罗广武、何宗英编著：《西藏地方史通述》，西藏人民出版社，2007 年。

70. 《乾隆朝内府抄本〈理藩院则例〉》，中国藏学出版社，2006 年。

71. 《西藏奏疏》，中国藏学出版社，2006 年。

72. 王玉平、郭冠忠、陆莲蒂译：《藏文历史资料译文选》，中国社会科学院民族研究所民族学研究室 1984 年（印刷）。

73. 西南师范大学中文系康定采风队编：《康定藏族民间故事集》，人民出版社，1959 年。

74. 周润年、喜饶尼玛译注：《西藏古代法典选编》，中央民族大学出版社，1994 年。

75. 杨一帆、田涛主编，张冠梓点校：《中国珍稀法律典籍续编》第九册《少数民族法典法规与习惯法》，黑龙江人民出版社，2002 年。

76. 周希武编著：《玉树调查记》，青海人民出版社，1986 年。

77. 邢海宁著：《果洛藏族社会》，中国藏学出版社，1994 年。

78. 陈庆英主编：《藏族部落制度研究》，中国藏学出版社，1995 年。

79. 毛继祖、朱刚编译：《藏族谚语选编》，甘肃民族出版社，1986 年，

80. 沈宗濂、柳陞祺著，柳晓青译：《西藏与西藏人》，中国藏学出版社，2006 年，

81. 华热·多杰著：《藏族古代法新论》，中国政法大学出版社，2010年，

82. 吕志祥著：《藏族习惯法：传统与转型》，民族出版社，2007年。

83. 杜继文著：《佛教史》，江苏人民出版社，2008年。

84. 《藏族简史》编写组：《藏族简史》，民族出版社，2009年。

85. 吕思勉著：《中国通史》，凤凰出版社，2011年。

86. 余英时著：《中国文化史通释》，生活·读书·新知三联书店，2012年。

87. 费孝通著：《乡土中国 生育制度》，北京大学出版社，1998年。

88. 瞿同祖著：《中国法律与中国社会》，中华书局，2003年。

89. 李宜琛著：《日耳曼法概说》，中国政法大学出版社，2003年。

90. 高其才著：《多元司法》，法律出版社，2009年。

91. 张冠梓著：《论法的成长——来自中国南方山地法律民族志的诠释》，社会科学文献出版社，2002年。

92. 李鸣著：《中国民族法制史论》，中央民族大学出版社，2008年。

93. 刘广安著：《清代民族立法研究》，中国政法大学出版社，1993年。

94. 袁祖亮主编：《中国古代边疆民族人口研究》，中州古籍出版社，1999年。

95. 苏发祥主编：《安多藏族牧区社会文化变迁研究》，中央民族大学出版社，2009年。

96. 林端著：《儒家伦理与法律文化》，中国政法大学出版社，2002年。

97. 冯玉军著：《法经济学范式》，清华大学出版社，2009年。

98. 杨仁寿著：《法学方法论》，中国政法大学出版社，1999年。

99. 高铭暄主编：《刑法学原理》，中国人民大学出版社，2005年。

100. 高铭暄著：《中华人民共和国刑法的孕育诞生和发展完善》，北京大学出版社，2012年。

101. 高铭暄、赵秉志编：《中国刑法立法文献资料精选》，法律出版社，2007年。

102. 全国人大常委会法制工作委员会刑法室：《中华人民共和国刑法条文说明、立法理由及相关规定》，北京大学出版社，2009年。

103. 全国人大常委会法制工作委员会民法室编：《侵权责任法条文说明、立法理由及相关规定》，北京大学出版社，2010年。

104. 熊选国主编：《〈人民法院量刑指导意见〉与“两高三部”〈关于规范量刑程序若干问题的意见〉理解与适用》，法律出版社，2010 年。

105. 全国人大常委会法制工作委员会刑法室编：《关于修改中华人民共和国刑事诉讼法的决定条文说明、立法理由及相关规定》，北京大学出版社，2012 年。

106. 王作富主编：《刑法》，中国人民大学出版社，2009 年。

107. 张明楷著：《刑法学》，法律出版社，2011 年。

108. 张明楷著：《刑法分则的解释原理》（上），中国人民大学出版社，2011 年。

109. 张明楷著：《刑法格言的展开》，北京大学出版社，2013 年。

110. 陈兴良著：《刑法哲学》，中国政法大学出版社，2009 年。

111. 陈兴良著：《规范刑法学》，中国人民大学出版社，2008 年。

112. 周旺生著：《立法学》，法律出版社，2009 年。

113. 白建军著：《公正底线——刑事司法公正性实证研究》，北京大学出版社，2008 年。

114. 王学辉著：《从禁忌习惯到法起源运动》，法律出版社，1998 年。

115. 徐中起等主编：《少数民族习惯法研究》，云南大学出版社，1998 年。

116. 吴宗金主编：《中国民族区域自治法学》，法律出版社，2004 年。

117. 季卫东著：《法律程序的意义》，中国法制出版社，2004 年。

118. 苏力著：《法制及其本土资源》，中国政法大学出版社，1996 年。

119. 梁治平著：《清代习惯法：社会与国家》，中国政法大学出版社，1996 年。

120. 赵震江主编：《法律社会学》，北京大学出版社，1998 年。

121. 霍存福著：《复仇 报复刑 报应刑——中国人法律观念的文化解说》，吉林人民出版社，2005 年。

122. 苏永生：《正义的妥协》，法律出版社，2009 年。

123. 徐爱国、李桂林、郭义贵著：《西方法律思想史》，北京大学出版社，2002 年。

124. 高晋康、何真著：《习惯与法制的冲突及整合——以西部地区的调查分析为进路》，法律出版社，2010 年。

125. Avery Wiener Katz , Foundations of the Economic Approach to Law ，法律出版社，2005 年（影印版）。

126. Jeffrey L. Harrison , Law and Economics ，法律出版社，2004 年（影印版）。

127. Robert cooter, Thomas ulen, Law and Economics，格致出版社、上海三联书店、上海人民出版社，2012 年（影印版）。

128. Richard A. Posner， The Economics of Justice， Harvard University Press，1981.

二、期刊论文

1. 陈光中、葛琳：《刑事和解初探》，《中国法学》2006 年第 5 期。

2. 陈光中：《刑事和解再探》，《中国刑事法杂志》2010 年第 2 期。

3. 马克昌：《论宽严相济刑事政策的定位》，《中国法学》2007 年第 4 期。

4. 苏力：《当代中国法律中的习惯——一个制定法的透视》，《法学评论》2001 年第 3 期。

5. 苏力：《中国当代法律中的习惯——从司法个案透视》，《中国社会科学》2000 年第 3 期。

6. 苏永生：《国家刑事制定法对少数民族刑事习惯法的渗透与整合》，《法学研究》2007 年第 6 期。

7. 苏永生：《“赔命价”习惯法：从差异到契合——一个文化社会学的考察》，《中国刑事法杂志》2010 年第 7 期。

8. 苏永生：《论罪刑法定原则与民族习惯法》，《法制与社会发展》2009 年第 5 期。

9. 苏钦：《“苗例”考析》，《民族研究》1993 年第 6 期。

10. 刘广安：《传统习惯对清末民事立法的影响》，《比较法研究》1996 年第 1 期。

11. 高其才：《当代中国民族自治地方法规中的习惯》，《法学杂志》2012 年第 10 期。

12. 李鸣：《羌族婚姻习惯法的历史考察》，《比较法研究》2004 年第

4期。

13. 张维迎、邓峰：《信息、激励与连带责任——对中国古代连坐、保甲制度的法和经济学解释》，《中国社会科学》2003年第3期。

14. 张维迎：《作为激励机制的法律——评〈侵权损害赔偿的经济分析〉》，《中国人民大学学报》2003年第2期。

15. 仁青：《吐蕃法律初探》，《西藏研究》1983年第4期。

16. 高仰光：《论日耳曼法中的赔命价制度》，《比较法研究》2006年第3期。

17. 孔玲：《“赔命价”考析》，《贵州民族研究》2003年第1期。

18. 顾建华：《青海蒙藏地区“赔命价”和“罚服”规范探析》，《青海社会科学》1990年第1期。

19. 陈光国：《试论藏区部落习惯法中的刑法规范》，《西北民族学院学报》（哲学社会科学版）1997年第3期。

20. 徐澄清：《关于“赔命价”“赔血价”问题的法律思考和立法建议》，《人大研究》1999年第8期。

21. 张济民：《藏区部落习惯法对现行执法活动的影响及对策建议》，《青海民族研究》1999年第4期。

22. 周相卿：《清代黔东南新辟苗疆六厅地区的法律控制》，《法学研究》2003年第6期。

23. 杨方泉：《民族习惯法回潮的困境及其出路——以青海藏区“赔命价”为例》，《中山大学学报》（社会科学版）2004年第4期。

24. 牛绿花：《藏族农牧民厌诉的经济分析——基于对甘肃省舟曲县拱坝乡先锋村的调查》，《西北第二民族学院学报》2006年第2期。

25. 衣家奇：《法治不适与民间自治》，《山东大学学报》（哲学社会科学版）2009年第3期。

26. 孙镇平：《西藏“陪命金”制度浅谈》，载《政法论坛》2004年第6期。

27. 吴剑平：《对藏族地区“赔命价”案件的认识和处理》，《法律科学》1992年第4期。

28. 辛国祥、毛晓杰：《藏族“赔命价”习惯与刑事法律的冲突及立法对策》，《青海民族学院学报》（社会科学学报）2001年第1期。

29. 索端智:《关于“赔命价”与先行法律相协调的探讨》,《青海民族研究》(社会科学版)季刊 1993 年第 1 期 。

30. 张致弟:《新时期藏族“赔命价”方式及治理对策》,《青海民族学院学报》(社会科学版)1998 年第 4 期。

31. 胡凯、何冰:《法经济学的两条研究路径》,《求索》2006 年第 6 期。

32. 朱全景:《法经济学:法律的经济分析和经济的法律分析》,《法学杂志》2007 年第 3 期。

33. 史晋川、朱慧:《法经济学在中国的新进展》,《经济研究》2006 年第 6 期。

34. 钱弘道:《法律经济学和中国法律改革、未来中国法学》,《法律科学》2002 年第 4 期。

35. 魏建:《理性选择与法经济学的发展》,《中国社会科学》2002 年第 1 期。

36. 王哲、郭义贵:《效益与公平之间——波斯纳的法律经济学思想评析》,《北京大学学报》(哲学社会科学版)1999 年第 3 期。

37. 冯玉军:《法经济学范式的知识基础研究》,《中国人民大学学报》2005 年第 4 期。

38. 徐中起:《民族法研究的理论意义》,《思想战线》1994 年第 4 期。

39. [美] 道格拉斯·G. 贝尔德著,吴晓露译:《法经济学的展望与未来》,《经济社会体制比较》2003 年第 4 期。

40. 扎洛:《西藏农村的宗教权威及其公共服务——对于西藏农区五村的案例分析》,《民族研究》2005 年第 2 期。

41. 扎洛:《社会转型时期藏区草场纠纷调解机制研究——对川西、藏东两起草场纠纷的案例分析》,《民族研究》2007 年第 3 期。

42. 杜文忠:《“赔命价”习惯的司法价值及其与现行法律的会通》,《法学》2012 年第 1 期。

43. 王佐龙:《藏区习惯法的新解读——从“赔命价”问题的分析介入》,《原生态民族文化学刊》2009 年第 3 期。

44. 王佐龙:《民间社会的“私了”——以西部民族地区为视域》,《青海民族研究》2008 年第 4 期。

45. 周世中、周守俊：《藏族习惯法司法适用的方式和程序研究——以四川省甘孜州地区的藏族习惯法为例》，《现代法学》2012 年第 6 期。

46. 南杰·隆英强：《中国刑事法治建设的本土化路径——以藏族“赔命价”习惯法之积极贡献为视角》，《政法论坛》2011 年第 6 期。

47. 南杰·隆英强、孟繁智：《藏族习惯法如何适应社会主义法制建设的思考——从藏族习惯法中的“赔命价、赔血价”谈起》，《西藏民族学院学报》（哲学社会科学版）2008 年第 2 期。

48. 孙万怀：《死刑案件可以并需要和解吗?》，《中国法学》2010 年第 1 期。

49. 李隆献：《隋唐时期复仇与法律互涉的省察与诠释》，《成大中文学报》第 20 期。

50. 李隆献：《宋代经生复仇观的省察与诠释》，《台大中文学报》第 31 期。

51. 吴宗金：《新刑法的民族变通补充原则》，《民族论坛》1997 年第 3 期。

52. 吴宗金：《新刑法的民族自治地方变通补充原则及有关民族问题的罪名辨析》，《中央民族大学学报》（社会科学版）1997 年第 6 期。

53. 周亦峰、张波：《民族自治地方刑事立法权的新解说》，《河南政法管理干部学院学报》2007 年第 5 期。

54. 王培英：《析刑法对民族区域自治地方立法变通权的规定》，《法学杂志》2001 年第 3 期。

55. 竹怀军：《刑法在民族自治地方变通或者补充的几个基本关系》，《法学杂志》2005 年第 2 期。

56. 李健、邵栋豪：《我国民族自治地区刑事立法权的追问、批判与重构》，《法学杂志》2005 年第 5 期。

57. 吴大华：《论少数民族犯罪的立法控制》，《云南大学学报》（法学版）2005 年第 2 期。

58. 吴大华：《论少数民族犯罪的司法控制》，《云南大学学报》（法学版）2005 年第 1 期。

59. 宣炳昭、江献军：《民族自治地方刑法变通或补充立法探究》，载赵秉志主编：《新千年刑法热点问题研究与适用》（上），中国检察出版社，

2001 年。

60. 张殿军：《我国民族自治地方刑法变通的反思与重构》，《民族研究》2009 年第 1 期。

61. 胡启忠：《论民族地区的法律变通》，《西南民族学院学报》（哲学社会科学版）2002 年第 7 期。

62. 粱华仁、石玉春：《论刑法在少数民族地区的变通》，《政法论坛》2001 年第 2 期。

63. 王海聪：《以刑事和解方式推进藏族习惯法与国家法的互动——以果洛藏族习惯法中的“赔命价”“赔血价”为例》，《青海师范大学学报》（哲学社会科学版）2011 年第 5 期。

64. 刘之雄：《我国民族自治地方变通施行刑法之机制研究——以刑事和解为视角的考察》，《法商研究》2012 年第 3 期。

65. 马德：《恢复性司法在我国藏族地区刑事冲突解决中的特殊意义》，《青海民族研究》2011 年第 3 期。

66. 韩轶：《民族习惯法中损害赔偿规则探析》，《人民检察》2009 年第 10 期。

67. 陈瑞华：《刑事诉讼的私力合作模式——刑事和解在中国的兴起》，《中国法学》2006 年第 5 期。

68. 陈瑞华：《刑事附带民事诉讼的三种模式》，《法学研究》2009 年第 1 期。

69. 梁根林：《死刑案件被刑事和解的十大证伪》，《法学》2010 年第 4 期。

70. 苗梅华：《恢复性司法的中国化契机及本土资源检省》，《求是学刊》2011 年第 6 期。

71. 李震：《恢复性司法应当缓行》，《政法论坛》2007 年第 4 期。

72. 张朝霞、谢财能：《刑事和解：误读与澄清——以与恢复性司法比较为视角》，《法制与社会发展》2010 年第 1 期。

73. 周光权：《刑罚进化论——从刑事政策角度的批判》，《法制与社会发展》2004 年第 3 期。

74. 徐阳：《我国适用刑事和解制度泛化倾向之检省与矫正》，《法商研究》2008 年第 6 期。

75. 宋英辉等：《我国刑事和解实证分析》，《中国法学》2008 年第 5 期。

76. 陈玉范、屈广臣：《“私了”问题的法律思考》，《当代法学》1995 年第 1 期。

三、博士学位论文

1. 魏建：《当代西方法经济学的分析范式研究》，西北大学博士论文，2001 年 3 月。

2. 王立艳：《民国西藏法制研究》，中国政法大学博士论文，2002 年 3 月。

3. 甘措：《藏族法律文化研究》，中央民族大学博士论文，2005 年 3 月。

4. 周欣宇：《文化与制度：藏族命价纠纷的法律分析》，西南政法大学博士学位论文 2009 年。

5. 李剑：《论凉山彝族的纠纷解决》，中央民族大学博士学位论文，2010 年 3 月。

6. 淡乐蓉：《藏族“赔命价”习惯法研究》，山东大学博士学位论文 2010 年 8 月。

后　记

在本书即将交付出版社印刷之际，我的心情很矛盾。

一方面，我感到高兴。自 2007 年我选择藏族赔命价制度作为硕士学位论文选题开始，对该制度有了一个初步的认识。在博士学位论文中，我选择用法律经济学的方法来分析民族习惯法。博士论文中，也对赔命价制度做了一些分析。由于是初次尝试，很多理论都不够熟悉，分析起来感到困难重重。2011 年取得博士学位以后，我成为一名教师，得以继续在科研之路上行走下去。2012 年，我主持的“法律经济学视野下的藏族‘赔命价’习惯法”获得教育部人文社科青年项目的资助，使得我有机会加深对赔命价制度的研究。现在，我多年关注的问题有了一个相对集中的成果向大家汇报，我的心情自然是高兴的。

另一方面，我感到忐忑不安。虽然从 2007 年开始关注藏族赔命价制度，但我没有学过藏语，无法阅读藏文资料。如果说会一两句，那就是藏传佛教中的“六字真言”和“十二字真言”。去西藏调研前，我就不断练习，希望能熟悉这两句藏民最熟悉的语言。2013 年 7—8 月，我和师兄刘华（现任云南民族大学法学院副教授）一起赴西藏调研。在布达拉宫外磕长头的老人、在布达拉宫里亲吻栏杆的年轻人、在大昭寺楼梯下低声念诵经文的老人、小茶馆里从外地来拉萨朝圣的基层公务员、乡村小庙里孤身修行的尼姑……他（她）们的身影一次次让我们感动，让我们感受到广大藏民对于藏传佛教的信仰。这种感动与震撼让我感到忐忑。

我在内心无数次地问自己，从经济分析这样一个外在视角对藏族赔命价制度进行分析是可行的吗？经过研究，我可以自信地回答：是的。但是，我要再次强调的是：经济分析不是仅有经济效益最大化这一目标，赔命价制度的经济分析也不是说各方在“赔命价”过程中是唯利是图的。藏民们想在宗教与经济当中寻找一个平衡点。如果要完全否认赔命价制度中的经济因素，我认为那也是不客观的。还让我感到忐忑的是，我对藏区的了解很不够。调研过程中，一位调查对象对我们说：“现在有些人不懂藏语甚至都没到过西藏，就对西藏、西藏人、西藏问题发表种种看法，这是极不负责的。”虽然我不完全赞同他的看法，但他的话确实经常让我感到不安。虽然项目组两次分组到西藏、青海多地进行调研，但对这一历史悠久、影响深远的制度而言，这是远远不够的。我担心自己曲解了这一制度，担心自己曲解了调查对象的本意。

但无论如何，“丑媳妇也得见公婆”。现在这一成果即将呈现在您的面前，我只能继续怀着忐忑的心关注这一问题。对于项目而言，这是最终成果；对于个人而言，这仅仅是一个阶段性成果。我将在今后的时间里继续关注这一问题，并拓宽自己的分析视角，希望能有进一步的研究成果奉献给大家。

我要特别感谢中央民族大学的徐中起教授、中国政法大学的李鸣教授、西南民族大学的杜文忠教授，是他们引导我走上了学术研究的道路。我要感谢在我的硕士学位论文和博士学位论文写作、评审、答辩过程中给过我指导的所有老师（包括我不知道姓名的匿名评审专家）。他们的肯定让我有信心坚持我的研究，他们的批评让我时刻省思自己的不足。我要感谢责任编辑黄修义老师耐心、细致的工作，感谢所有曾经给过我无私帮助与关爱的老师、长辈、亲友、家人。

我要将本书献给我外公曾敬佩先生、外婆黄美云女士。在关注这样一种与宗教有密切联系的法律制度的时候，我特别想念我的外婆。在我年幼的时候，她就经常告诉我“不要讲人坏话”，因为“家里讲话有老鼠听见，山里讲话有小鸟听见”。虽然她从不知“宗教”一词为何物，多年以后，我却从这句话中体会到越来越多的宗教意味。它是“万物有灵”的原始宗教意识，让人时刻怀有“敬畏之心”。

书中引用了很多资料，我尽量一一标出，偶有遗漏，绝非故意而为。仅向各位作者表示最真挚的谢意，并就可能的遗漏表示最诚恳的道歉。最后要说的是，由于个人水平有限，书中不准确乃至错误之处必定存在。我的个人邮箱是 youchuji@ aliyun. com，此邮箱长期有效，真诚期待您的批评与指导。

2015 年 1 月 31 日

于湖南娄底寓所